高等职业院校铁道机车运用与维护专业实训教材

HX$_D$3C 型机车乘务员一次乘务作业

实训课程工作页

主　编　方万鼎　刘　牛　罗大勇
参　编　王宝泉　王敬伟　张广祥
主　审　陈颖灿

西南交通大学出版社
·成　都·

内容简介

本书全面系统地介绍了 HX$_D$3C 型机车乘务员一次乘务作业流程，主要内容包括出勤作业、接车作业、出段作业、途中作业、终到及退勤作业等。

图书在版编目（CIP）数据

HXD3C 型机车乘务员一次乘务作业 / 方万鼎，刘牛，罗大勇主编. —成都：西南交通大学出版社，2022.7
ISBN 978-7-5643-8737-2

Ⅰ. ①H… Ⅱ. ①方… ②刘… ③罗… Ⅲ. ①机车 – 乘务人员 – 高等职业教育 – 教学参考资料 Ⅳ. ①U268.48

中国版本图书馆 CIP 数据核字（2022）第 104023 号

HX$_D$3C Xing Jiche Chengwuyuan Yici Chengwu Zuoye
HX$_D$3C 型机车乘务员一次乘务作业

主　编　方万鼎　刘　牛　罗大勇

责任编辑	梁志敏
封面设计	何东琳设计工作室

出版发行	西南交通大学出版社 （四川省成都市金牛区二环路北一段 111 号 西南交通大学创新大厦 21 楼）
邮政编码	610031
发行部电话	028-87600564　028-87600533
网址	http://www.xnjdcbs.com
印刷	四川煤田地质制图印刷厂

成品尺寸	185 mm×260 mm
印张	16
字数	338 千
版次	2022 年 7 月第 1 版
印次	2022 年 7 月第 1 次
书号	ISBN 978-7-5643-8737-2
定价	58.00 元

课件咨询电话：028-81435775
图书如有印装质量问题　本社负责退换
版权所有　盗版必究　举报电话：028-87600562

Preface 前　言

　　十九大报告把建设"交通强国"提到国家战略的高度。为深入贯彻落实党的十九大精神和中央经济工作会议精神，中国国家铁路集团有限公司（以下简称国铁集团）明确提出"交通强国、铁路先行"的战略目标。随着路网规模日益扩大和新型列车的不断投入运用，机车乘务员的需求将持续增长，对机车乘务员的要求也不断提高。为此，编者协同行业龙头企业和多家铁路职业院校，开发了机车乘务、动车组乘务系列教材，本书主要介绍了 HX_D3C 型机车乘务员一次乘务作业流程，是该系列教材的重要组成部分。

　　本教材适用于铁道机车运用与维护专业学生，是铁道机车运用与维护专业群人才培养使用教材，是学生学习机车/动车组乘务技能和职业技能的专业教材，重在让学生掌握 HX_D3C 型机车乘务员一次乘务作业的标准作业流程。

　　本教材为工作手册式教材，共分为出勤作业、接车作业、出段作业、途中作业、终到及退勤作业五大作业项目，涵盖行车安全装备检查、运行监控记录装置行车参数设置、出段挂车、发车前准备工作、列车途中运行、列车终到、机车入段、退勤作业等二十余项工作任务。每个项目包含知识目标、能力目标、思政目标，践行课程思政建设，将价值塑造、知识传授和能力培养三者融为一体。每项工作任务包括任务描述、学习活动建议、任务引导、任务分析、任务分工、任务步骤、任务实施、任务评价、任务拓展、知识要点等任务环节。以实际工作场景为背景，注重培养学生按规操作、安全作业的专业素养。

　　本教材共5个项目，由贵阳职业技术学院方万鼎、刘牛、贵阳机务段罗大勇担任主编，参加编写的还有王宝泉（贵阳职业技术学院）、王敬伟（贵阳机务段）、张广祥（贵阳机务段）等。贵阳机务段陈颖灿担任本书主审。在编写的过程中，还得到中国铁路成都局集团有限公司的大力支持，在此表示衷心的感谢。

　　由于作业水平有限，加之时间仓促，书中疏漏之处在所难免，恳请读者批评指正。

编　者
2022 年 2 月

数字资源目录

序号	资源名称	资源类型	页码	资源位置
1	机班派班室出勤报到	视频	2	项目一
2	班组出勤作业	视频	10	
3	行车安全装备检查	视频	37	项目二
4	运行监控记录装置行车参数设置	视频	56	
5	制动机检查	视频	64	
6	出段连挂	视频	80	项目三
7	列车编组信息输入	视频	119	
8	列车制动机试验	视频	140	
9	发车前准备工作	视频	148	项目四
10	列车站内发车	视频	162	
11	列车途中运行	视频	167	
12	列车终到	视频	192	项目五
13	机车入段	视频	212	
14	退勤作业	视频	223	

Contents 目 录

项目一 出勤作业 ·· 001
    任务一 机班派班室出勤报到 ······················ 002
    任务二 班组出勤作业 ································ 010

项目二 接车作业 ·· 026
    任务一 机车交接及备品检查 ······················ 027
    任务二 行车安全装备检查 ························· 037
    任务三 运行监控记录装置行车参数设置 ······ 056
    任务四 制动机及撒砂装置检查 ··················· 064
    任务五 机车性能试验 ································ 070

项目三 出段作业 ·· 080
    任务一 出段连挂 ······································ 081
    任务二 列车编组信息输入 ························· 119
    任务三 列车制动机试验 ···························· 140

项目四 途中作业 ·· 147
    任务一 发车前准备工作 ···························· 148
    任务二 列车站内发车 ······························· 162
    任务三 列车途中运行 ······························· 167

项目五 终到及退勤作业 ·············· 192
　　任务一　列车终到 ·············· 193
　　任务二　列车摘解 ·············· 206
　　任务三　机车入段 ·············· 212
　　任务四　退勤作业 ·············· 223

附录一　机车乘务员确认呼唤（应答）标准 ·············· 235
附录二　部分型号制动机检查和试验项目 ·············· 245

项目一　出勤作业

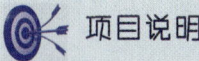 项目说明

乘务员出勤作业是乘务员一次乘务作业的起点，更是关键作业环节。往往由于乘务员出勤没有标准化作业，在最开始的阶段就埋下了风险点。如果没有得到有效的卡控，那么很难保证列车运行的安全。

出勤时，乘务员要按规定时间保休，以饱满的精神状态投入机车乘务作业当中；绝对禁止饮酒，对于测酒不合格的人员，要立即终止其工作；认真核对运行揭示，做到逐字核对、不错不漏；按规定验卡，验卡条目准确；认真听取出勤调度员传达的行车通报及重要事项；开好小组出勤会，根据天、地、人、车等情况，排查本次乘务的安全风险点，并制定好卡控措施。

项目目标

1. 知识目标
（1）掌握出勤报到注意事项和出勤计划核对方法。
（2）掌握司机手账的填写方法。
（3）识记揭示内容，掌握运行揭示核对方法，开展班前预想。

2. 能力目标
（1）能够按照乘务员出勤时规定进行着装、携带资料、领用行车备品。
（2）能按照规定自助进行身份识别、酒测。
（3）能按照规定核对运行揭示，并能够结合担当列车种类、天气、人员等情况，进行安全预想，并记录于司机手账。

3. 思政目标
（1）践行机车乘务员职业守则，使学生树立良好的时间观念。
（2）培养学生的团队协作意识。

任务一 机班派班室出勤报到

视频：机班派班室
出勤报到

任务描述

机车乘务出勤报到是机车乘务员一次乘务作业的起点，出勤时，乘务员要按规定时间保休，以饱满的精神状态投入机车乘务作业中，出勤报到是保障列车安全、正点运行的第一步。

作为机务段客运车间的一个机班乘务员，你与小张共同担当 K531 次列车次前进站至和谐站的旅客列车运输任务，经过 4 h 的公寓待乘，目前需到达机务段派班室按出勤计划进行出勤报到。

学习活动建议

学习活动	内　容	建议学时
自学资讯及相关知识点	1. 机车乘务员出勤流程； 2. 列车运行图与机车周转图； 3. 机车乘务员待乘保休规定； 4. 熟悉机车乘务员劳动时间、休息时间规定	课前
计划	根据任务单上的任务情境，每位同学独立归纳总结出勤报到作业流程及注意事项，并正确完成出勤报到	课中 （1学时）
决策	通过小组讨论和组间交流，针对指导教师指定的任务情景，做出出勤报到作业的任务决策	
实施	根据指导教师提供的资讯，针对指导教师指定情景，完成具体的出勤报到作业情景模拟任务	
	正确填写（执行过程检查）评估工作页。小组成员互检工作页的正确性，提交指导教师评估	
检查与评价	完成自我评估、小组评价以及教师评价	
完善与拓展	根据学习掌握深度要求，拓展完善出勤报到作业相关资讯	课后

任务引导

1. 机车乘务员的基本要求有哪些？

_____

_____

_____

2. 班组配置管理如何执行？

___

___

___

3. 机车乘务员一次乘务工作时间有哪些规定？

___

___

___

任务分析

出勤报到需要符合出勤的着装要求，并根据出勤计划合理安排时间，携带相关证件及规章；能够进行电台、IC 卡等行车用品领用及状态确认，依据出勤计划进行司机报单、司机手册的填写；在乘务一体机上完成自助进行身份确认、酒精含量检测等作业流程，完成出勤报到。

任务分工

班级		组号		指导教师	
小组成员	任务分工				

任务步骤

一、出勤报到

（1）按出勤计划，按规定着装，提前 20 min 报到。

（2）机班全体人员到出勤调度员处，立正，司机呼："××××次，××机车，司机×××，学习司机×××出勤。"，领取IC卡、运行揭示、司机报单、司机手册、列车时刻表。

（3）在一次乘务作业实训系统上选择需要携带的证件和规章，携带工作证、机车司机驾驶证、岗位培训合格证、电气化作业安全合格证和《铁路技术管理规程》（以下简称《技规》）、《铁路行车组织规则》（以下简称《行规》）、《LKJ操作手册》《机车乘务员非正常情况下行车作业指导书》，以及列车操纵示意图、列车操纵提示卡、所使用机型的应急故障处理等相关行车资料（见图1-1-1）。

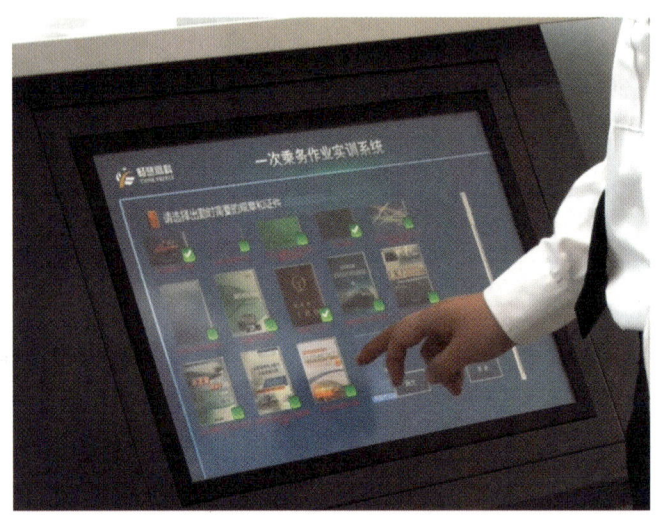

图1-1-1　一次乘务作业实训系统

二、身份识别

（1）在乘务一体机上，按规定出勤计划时间到派班室办理出勤，接受指纹影像识别，酒精含量测试，点击【出勤登记】按钮，靠近虹膜测酒仪，两眼注视虹膜检测装置内的小红点，完成虹膜识别。

（2）工号出勤卡控。指纹（人脸/虹膜）无法识别时，系统允许乘务员手工录入工号，并自动在出勤值班员办公计算机面弹出提示框，提示"××××（地点）×××乘务员无指纹出勤，请确认"。指定的值班员点击"确认"后方准乘务员工号出勤。

三、出勤计划核对

身份识别成功后，获取出勤计划，如果系统提示"没有出勤计划"则需要联系值班员进行处理。查阅完成后，点击【下一步】按钮（见图1-1-2）。

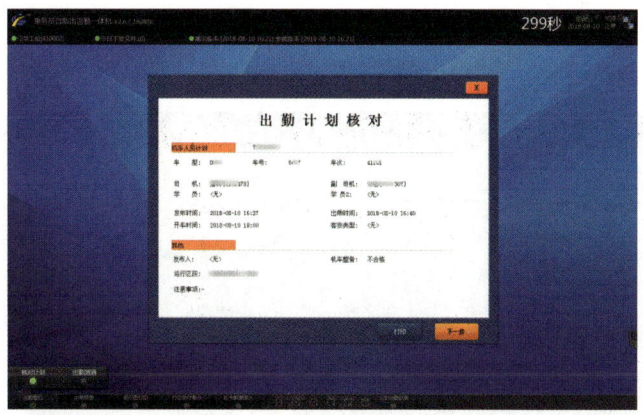

图 1-1-2　出勤计划核对

（1）早出勤卡控：按乘务计划中设定的出勤时间，提前 10 min 以是方可办理出勤。距出勤时间不到 10 min 时办理，系统自动向出勤值班员发出出勤授权请求。值班员审核通过后，方可继续办理出勤。

（2）晚出勤卡控：按乘务计划中设定的出勤时间，延迟 10 min 无人办理出勤时，在指定的出勤值班员办公计算机桌面弹出提示框，提示"××××（地点）××次无人出勤"。值班员点击"确认"键提示框退出。

（3）防漏乘卡控：按乘务计划中设定的出勤时间，延迟 30 min 仍无人办理出勤时，在出勤值班员办公计算机桌面弹出提示框，提示"××××（地点）××次漏乘，换人"。值班员点击"确认"键提示框退出。

四、饮酒检测

核对完成出勤计划单之后，开始饮酒检测。先进行虹膜识别，识别成功后系统语音提示"请测酒"，听到语音提示后开始吹气完成测酒（见图 1-1-3）。吹气过程系统实时监测虹膜，应避免闭眼或向下看引起测酒失败。

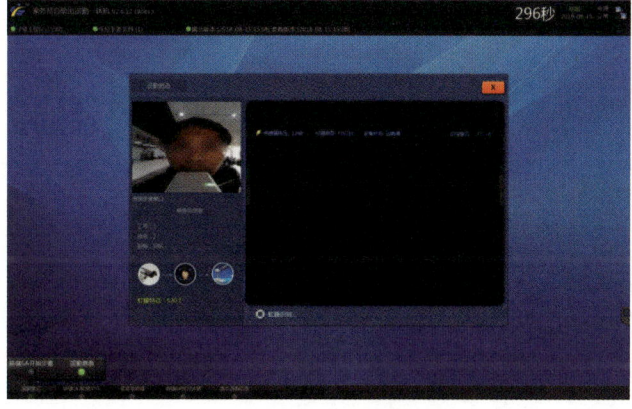

图 1-1-3　饮酒检测

有多个乘务员办理出勤，需要点击【继续登记】按钮进行第二个人的饮酒检测，等机组所有乘务员测酒完成后，点击【下一步】按钮，完成出勤报到（见图 1-1-4）。

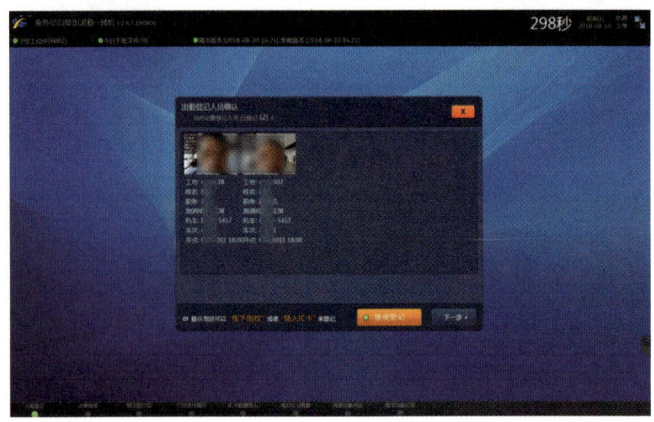

图 1-1-4　继续登记

（1）出勤调度员起立，接过司机手册、IC 卡，进行审核。出勤乘务员认真阅读安全卡及相关安全传达内容（司机阅读，学习司机认真听取），阅读完毕，二人分别在出勤传达登记簿签名。

（2）出勤调度员审核完司机手册并在手册上盖章、签点，将司机手册、运行揭示、IC 卡、司机报单、车机联控信息卡等资料交出勤乘务员，并向该机班传达本次列车运行中注意事项及上级有关指示、电报精神。

任务实施

序号	任务实施步骤	任务要点
1	出勤报到	
2	身份识别	
3	出勤计划核对	
4	酒精检测	

任务评价

非常符合（90分以上）；比较符合（80~89分）；符合（70~79分）；基本符合（60~69分）；不符合（60以下或存在失格项）

考核要素	知识评价	技能评价	权重	扣分标准	得分
出勤报到	掌握出勤报到注意事项、着装要求和需携带规章书籍要求	1. 掌握乘务员出勤时必须按规定着装要求；2. 掌握检查乘务员必须携带的证件和有关资料的要求；3. 能够进行电台、IC卡等行车用品领用及状态确认	30%	1. 未按规定时间出勤，每迟到1 min扣1分，满分5分，扣完为止；2. 未按规定着装扣5分；3. 未按规定携带齐全证件扣5分，未按规定携带齐全有关资料扣5分；4. 未能正确领取电台、IC卡等行车物品扣5分，未能正确确认物品状态扣5分	
身份识别	掌握机车乘务员出勤登记要求	能够使用乘务一体机进行机班身份确认和登记	10%	1. 司机不能正确使用乘务一体机确认身份扣5分；2. 副司机不能正确使用乘务一体机确认身份扣5分	
出勤计划核对	掌握机车乘务员出勤计划的核对方法	掌握出勤计划的核对方法，掌握班组配制、乘务作业时间等相关知识和规定	20%	1. 无法正确核对出勤计划扣10分；2. 不能明确表述班组配置和乘务作业时间扣10分	
酒精检测	掌握《机务安全管理实施细则》（以下简称《安规》）出勤相关要求	1. 能够使用乘务一体机自助进行酒精含量检测；2. 掌握禁止乘前饮酒的规定，以及酒精检测的相关标准	30%	1. 正副司机均一次饮酒检测通过不扣分（酒测不过不准出勤，按红线处理，调离乘务员队伍或待岗）；2. 正副司机中有一人一次饮酒检测不合格，按规定饮水休息后检测通过，扣5分；3. 正副司机两人均一次饮酒检测不合格，按规定饮水休息后检测通过，扣10分；4. 正副司机至少有一人未做饮酒检测，扣30分；5. 正副司机至少有一人饮酒检测始终不合格（饮酒或酗酒），该任务项直接失格	
思政评价	任务完成后，能够依据任务实施过程，阐述作业过程中体现出的职业素养或思政元素，或者可以根据自身实训结果，反思自己在任务实施过程中有哪些违反职业素养的行为		10%	学员的阐述可以体现对职业素养的正确认识，或对该任务蕴含的思政元素有自己合理的见解	
合计			100%		

检查与评价	
一、学生自我评估	年　月　日
二、小组评价	年　月　日
三、指导教师评价	年　月　日

知识要点

一、机车乘务员基本要求

（1）符合岗位标准要求，司机须取得中华人民共和国铁路机车车辆驾驶证。

（2）敬业爱岗，胜任本职工作。

（3）身体条件符合国家对铁路机车车辆驾驶人员职业健康标准的要求。

（4）具备大专及以上学历，具有良好汉字读写能力并能够熟练运用普通话交流。

（5）符合（2）~（4）项要求的人员，在机务段乘务学习满半年（或乘务公里满 $3×10^4$ km），经中国铁路各个路局集团有限公司（以下简称集团公司）组织考核合格，颁发铁路岗位培训合格证后，方可担任副司机工作。年龄 35 岁及以下的在职或入职副司机，应在 3 年内达到机车乘务员学历标准。

二、机车驾驶证的规定

在中华人民共和国境内的铁路营业线上，承担公共运输或者施工、维修、检测、试验等任务的铁路机车、动车组、大型养路机械、轨道车、接触网作业车驾驶人员（以下简称驾驶人员），应当依照《铁路机车车辆驾驶人员资格许可办法》向国家铁路集团有限公司申请铁路机车车辆驾驶资格，经考试合格后取得资格许可，并获得相应类别的铁路机车车辆驾驶证。

三、班组管理

（1）对机车乘务员，实行运用车间、机车队、班组分层管理。机车乘务员的班组分两类：包乘制为机车包车组，轮乘制为轮乘组。

（2）一个区段内，运行图中规定由电力机车牵引的旅客列车连续运行（中途无停站）4 h 以上的，每班配 2 名司机轮流操纵，不操纵的司机代学习司机工作。

（3）实行包乘制的机车，每台可设包乘司机长一人；实行轮乘制的每 3～5 班可设轮乘司机长一人。司机长除执行司机本身职务外，还要领导包乘（轮乘）组全体成员保养好机车、质量良好地完成运输生产任务。

四、机车乘务员待乘保休规定

（1）离寓（待乘室）将担当夜间乘务工作的机车乘务员，必须实行班前待乘休息。凡担当 18 时至 22 时开车的乘务员必须卧床休息不少于 4 h（特殊规定时除外）。担当 22 时至次日 6 时开车的乘务员必须卧床休息不少于 5 h。其中夜间值乘的调车机乘务员卧床休息不少于 4 h。

（2）外公寓待乘。凡担当 18 时至 6 时开车的乘务员，卧床休息不少于 5 h。

（3）保休时，在规定的保休时间前 10 min 指纹签到，未设指纹签到设备或设备故障时需登记。

（4）不得饮酒：机车乘务员进入待乘室保修前进行测酒，测酒不合格立即停止其工作。

（5）手机上交：乘务员保休期间不得接打电话，以保证乘务员的充分休息。

（6）充分休息：乘务员在保休期间应卧床休息。不得随意走动，不得闲谈。

（7）需外出时，必须请销假并登记，时间不得超过 1 h。

五、一次乘务作业工作时间标准

（1）机车司机、副司机配班值乘：客运列车不超过 8 h，货运列车不超过 10 h。

（2）机车单班单司机值乘时间标准由集团公司制定。

（3）机车双班单司机值乘：客运列车按旅行时间不超过 15 h 加出退勤工作时间，货运列车旅行时间不超过 16 h 加出退勤工作时间。

六、机车乘务员休息时间标准

（1）外公寓调休时间不得少于 5 h（其时间的计算为到达公寓签到休息至叫班时止，以下同）；在外公寓驻班休息时间不得少于 10 h；轮乘制外公寓换班继乘休息时间不得少于 6 h。

（2）在本段（或本车间）休息时间应根据月工作时间定额均衡安排，每次时间不得少于 16 h。

（3）实行轮乘制的机车乘务员每月应安排 1 或 2 次 48～72 h 的休息时间。

七、酒精检测的规定

根据《安规》要求机车乘务员出勤必须接受酒精含量检测,未经酒精检测或酒精检测不合格严禁出勤。参照《车辆驾驶人员血液、呼气酒精含量阈值与检验》的要求,酒精含量检测每 100 mL 血液酒精含量大于或等于 20 mg,即为不合格。

任务二 班组出勤作业

视频:班组出勤作业

任务描述

作为机务段客运车间的一个机班乘务员,你与小张共同担当 K531 次列车次前进站至和谐站的货物运输任务,已按出勤计划进行完成了出勤报到,目前需进行运行揭示的核对并将核对的结果向出勤调度员反馈,还需要认真学习行车通报及重要事项,开好小组出勤会,根据天、地、人、车等情况,排查本次乘务的安全风险点,并制定好卡控措施,填写司机手册,交出勤调度员审核。

学习活动建议

学习活动	内容	建议学时
自学资讯及相关知识点	1. 掌握运行揭示、交付揭示与公布揭示的定义; 2. 掌握列车运行监控装置(LKJ)临时数据录入流程; 3. 掌握运行揭示核对与反馈作业流程	课前
计划	根据任务单上的任务情境,每位同学独立归纳总结班组出勤作业流程及注意事项,正确完成运行揭示核对与反馈及出勤预想和审核	课中 (1学时)
决策	通过小组讨论和组间交流,针对指导教师指定的任务情景,做出班组出勤作业的任务决策	
实施	根据指导教师提供的资讯,针对指导教师指定的情景,完成具体的班组出勤作业情景模拟任务	
	正确填写(执行过程检查)评估工作页。小组成员互检工作页的正确性,提交指导教师评估	
检查与评价	完成自我评估、小组评价以及教师评价	
完善与拓展	根据学习掌握深度要求,拓展完善班组出勤作业相关资讯	课后

任务引导

1. 简述运行揭示、交付揭示与公布揭示的定义。

2. 简述 LKJ 临时数据录入流程。

3. 什么是"五核对五反馈"?

4. 简述出勤传达的内容。

5. 简述司机手册填写注意事项。

_____

_____

_____

6. 简述出勤预想的重要性。

_____

_____

_____

任务分析

班组出勤作业时，乘务员需完成运行揭示核对与反馈，并开好班前小组会。

运行揭示核对与反馈是关系到行车安全的关键作业环节，需根据出勤计划和所担当运行区段，使用乘务一体机，对发放的运行揭示进行逐字核对、不错不漏。按规定验卡，验卡条目准确。认真执行"五核对五反馈"要求，即：交付揭示与公布揭示核对，逐条勾画值乘区段相关运行揭示；在模拟运行测试设备（或 IC 卡 LKJ 临时数据文件核对装置）上核对写入 IC 卡的数据文件条数和命令号，并与交付揭示标注的运行揭示逐条核对；与出勤调度员共同核对无误后，双方共同在《机务派班室 LKJ 临时数据录入登记簿》上签认；上车载入 LKJ 后，核对载入的 LKJ 临时数据文件条数和命令号（上车后实施）；核对 LKJ 数据版本号（上车后实施）。

班前小组会是为了充分了解各种运行施工情况，针对使用机型、担当列车、天气等具体情况，充分预想，做好安全预防卡控，确保列车安全畅通、平稳正点，需要通过乘务一体机进行出乘前的乘前答题，阅读出勤安全教育、有关记名式传达要求，正确填写司机手册。出勤调度员审核完司机手册并在手册上盖章、签点，完成整个出勤作业过程。

任务分工

班级		组号		指导教师	
小组成员			任务分工		

任务步骤

出勤报到完毕之后，机班二人通过乘务自助一体机，对运行揭示进行逐条核对确认。

一、交付揭示核对与打印

（1）直接点击【核对交付揭示】按钮进入交付揭示核对窗口（见图1-2-1）。

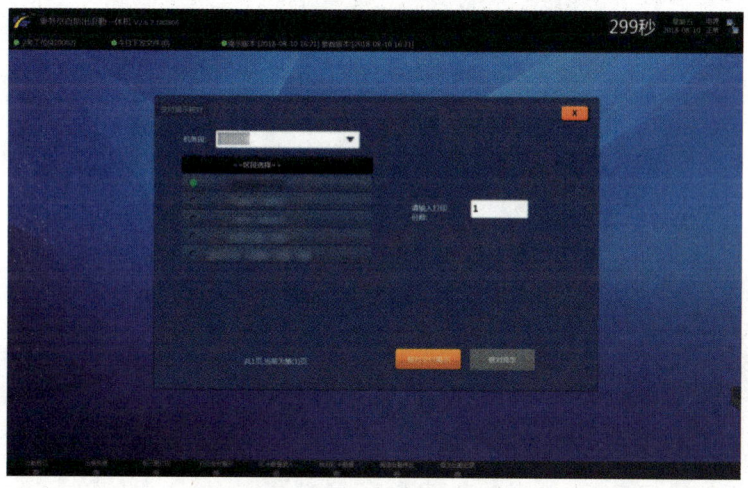

图1-2-1　交付揭示核对窗口

（2）根据当担的出勤车次，进行区段选择，进入交付揭示核对界面。

（3）左上区域为区段名称，左下为公布揭示，右侧为交付揭示预览。

（4）直接在预览区域点击调令号在调令上打钩，通过触摸屏在时间、公里标、线路、车站、设备变化等关键要素上进行勾画（见图1-2-2）。

（5）勾画完成后，点击【打印】按钮，对交付揭示进行打印。

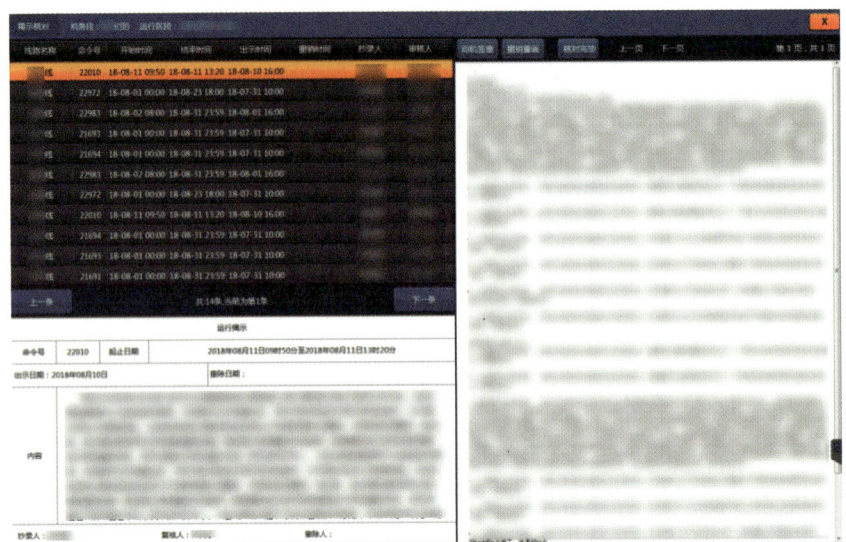

图 1-2-2　预览区域

二、LKJ 临时数据录入

（1）插入 IC 卡，确认写卡区段，插入 IC 卡，点击【写卡】按钮开始写卡（见图 1-2-3）。

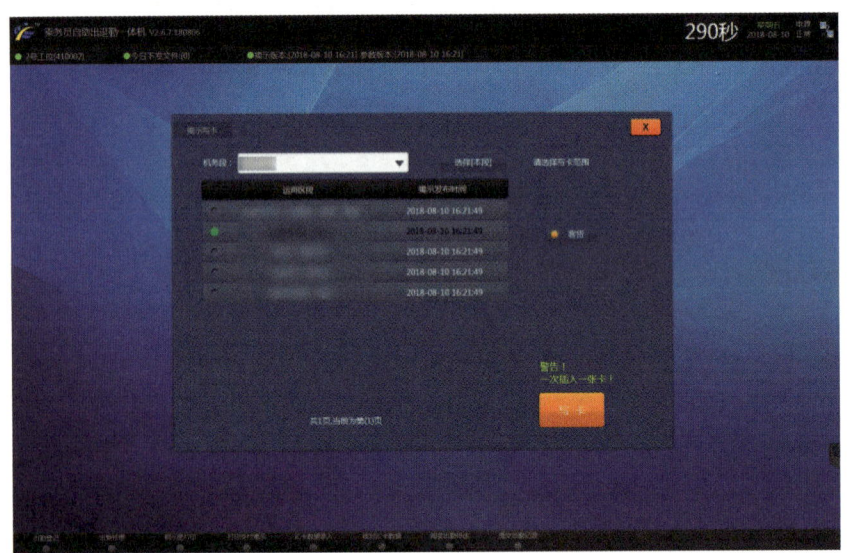

图 1-2-3　开始写卡

（2）写卡过程中，不得拔卡、点击屏幕和进行键盘灯操作，避免写卡失败（见图 1-2-4）。

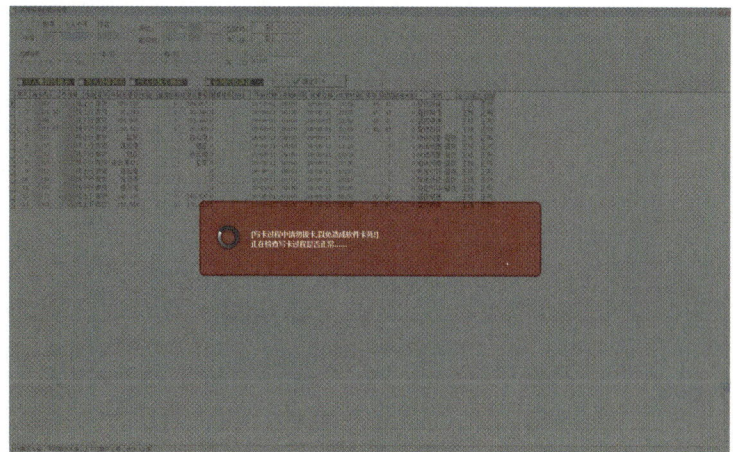

图 1-2-4　写卡中

（3）如果需要写入第二张卡，先插入第二张 IC 卡，点击【继续写卡】按钮，写卡完成后，点击【结束写卡】按钮（见图 1-2-5）。

图 1-2-5　结束写卡

三、揭示验卡

（1）进入验卡窗口，确认写卡区段，根据担当任务的类型不同，选择不同的车辆类型，点击【确定】按钮（见图 1-2-6）。

（2）核对写入 IC 卡的数据文件条数和命令号，以及自动比对结果（绿色为合格）（见图 1-2-7）。

（3）由副司机对 IC 卡校验装置显示的运行揭示进行逐条阅读，司机根据阅读内容对运行揭示逐条核对，在临时限速时段、里程、限速值下方划横线标注。

（4）确认无误后双方共同在《机务派班室 LKJ 临时数据录入登记簿》上进行电子化签字，出勤值班员进行核对确认后，完成运行揭示核对反馈任务。

图 1-2-6　验卡界面

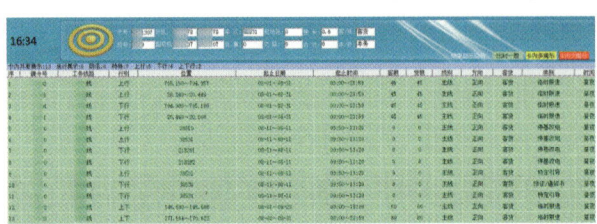

图 1-2-7　比对结果

四、出勤传达

（1）机班通过乘务一体机，选择需要阅读的出勤传达文件，阅读一个文件之后，点击【阅读下一个】按钮阅读其他文件，当系统提示阅读完成后，点击【下一步】按钮（见图 1-2-8）。

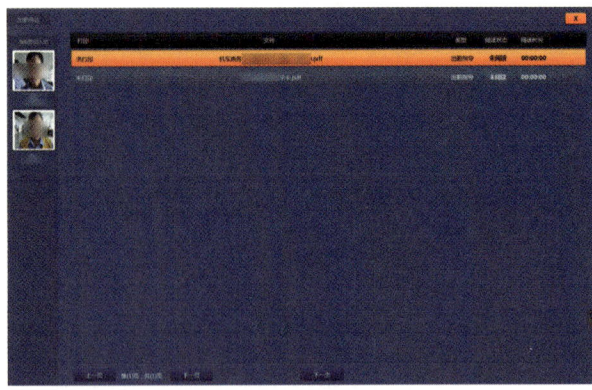

图 1-2-8　选择出勤传达文件

（2）认真阅读出勤指导、传达簿（见图1-2-9）。

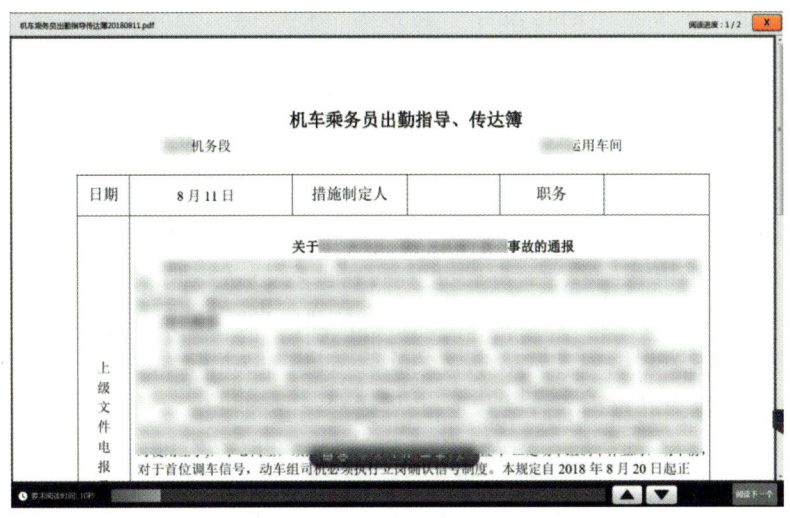

图1-2-9 出勤指导、传达簿

（3）机班结合安全传达和出勤指导、传达簿中的内容进行乘前答题。

五、填写司机手册

（1）结合出勤计划信息、运行注意事项填写司机手册（见图1-2-10）。

机车型号					站名	实际时刻		辆数	吨数	计长	股道
						到	发				
车次	K181	司机	1234567	张三	乙站		10:33:11	18	960	42.6	3
天气	晴	副司机	7654321	李四	丙站	10:40:10	10:43:11	18	960	42.6	3
出勤	时间	2021年3月10日9时30分			丁站	10:54:10		18	960	42.6	5
	调度员	（签字盖章）									
运行揭示	交付揭示条数	3	IC卡条数	3							
运行注意事项	区段号	4	起始车站号	76							
添乘人员姓名	—		单位及证件号	—							
小组会内容	严格落实各项规定 牢固树立安全意识 杜绝一切不良隐患 确保行车及人身安全										

图1-2-10 司机手册

（2）车次、司机、副司机根据乘务计划填写；天气根据派班室公布的天气信息填写；出勤时间根据在派班室实际办理出勤手续的时间填写。

（3）运行揭示中的文本条数和 IC 卡条数根据出勤时的交付揭示信息和写卡信息填写；运行注意事项中的区段号、起始车站号根据出勤时值班员派发的《机车乘务员携带列车时刻表》填写；站名信息根据出勤时值班员派发的《机车乘务员携带列车时刻表》填写；辆数、吨数、计长根据出勤时值班员派发的《编组信息单》填写。

（4）出勤栏内的调度员签章为调度员盖章处。

（5）如果途经车站停车，在该车站实际时刻中的"到"（到达时间）一栏内填写列车停车的精确时间（时、分、秒），待发车后在"发"（发车时间）一栏内填写列车发车的精确时间（时、分、秒）。之后在该车站右侧对应的"辆数""吨数""计长"栏内填写对应信息。股道根据停车或者通过的实际股道编号进行填写。

（6）如果途经车站没有停车，需在该车站发车时间一栏填写经过该站站中心的时间，具体时分与 LKJ 监控上通过站中心的时间一致。

（7）始发站实际时刻栏只需填写发车时间，终到站实际时刻栏只需填写到达时间。

（8）发车时间一栏，如果到达该站时间与前站相比不跨小时且没有停车，则可只填写分、秒；如果该站停车，则必须填写完整的时、分、秒。

六、出勤请求确认

（1）出勤作业完成后，需要提交值班员审核，点击【提交派班室审核】按钮，提交值班员审核同意出勤。

（2）值班员审核正常同意出勤后，系统弹出"出勤完成，请拔出您的 IC 卡"（见图 1-2-11），表示出勤登记完成，乘务员可离开一体机，到出勤调度员处办理后续手续。

图 1-2-11　出勤完成

七、出勤审核

（1）出勤调度员审核机车型号、车次、乘务员姓名、日期、时分、出勤小组会内容及运行揭示标记是否正确，发现问题及时纠正，在运行揭示加盖当班值班员印章，司机手账本加盖测酒合格印章。

（2）出勤值班员呼："安全正点"，机班回答："优质服务"，出勤完毕。

任务实施

序号	任务实施步骤	任务要点
1	交付揭示核对与打印	
2	LKJ临时数据录入	
3	LKJ临时数据核对	
4	出勤传达	
5	司机手册填写	
6	出勤请求确认	
7	出勤审核	

任务评价

非常符合（90分以上）；比较符合（80~89分）；符合（70~79分）；基本符合（60~69分）；不符合（60以下或存在失格项）

考核要素	知识评价	技能评价	权重	扣分标准	得分
交付揭示核对与打印	掌握交付揭示核对要求	1. 能够按出勤计划选择正确运行区段信息； 2. 核对运行揭示及有关安全注意事项； 3. 按规定对交付揭示关键要素进行重点标注； 4. 自助操作打印交付揭示	15%	1. 未能根据出勤计划一次选对正确的运行区段扣2.5分； 2. 未能核对运行揭示及有关安全注意事项扣2.5分； 3. 未能对交付揭示关键要素进行重点标注，少一处扣1.5分，满分7.5分，扣完为止； 4. 未能成功打印交付揭示扣2.5分	

续表

考核要素	知识评价	技能评价	权重	扣分标准	得分
LKJ临时数据录入	掌握LKJ临时数据录入方法	1. 能够按出勤计划选择正确运行区段信息和填写出勤信息； 2. 能够使用乘务一体机自助写卡并与出勤值班员进行联控审核	15%	1. 不能根据出勤计划一次选对正确的运行区段扣5分； 2. 不能正确填写出勤扣5分； 3. 不能正确使用乘务一体机进行自助写卡扣2.5分； 4. 出勤确认时没有计时与出勤值班员进行联控审核扣2.5分	
LKJ临时数据核对	掌握LKJ临时数据核对方法和反馈确认要求	1. 根据出勤计划选择正确运行区段，正确填写IC卡信息； 2. 能够使用验卡设备将IC卡内容与运行揭示进行逐条核对； 3. 正确填写《机务派班室LKJ临时数据录入登记簿》，并与出勤值班反馈确认	20%	1. 不能根据出勤计划一次选对正确的运行区段扣2.5分； 2. 不能正确填写出勤扣2.5分； 3. 使用验卡设置将IC卡内揭示与运行揭示逐条核对，错误一条扣7.5分，未能核对该任务项直接失格； 4. 没有正确填写《机务派班室LKJ临时数据录入登记簿》扣5分； 5. 没有与出勤值班员反馈确认扣2.5分	
出勤传达	能正确阅读各级传达	出勤预想内容全面，能够完成出勤答题评价	10%	1. 出勤预想内容欠缺或未做出勤预想扣5分； 2. 出勤答题评价错误或未做出勤答题扣5分	
司机手册填写	掌握司机手册填写方法	司机手册内容填写正确	10%	司机手册填记错误一处扣1分，满分10分，扣完为止	
出勤请求确认	掌握出勤预想方法	能够结合担当列车种类、天气、人员等情况，进行安全预想，并记录于司机手册	10%	1. 安全预想不全面或未做安全预想扣5分； 2. 未将安全预想内容记录于司机手册扣5分	
出勤审核	掌握出勤作业完整程序，掌握出勤传达内容	1. 能够阅读安全卡及相关传达内容； 2. 能够回答机车调度员提问，进行出勤审核办理	10%	1. 未能阅读全部安全卡或相关传达内容扣5分，此项未做该任务项直接失格； 2. 未能回答机车调度员提问或答错问题扣5分	
思政评价	任务完成后，能够依据任务实施过程，阐述作业过程体现出的职业素养或思政元素，或者可以根据自身实训结果，反思自己在任务实施过程中有哪些违反职业素养的行为		10%	学员的阐述可以体现对职业素养的正确认识，或对该任务蕴含的思政元素有自己合理的见解	
合计			100%		

检查与评价	
一、学生自我评估	年　月　日
二、小组评价	年　月　日
三、指导教师评价	年　月　日

知识要点

一、运行揭示调度命令

运行揭示调度命令指由施工调度员发布的涉及限速、行车方式变化和设备变化的调度命令，应包括时间、地点、因由、速度、行车方式变化和设备变化等内容。

二、IC 卡临时数据文件

IC 卡临时数据文件指依据运行揭示调度命令等资料，通过专用软件录入相关信息数据，编制、编译形成的载入 LKJ 对列车实施一次减速控制或改变行车方式、提示有关操作的数据集合。

三、运行揭示的传递

运行揭示调度命令由各集团公司调度所施工调度室经调度命令系统发送至机务段机车调度室，运行揭示台调度员接收到运行揭示调度命令后，与施工日计划核对，根据运行揭示调度命令编制运行揭示、LKJ 临时数据文件，对编制完成的运行揭示和 LKJ 临时数据文件对照运行揭示调度命令原件进行核对，并使用模拟运行测试设备对 LKJ 临时数据文件进行模拟运行验证。

四、交付揭示

交付机车乘务员携带的运行揭示简称交付揭示，应按乘务交路别分区段编制，并标明有效时段。各区段运行揭示应按照列车运行方向由近至远顺序排列。机车乘务员在本段退勤时，派班室应回收交付揭示（见图 1-2-12），存档保存不少于 10 天。

运行揭示（格式及范例）

交付日期：2021年03月09日08时00分
有效时间至2021年3月10日24时00分

乙站-丙站（下行）

1.▲24685 2021年03月10日07时00分至03月10日09时00分，因普铁线施工，施工期间执行施工特定行车办法。①丙站下行进站信号停用，固定直股，引导接车时，列车司机凭特定引导手信号的显示，以不超过60 km/h速度进站。②乙站至丙站间下行线停用基本闭塞法，改用电话闭塞法。乙站使用列车无线调度通信设备(其通信记录装置须作用良好)将路票电话记录号码和调度命令号码通知司机，列车凭通过手信号通过车站（发车信号开车）。③丙站下行出站信号停用，车站使用列车无线调度通信设备(其通信记录装置须作用良好)将绿色许可证编号和调度命令号码通知司机，列车凭通过手信号通过车站（发车信号开车）。

2.▲22489 2021年03月10日00时00分至另有命令时□普铁线乙站3、4道限速30 km/h。

3.▲22499 2021年3月10日00时00分至2021年3月31日24时00分，普铁线丙站至丁站间下行线634 km+500 m至634 km+900 m处施工，客车限速80 km/h，货车限速 60km/h。

丙站-乙站（上行）

1.▲22499 2021年3月10日00时00分至2021年3月31日24时00分，普铁线丙站至丁站间下行线634 km+500 m至634 km+900 m施工，客车限速80 km/h，货车限速60 km/h。

2.▲22489 2021年03月10日00时00分至另有命令时，普铁线乙站3、4道限速30 km/h。

调度员：(签章)　　　　司机：(签章)

注：立折交路上下行分开，驻班交路只交付单趟。1页不够时须标明页码。

图 1-2-12　交付揭示

五、运行揭示栏

派班室应按区段分设运行揭示栏，显示屏公布内容须与运行揭示完全一致，不显示与运行揭示无关的内容。运行揭示栏出示的运行揭示应按上下行、站序、公里数顺序排列（见图 1-2-13）。

图 1-2-13　电子公布栏

六、出勤核对与反馈

机车乘务员出勤时,出勤调度员将其值乘交路的LKJ临时数据文件录入IC卡。机车乘务员须进行"五核对五反馈":

(1)交付揭示与公布揭示核对,逐条勾画值乘区段相关运行揭示。

(2)在模拟运行测试设备(或IC卡LKJ临时数据文件核对装置)上核对写入IC卡的数据文件条数和命令号,并与交付揭示标注的运行揭示逐条核对。

(3)与出勤调度员共同核对无误后,双方共同在《机务派班室LKJ临时数据录入登记簿》上签认。

(4)上车载入LKJ后,核对载入的LKJ临时数据文件条数和命令号(上车后实施)。

(5)核对LKJ数据版本号(上车后实施)。

机车乘务员在司机手册车站站名处及交付揭示上予以标注,在列车运行中,经过一处划掉一处,逐个销号。

派班室机车调度员应实行对口交接制度,交班机车调度员将运行揭示出示和撤除情况,向接班机车调度员逐条说明,接班机车调度员应逐条核对,并在对口交接记录簿上予以注明和签认。

七、机车交路

机车交路是机车固定担当运输任务的周转区段,也称机车牵引区段。

机车交路按用途不同分为客运机车交路和货运机车交路;按区段长度不同分为一般机车交路和长交路;按机车运转制分为循环运转制、半循环制、肩回式和环形小运转制交路等。

1. 机车运转制

机车运转制是指机车在交路上从事列车作业的方式,分为肩回运转制、循环运转制、半循环运转制和环形运转制。

1)肩回运转制

机车牵引列车在一个交路区段内往返一次后即进入本段的叫作肩回运转制。肩回运转制又可分为单肩回、双肩回、多肩回等几种。机车的长短交路均可采用这种运转,在我国铁路区段上,担当牵引任务的机车多采用肩回运转制。

2)循环运转制

机车牵引列车在相邻两个交路区段内作往返连续运行,直到需要进行中检或定期检修时才进入本段的,叫作循环运转制。

3)半循环运转制

机车牵引列车在相邻两个交路区段内往返运行一次后即进入本段的,叫作半循环运转制。

4）环形运转制

机车牵引列车在一个交路区段内连续运行几个往返后才入本段进行整备作业的，叫作环形运转制。这种运转制适用于小运转列车、市郊列车或运量较大的短交路区段列车等。

2．乘务制

机车乘务制是指机车乘务员使用机车的制度，分为包乘制、轮乘制、轮包结合制。

包乘制一般采用四班制，4个乘务组固定使用一台机车，轮流值乘，由一名较优秀的司机担任司机长，每5~7台机车设指导司机一名，指导司机对分管的各机车乘务机班进行技术指导和工作监督与检查。

轮乘制机车没有固定的乘务组，各乘务组轮流上车值乘，按一定的顺序轮流值乘不同的机车。

一般每15~20个乘务组设一名指导司机，机车的日常保养与检查维修由地勤车间或地勤组承担。轮乘制提高了机车的利用率和乘务员的劳动效率，也提高了铁路运输效率，而机车的保养及检修条件较差，因此对机车本身的质量要求较高。

轮包结合制适用于机车长交路。机车由几个固定的乘务组包管，当机车出机务段或回机务段（出、入库）时，由该固定乘务组值乘，在交路上运行时由各乘务组按一定的顺序轮流上车值乘，该乘务制度是包乘与轮乘相结合的一种方式，既提高了机车的利用率和乘务员的劳动效率，也加强了机车的保养工作。

1）包乘制的换班方式

按照机车交路的类型和乘务组连续工作的时间要求，包乘制的交班方式分为：外段立即折返，包乘组中一班出乘，到达折返段后不换班，立即原班原机返回；外段调休，包乘组中一班出乘，到达折返段不换班，下车后进行必要的休息，机车也随之停留等待，休息后，原机原班返回。外段驻班：包乘组中一班出乘，到达折返段后换班退勤，机车交由驻在折返段的另一班乘务组接乘返回。中途站换班：包乘组中一班出乘，另一班驻在中途换乘站，还有一班驻在折返段（根据交路长度，该班也可以不驻班），依次换班接乘返回。随乘换班，包乘组中两班出乘（另两班在驻地休息），其中一班工作，另一班在随挂的宿营车上休息，到达某中途站或折返点后，自行换班随乘返回。定时换班：包乘组中一班出乘，工作到固定时分，另一班乘务组在机务段或车站接。

2）轮乘制与轮包结合制的换班方式

轮乘制的换班方式为换乘点换班，自换乘点至相邻的换乘点之间的距离，称为乘务区段。轮乘制的换班方式有两种，即单区间轮乘制和多区段轮乘制。乘务组在一个固定的乘务区段内往返轮乘换班的方式为单区间轮乘制。乘务组依次在两个或两个以上的乘务区段内往返轮乘换班的方式为多区段轮乘制。

轮包结合制是乘务组采用运乘制换班方式，乘务组使用的机车采用轮乘制。

八、机车调度员的职责

为了组织实现列车运行图和机车周转图，指挥机车的日常运用工作，国铁集团、集团公司和机务段，应分别设置机车调度室。

机车调度工作的基本任务是：正确编制日（班）计划机车周转图，并组织实施。

（1）与行车调度员密切配合，组织均衡开车，保证机车供应。

（2）经济合理地使用机车，提高机车运用效率。

（3）及时正确地处理日常运输生产工作中出现的问题，维护安全正点。发生行车事故和重点列车运行晚点，应及时查明情况，并逐级上报。

（4）正确填记各种报表和台账。

（5）掌握回送机车动态及备用机车的加入与解除。

（6）加强与行车调度之间的联系，严格掌握机车乘务员按规定时间叫班，防止列车晚点和乘务员超劳。

（7）经常深入现场、添乘机车、熟悉情况，不断提高工作能力和指挥水平。

机车调度工作实行国铁集团机辆部、集团公司、机务段分层管理，各级机车调度实行逐级负责制，下级调度必须服从上级调度的指挥，集团公司机务处是机车运用工作的主管部门，负责机车调度工作的领导。机车调度员是机车日常运用的组织者和指挥者。各级机车调度人员必须树立铁路运输全局观念和市场营销意识。严肃调度纪律，严格执行各项规章、命令。机车乘务员及机务行车工作人员必须服从机车调度的指挥。

各级机车调度员应从思想作风好、业务能力强的优秀司机中选拔，或由现职调度员中逐级选拔。新任用的机车调度员必须经过机车调度专业知识培训。各级机车调度人员应经常深入现场、添乘机车、调查研究，熟悉乘务员、机车、线路、设备等情况，取得指挥工作的主动权。

项目二　接车作业

项目说明

接车作业包括机车交接及备品检查、行车安全装备检查、运行监控记录装置行车参数设置、制动机及撒砂装置检查、机能试验。

行车安全装备检查，是保证列车安全无故障运行的重要程序之一。完成检查后，按标准作业流程完成运行监控记录装置行车参数设置、制动机及撒砂装置检查、机能试验，最终完成接车作业。

项目目标

1. 知识目标
（1）掌握接车作业的标准流程。
（2）掌握行车安全装备检查的操作方法。
（3）掌握制动机及撒砂装置的检查和试验方法。
2. 能力目标
（1）能够按标准作业流程，完成行车安全装备检查。
（2）能够按标准作业流程输入 LKJ 参数、完成 CIR 注册。
（3）能够完成制动机及撒砂装置的检查和试验。
3. 思政目标
（1）践行机车乘务员职业守则，使学生树立严谨细致的工作态度。
（2）培养学生专注负责的岗位精神。

任务一 机车交接及备品检查

任务描述

机车交接办理是乘务员上车前的必要步骤。机车在整备作业完毕后停放在整备线上,但是机车钥匙、运行日志等工具资料则由地勤人员保存管理。如乘务员机班未办理机车接车手续或办理异常,乘务员将无法正常完成牵引任务甚至无法上车。因此,正确办理机车接车手续,是完成后续工作的关键环节。

机车乘务员到机务段派班室出勤完毕后,到地勤交接室办理接车手续。列车运行途中,机车行车备品是乘务员经常要用到的工具,事故应急救援器具、消防器材在特殊情况下也必不可少。因此,为确保安全行车及发生事故时能尽快恢复正常运行,行车备品、应急救援器具、消防器材等物品一个也不能少。

学习活动建议

学习活动	内　容	建议学时
自学资讯及相关知识点	1. 掌握机车办理交接需交接的物品清单; 2. 掌握机车办理交接的作业流程; 3. 掌握备品检查的规定	课前
计划	根据任务单上的任务情境,每位同学独立归纳总结机车交接及备品检查作业流程及注意事项,并正确完成机车交接	课中 (1学时)
决策	通过小组讨论和组间交流,针对指导教师指定的任务情景下,做出机车交接及备品检查的任务决策	
实施	根据指导教师提供的资讯,针对指导教师指定情景,完成具体的机车交接及备品检查作业情景模拟任务	
	正确填写(执行过程检查)评估工作页。小组成员互检工作页的正确性,提交指导教师评估	
检查与评价	完成自我评估、小组评价以及教师评价	
完善与拓展	根据学习掌握深度要求,拓展完善机车交接及备品检查作业相关资讯	课后

任务引导

1. 简述机车办理交接的流程。

_____

_____

_____

2. 简述需要了解的值乘列车信息。

_____

_____

_____

3. 列出备品清单。

_____

_____

_____

任务分析

机车交接办理时,需要知道地勤交接室的位置,明确到地勤交接室的路线;明确本机班值乘的车次;明确接车时应携带的物品,应领取的物品和工具。在领取完物品和工具后,应保管好领取的物品和工具,尽快找到机车。

司机应熟知机班携带的物品,并明确知道司机室物品摆放要求。司机应明确事故应急救援器具的种类、数量、存放位置。司机应明确消防器材的数量、摆放位置,并能判断是否到期。

任务分工

班级		组号		指导教师	
小组成员	任务分工				

任务步骤

在办理手续时,向地勤值班员领取机车钥匙和电钥匙、机车运行日志、受电弓检测合格证、电务车载设备检测合格证，了解值乘机车技术状态、停留股道，领取工具、备品、棉丝等物品，办理燃料、耗电交接。

当办理完交接手续后在指定位置无法找到对应机车时，应及时与地勤值班员联系确认。

找到对应机车后，乘务组成员需共同核实机车号码是否正确、机车上方弓网状态、有无分相绝缘器。

乘务员在上车后，在司机室应按照规定位置摆放钥匙、行车报表、应急手电筒、检车锤等，具体位置如图 2-1-1、图 2-1-2 所示。

图 2-1-1　司机室（一）

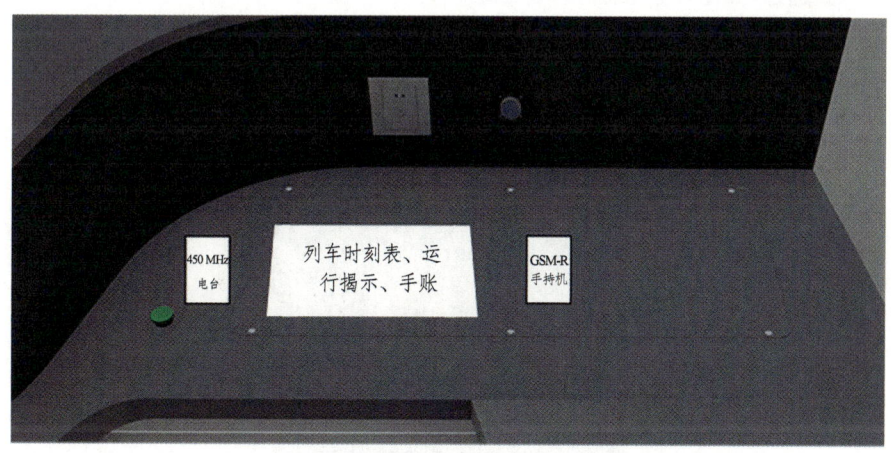

图 2-1-2　司机室（二）

在机械间顶盖或司机室门板处检查高压接地杆是否齐全，接地线和接地靴是否正常（见图 2-1-3）。

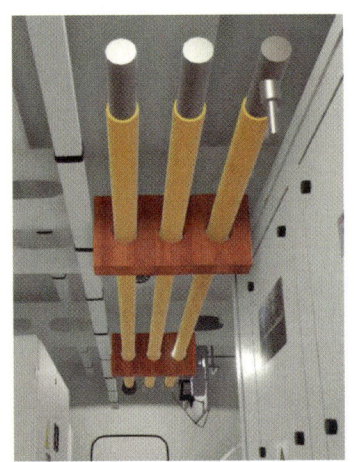

图 2-1-3　机械间顶盖

在机械间工具柜内检查响墩、火炬、短路铜线是否齐全，是否到期，铁鞋数量是否正确，状态是否正常（见图 2-1-4）。

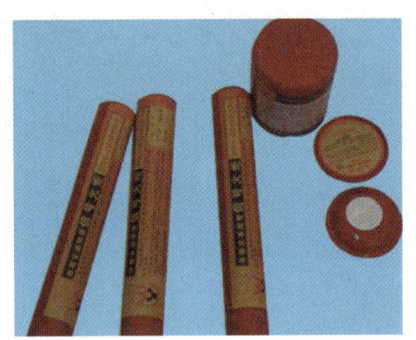 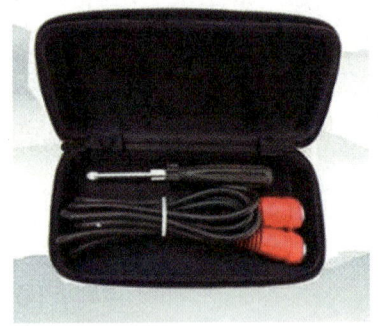

图 2-1-4　响墩、火炬、短路铜线

在司机室内检查消防器材是否齐全，是否到期（见图 2-1-5）。

图 2-1-5　消防器材

任务实施

序号	任务实施步骤	任务要点
1	到达地勤交接室	
2	领取机车资料	
3	了解值乘机车技术状态	
4	领取工具	
5	办理燃料、耗电交接	
6	找到机车，查看状态	
7	司机室物品标准摆放	
8	接地杆检查	
9	事故应急救援器具检查	
10	消防器材检查	

任务评价

非常符合（90分以上）；比较符合（80~89分）；符合（70~79分）；基本符合（60~69分）；不符合（60以下或存在失格项）

考核要素	知识评价	技能评价	权重	扣分标准	得分
到达地勤交接室	知晓地勤交接室位置	机班成员安全到达地勤交接室	5%	未能尽快安全抵达地勤交接室扣5分	
领取机车资料	机车资料包括机车钥匙和电钥匙、机车运行日志、受电弓检测合格证、电务车载设备检测合格证	机班成员正确领取机车钥匙和电钥匙、机车运行日志、受电弓检测合格证、电务车载设备检测合格证	10%	领取机车资料少一项扣2.5分，满分10分扣完为止	
了解值乘机车技术状态	知道值乘机车技术状态包括的内容	机班成员正确了解值乘机车技术状态、停留股道	5%	1. 未能向地勤交接人员了解机车技术状态扣2.5分；2. 未能向地勤交接人员了解机车停留股道扣2.5分	
领取工具备品	了解工具备品包括的内容	机班成员正确领取工具、备品、棉丝等物品	10%	领取工具备品少一项扣2分，满分10分扣完为止	

续表

考核要素	知识评价	技能评价	权重	扣分标准	得分
办理燃料、耗电交接	了解交接包含的内容	机班成员成功办理燃料、耗电交接	10%	1. 未能办理燃料交接扣5分；2. 未能办理耗电交接扣5分	
找到机车，查看状态	知道机车停留位置和走行径路。	机班成员成功找到对应机车，确认机车号、弓网状态、分相绝缘器状态	10%	1. 未能顺利找到对应机车扣5分；2. 未能确认机车号扣2.5分；3. 未能确认弓网状态扣1.5分；4. 未能确认分相绝缘器状态扣1分；5. 找机车过程中发生机车资料丢失事件，该任务项直接失格	
司机室物品标准摆放	知道司机室行车备品摆放标准	乘务员上车后，在司机室应按照规定位置摆放钥匙、行车报表、应急手电筒、检车锤	10%	司机室物品摆放杂乱一处扣3分，满分10分扣完为止	
接地杆检查	知晓接地杆存放位置，组成部分和判断标准	在机械间顶盖或司机室门板处检查高压接地杆是否齐全，接地线和接地靴是否正常	10%	1. 未能顺利找到高压接地杆扣2分；2. 未能确认接地杆齐全扣2分；3. 未能确认接地线正常扣4分；4. 未能确认接地靴正常扣2分	
事故应急救援器具检查	知道事故应急救援器具的种类、数量、状态判断标准	在机械间工具柜内检查响墩、火炬、短路铜线是否齐全，是否到期，铁鞋数量是否正确，状态是否正常	10%	1. 未能正确找到工具柜扣2分；2. 未能确认响墩数量、到期时间、状态扣2分；3. 未能确认火炬数量、到期时间、状态扣2分；4. 未能确认短路铜线数量、状态扣2分；5. 未能确认铁鞋数量、状态扣2分	
消防器材检查	知道全车消防器材摆放位置、数量和判断标准	在司机室内检查消防器材是否齐全，是否到期	10%	1. 未能找到消防器材位置，扣4分；2. 未能确认Ⅰ端司机室消防器材数量、到期时间扣3分；3. 未能确认Ⅱ端司机室消防器材数量、到期时间扣3分	
思政评价	任务完成后，能够依据任务实施过程，阐述出作业过程体现出的职业素养或思政元素，或者可以根据自身实训结果，反思自己在任务实施过程中有哪些违反职业素养的行为		10%	学员的阐述可以体现对职业素养的正确认识，或对该任务蕴含的思政元素有自己合理的见解	
合计			100%		

检查与评价	
一、学生自我评估	年　月　日
二、小组评价	年　月　日
三、指导教师评价	年　月　日

> **知识要点**

一、机车整备作业

机车整备作业是指铁路机车运行前的各项技术准备工作。主要有燃料、水、润滑油（脂）和砂的供应，机车的擦洗，机车各部件的日常检查和给油保养等工作，是机车运用管理的重要内容之一。

机车乘务员在库内交车退勤完毕后，整备车间会结合机车运用计划，结合自身情况，安排整备组对机车开展整备作业，通常机车整备作业有以下3种作业方式：

（1）第一种作业顺序为：机车入段→机车清洗→补充燃油（内燃机车）→机车转向或直接进入整备线→打开隔离开关（电力机车）→补给各种润滑油脂，上砂，机车检查给油（处理故障）→闭合隔离开关（电力机车）→动车驶出检查地沟→机车等交路→机车出段。

此种整备作业方式特点是机车在专门的清洗台位上进行清洗，便于缩短机车整备作业时间。

（2）第二种作业顺序为：机车入段→补充燃油（内燃机车）→机车转向或直接进入整备线→打开隔离开关（电力机车）→补给各种润滑油脂，上砂，机车清洗，机车检查给油（处理故障）→闭合隔离开关（电力机车）→动车驶出检查地沟→机车等交路→机车出段。

此种整备方式的特点是没有专门的机车清洗设备，作业方式有一定的局限性，一般在机车整备作业量较少时才可以使用。

（3）第三种作业顺序为：机车入段→机车清洗→补充燃油（内燃机车）→补给机

车各种润滑油脂及上砂→机车转向或直接进入整备线→打开隔离开关（电力机车）→机车给油，机车检查（故障处理）→闭合隔离开关（电力机车）→动车驶出检查地沟→机车等交路→机车出段。

此种整备方式的特点是补给各种润滑油脂，上砂等作业在专门的发放台位上进行，将发放作业与机车检查作业由平行作业改为流水作业，相应地延长了整备作业时间。

二、机车钥匙

机车钥匙，是指机车司机室车门钥匙。司机能否进入司机室，取决于机车钥匙是否正确，车门是否正常。

三、电钥匙

电钥匙开关通常在司机室控制台上。不同车型的电钥匙有不同的形式。电钥匙开关和扳键开关中的受电弓、主断路器、空压机设有机械联锁装置，具体联锁关系如下：

（1）当电钥匙插入钥匙孔后，钥匙转换开关处于"0"（或"分"）位时，受电弓、主断路器、空压机的扳键开关均被锁定，不能进行操作。

（2）当电钥匙插入钥匙孔后，钥匙转换开关处于"1"（或"合"）位时，受电弓、主断路器、空压机的扳键开关能够正常动作。

（3）当受电弓、主断路器、空压机的扳键开关有任意一个不在"0"位时，钥匙开关不能操作。

司机在办理接车手续时，地勤值班员通常只给司机一把电钥匙，因此司机必须保管好电钥匙，严防丢失。

四、机车运行日志

机车运行日志，主要用于每一个机班出乘时记录机车运行情况。在机班退勤时由当班司机填记机车预报、修理项目，下一机班在出乘时应重点复查这两项内容，以免影响行车。

五、受电弓检测合格证

电力机车运行时所需要的电源由受电弓从接触网上获取。故受电弓相对于机车的作用，相当于插头对于用电器的作用。受电弓故障或工作状态不良，均会影响电力机车的正常运行。因此，机车在机务段内完成整备作业时，需要地勤人员检查受电弓碳滑板厚度、升/降弓时间及升弓拉力，当所有项目均符合标准时，整备人员会出具受电弓检测合格证，证明该机车受电弓状态正常。

六、电务车载设备检测合格证

LKJ监控记录装置是基本行车安全装备之一，LKJ数据是控制行车的重要数据，其准确性是监控列车安全运行的前提和保证。LKJ数据应与铁路运输基础设备、设施的数据保持一致。

LKJ数据由LKJ基础数据、LKJ临时数据（IC卡数据）、LKJ固定控制参数、LKJ临时控制参数（司机输入数据）、LKJ运行记录数据五部分组成。

LKJ基础数据分为LKJ基础运行组织数据和LKJ基础线路数据两部分。

LKJ固定控制参数分为LKJ控制模式设定参数和LKJ列车参数两部分。

1．LKJ基础数据

LKJ基础数据是指纳入集团公司《列车运行图技术资料》中的线路、信号、接触网、站场等设备、设施基础线路数据，以及车站接发车经由股道、开车对标距离特殊地点等基础运行组织数据。

2．LKJ临时数据

LKJ临时数据（IC卡数据）是指依据向机务段提前下达的运行揭示调度命令，编辑形成IC卡数据文件载入LKJ设备，对列车运行实施减速控制或改变行车方式、提示有关操作的各类临时性数据。

3．LKJ固定控制参数

LKJ固定控制参数是指由集团公司LKJ专业机构在LKJ特定运行区段控制模式设定时通过LKJ车载控制文件置入的对应特定运行交路的参数。

4．LKJ临时控制参数

LKJ临时控制参数（司机输入数据）是指由机车司机担当具体值乘任务时通过LKJ人机交互单元（屏幕显示器）输入装置的参数。

5．LKJ运动记录数据

LKJ运行记录数据是指由LKJ按照技术规范规定形成的列车运行状态数据。

LKJ运行组织数据包括以下内容。

（1）运输类：车站正线股道、旅客列车车站接发车经由股道和道岔、线路线编号为二线（多线）交会车站通过列车径路、线路所固定位置、固定径路列车信息等数据。

（2）机务类：停车靠标困难特殊站（股道）、机外大坡道特殊车站、开车对标距离特殊地点、机车（动车组）担当区段等数据。

LKJ基础线路数据包括以下内容，其取用格式由"LKJ基础数据填写表"规定。

（1）工务类：线路名称表、车站、股道、道岔、线路允许速度、坡道、曲线、桥梁、隧道、道口、线路里程断链明细、车站平面示意图（配线图）、正线起讫里程表等数据。

（2）电务类：信号机坐标、半自闭接近区段上码地点坐标、信号机间距离、轨道电路制式、特殊发码地点、车站股道固定无码、关联发码特殊信号机显示关系、防护 18 号及以上道岔信号机位置、级间转换、车站及区间信号机设置的平面示意图等数据。

（3）机务类：接触网分相、接触网限制速度、长大下坡道百吨闸瓦压力列车限速等数据。

（4）信息技术类：TMIS 车站编号数据。

机车上的 LKJ 基础数据和固定控制参数由电务段下的车载设备车间负责维护更新。当 LKJ 基础数据有更新时，电务部门会到车上更新 LKJ 基础数据，并在 LKJ 上粘贴 LKJ 数据版本标签，同时给地勤人员交接电务车载设备检测合格证。当机车乘务员接车时，需一并领取电务车载设备检测合格证，上车后需核实 LKJ 基础数据版本并签字确认。

七、备品

机车司机室是机车乘务员工作的重要场所，也是反映机务形象的重要窗口。为切实提高机车司机室文明化状态，进一步提高机车乘务员执标意识，各运用车间均会对司机室物品摆放有相应的要求。

操纵台上只能放置司机手账、添乘指导簿、列车运行点单、运行揭示、录音笔、手持对讲机、GSM-R 手持机、相关操纵提示卡和值乘司机茶杯及规定配置的其他工作设备及台账，各物品应摆放整齐。

高压接地杆：区间运行时，若因接触网或受电弓挂异物导致接触网断电，现场处理时为接触网接地使用。操作棒采用环氧树脂彩色管制成，绝缘性能好、强度高、重量轻、色彩鲜明、外表光滑；接地软铜线采用多股优质软铜线绞合而成，外覆柔软、耐高温的透明绝缘护层，可以防止使用中对接地铜线的磨损，铜线达到疲劳度测试需求，可确保作业人员在操作中的安全。

响墩：一种紧急铁路信号装置，通过火车碾爆产生巨响，以提醒司机紧急停车。当天气不好，指示灯无法辨识或看见，就在火车前进方向的左侧钢轨上放置 2 个响墩，另一条钢轨上放置 1 个响墩，构成投影距离为 20 m 的等腰三角形，放置时必须吸牢（新型响墩采用磁铁技术，容易放上去）。当火车从响墩上压过去时，通过响声提醒火车前方有危险，必须停车。携带时装在特制原盒或布袋中，避免相互撞击发生爆炸。按规定，响墩每年做一次检定实验，不合格时应及时更换。

火炬：如果遇到紧急情况，紧急停车后，使用其给对向来车发出警示视觉信号。

短路铜线主要是用在线路突发紧急情况短路铁路轨道电路：① 运行中发现邻线有影响行车的障碍物（如大树、煤块、滑坡等）时；② 单机紧急制动后不能移动时（由于机车踏面与轨面被沙层隔开）；③ 全长小于 29 m 的单机被迫停在调谐区内不能移动时。轨道电路分为有绝缘轨道电路和无绝缘轨道电路，有绝缘轨道电路是用钢轨绝缘部件将轨道电路与相邻的轨道电路进行有绝缘的相互隔离；无绝缘轨道电路是在每一段轨道电路分界处取消钢轨绝缘部件，并通过对轨道电路电流采用不同的信号频率，实现对相邻轨道电路的电气隔离，即电路绝缘。

铁鞋：铁鞋制动，就是在一根或两根钢轨上放置铁鞋，向前滚动的车轮压上铁鞋后便沿钢轨滑行，轮轨之间由滚动摩擦变为滑动摩擦，阻止掣轮前进，起制动作用。铁鞋适用于各种不同尺寸的轨面使用，当机车轮对踏上止轮器时，止轮器锁闭装置自动开启，随机车同步运行，并能平顺通过钢轨接头；当退下止轮器时，止轮器封闭装置将自动锁闭在轨面上，达到有效防溜、最佳防盗的效果。

消防器材：乘务员需熟知司机室内应配备的灭火器数量、灭火器位置、灭火器类型和使用方法、如何查看到期时间。

任务二　行车安全装备检查

视频：行车安全装备检查

任务描述

行车安全装备开机及检查是机车乘务员上车后首先要做的项目，司机需要给行车安全装备上电开机，检查各行车安全装备的工作状态。

学习活动建议

学习活动	内容	建议学时
自学资讯及相关知识点	1. 知道行车安全装备包括哪些； 2. 知道各行车安全装备的作用； 3. 掌握行车安全装备的检查和操作方法	课前
计划	根据任务单上的任务情境，每位同学独立归纳总结行车安全装备检查作业流程及注意事项并正确完成本任务	课中 （2学时）
决策	通过小组讨论和组间交流，针对指导教师指定的任务情景，做出行车安全装备检查的任务决策	
实施	根据指导教师提供的资讯，针对指导教师指定情景，完成具体的行车安全装备检查作业情景模拟任务	
	正确填写（执行过程检查）评估工作页。小组成员互检工作页的正确性，提交指导教师评估	
检查与评价	完成自我评估、小组评价以及教师评价	
完善与拓展	根据学习掌握深度要求，拓展完善行车安全装备检查作业相关资讯	课后

任务引导

1. 简述列车运行监控记录装置（LKJ）的组成及作用。

   _____

   _____

   _____

2. 简述机车车载安全防护系统（6A 系统）的作用。

   _____

   _____

   _____

3. 简述机车信号的作用。

   _____

   _____

   _____

4. 简述列车无线调度通信设备（CIR）的作用。

   _____

   _____

   _____

任务分析

司机需要在机械间内成功开启蓄电池电源，并开启各行车安全装备主机电源，包括 6A 系统、机车运行监测数据无线传输装置、机车信号主机、CIR 主机、LKJ 主机。

硬件设备检查完毕后，还需检查 LKJ 基础数据版本是否一致。

任务分工

班级		组号		指导教师	
小组成员			任务分工		

任务步骤

司机进入机车后，在司机室操纵端插入电钥匙，打开电钥匙开关，然后进入机械间，在低压电器柜内闭合蓄电池开关，给行车安全装备上电，检查电源控制模块工作状态，检查各行车安全装备的工作状态，包括以下内容。

（1）司机室内的 6A 系统各摄像头、走行部温度（见图 2-2-1、图 2-2-2）。

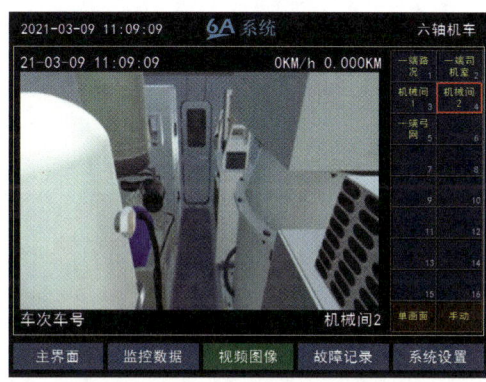

图 2-2-1　6A 系统界面（一）

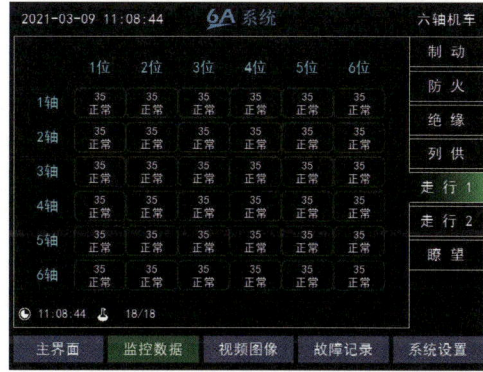

图 2-2-2　6A 系统界面（二）

（2）第三方电器柜内的机车运行监测数据无线传输装置、机车信号主机、CIR 主机、LKJ 主机。

（3）司机室内的监控显示屏侧粘贴的监控数据版本（见图 2-2-3）。

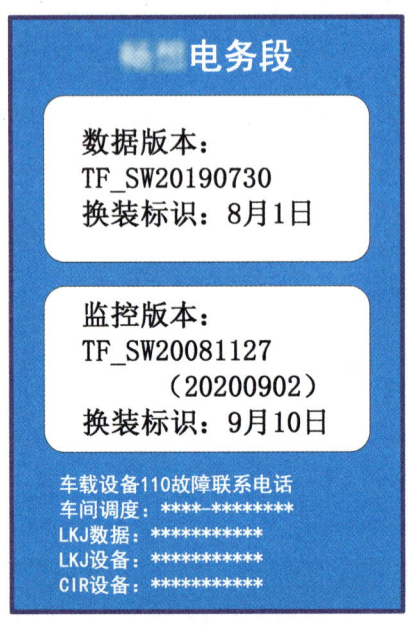

图 2-2-3　监控数据版本

任务实施

序号	任务实施步骤	任务要点
1	上电开机	
2	开启 6A 系统	
3	开启机车无线运行监测数据无线传输装置	
4	开启信号主机	
5	开启 CIR 主机	
6	开启 LKJ 主机	
7	核对 LKJ 基础数据版本	

任务评价

非常符合（90分以上）；比较符合（80~89分）；符合（70~79分）；基本符合（60~69分）；不符合（60以下或存在失格项）

考核要素	知识评价	技能评价	权重	扣分标准	得分
上电开机	知道蓄电池电源开关位置	司机成功开启蓄电池电源	10%	1. 司机找不到蓄电池电源扣5分； 2. 司机没有正确开启蓄电池电源扣5分	
开启6A系统	知道6A系统开机方法和系统正常运行的判断标准	司机开启6A系统主机电源并检测6A系统运行	14%	1. 司机无法正确开启6A系统电源扣7分； 2. 司机没有正确判断6A系统正常运行扣7分	
开启机车无线运行监测数据无线传输装置	知道机车运行监测数据无线传输装置开机方法和系统正常运行的判断标准	司机开启机车运行监测数据无线传输装置电源并检测系统运行	14%	1. 司机无法正确开启机车运行监测数据无线传输装置电源扣7分； 2. 司机没有正确判断机车运行监测数据无线传输装置正常运行扣7分	
开启信号主机	知道信号机主开机方法和系统正常运行的判断标准	司机开启信号主机电源并检测系统运行	14%	1. 司机无法正确开启信号主机电源扣7分； 2. 司机没有正确判断信号主机正常运行扣7分	
开启CIR主机	知道CIR主机开机方法和系统正常运行的判断标准	司机开启CIR主机电源并检测系统运行	14%	1. 司机无法正确开启CIR主机电源扣7分； 2. 司机没有正确判断CIR主机正常运行扣7分	
开启LKJ主机	知道LKJ主机开机方法和系统正常运行的判断标准	司机开启LKJ主机电源并检测系统运行	14%	1. 司机无法正确开启LKJ主机电源扣7分； 2. 司机没有正确判断LKJ主机正常运行扣7分	
核对LKJ基础数据版本	知道如何查看LKJ基础数据版本	司机核实LKJ基础数据版本一致	10%	1. 司机未根据电务数据标签核对LKJ基础数据版本扣5分； 2. 司机未在电务数据检测合格证上核对签名扣5分	
思政评价	任务完成后，能够依据任务实施过程，阐述作业过程体现出的职业素养或思政元素，或者可以根据自身实训结果，反思自己在任务实施过程中有哪些违反职业素养的行为		10%	学员的阐述可以体现对职业素养的正确认识，或对该任务蕴含的思政元素有自己合理的见解	
合计			100%		

检查与评价	
一、学生自我评估	年　月　日
二、小组评价	年　月　日
三、指导教师评价	年　月　日

知识要点

铁路机车行车安全装备是指装设于机车、动车以及自轮运转特种设备上，用于直接防止列车运行事故或辅助机车乘务员提高操纵列车运行安全能力的装备，主要包括：列车运行监控记录装置（LKJ）、机车车载安全防护系统（6A系统）、机车信号、列车无线调度通信设备（CIR）以及与之配套的传感、信息输入、信息输出和连接设备等。铁路机车行车安全装备是机车的组成部分。监控装置同时是实现铁路机务行车安全科学管理的重要设备。

一、列车运行监控记录装置（LKJ）

LKJ-2000型列车运行监控记录装置是国内新一代列车超速防护设备，能准确地记录列车运行状况、信号设备状况及乘务员操纵状况，并采用双机热备冗余工作方式、工作性能更加可靠；装置的屏幕显示器以图形、曲线、文字等方式来显示前方线路状况、运行情况等信息，并在列车超速、冒进红灯等危险情况时自动采取紧急制动，保障铁路运输安全。

LKJ-2000型监控装置主要由主机、显示屏显示器、压力传感器、速度传感器、常用制动装置、紧急放风阀及连接电缆等组成。

（一）主机

主机内部由 A、B 两组完全相同的控制单元（分别称为 A 机、B 机）组成，每组有 8 个插件位置。主机前面板布局如图 2-2-4 所示。

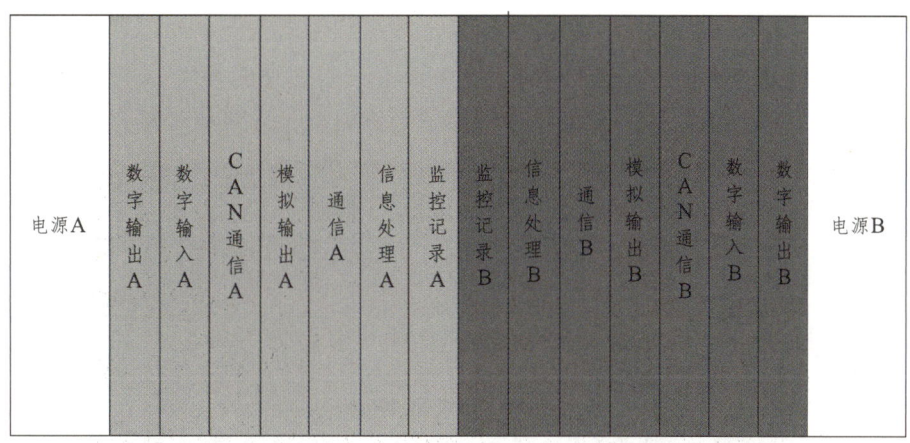

图 2-2-4 主机前面板

主机后背板上设有电缆连接插座和电源开关。

(二) 显示器

1. 显示器组成

显示器由 10 英寸的 TFT 高亮度彩色显示屏、21 个薄膜键的小键盘和 IC 卡读卡器组成（见图 2-2-5）。

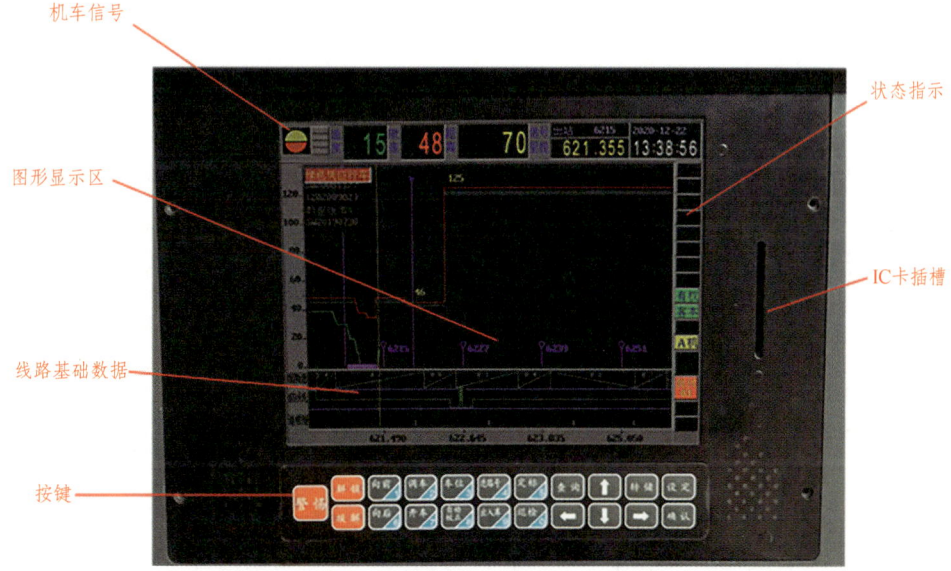

图 2-2-5 显示器

2．显示屏显示界面

（1）显示屏最上方的数据窗口依次为：机车信号灯、速度等级、当前速度、限速、距前方信号机距离、当前信号机编号、当前信号机类型、日期和时间（见图2-2-6）。

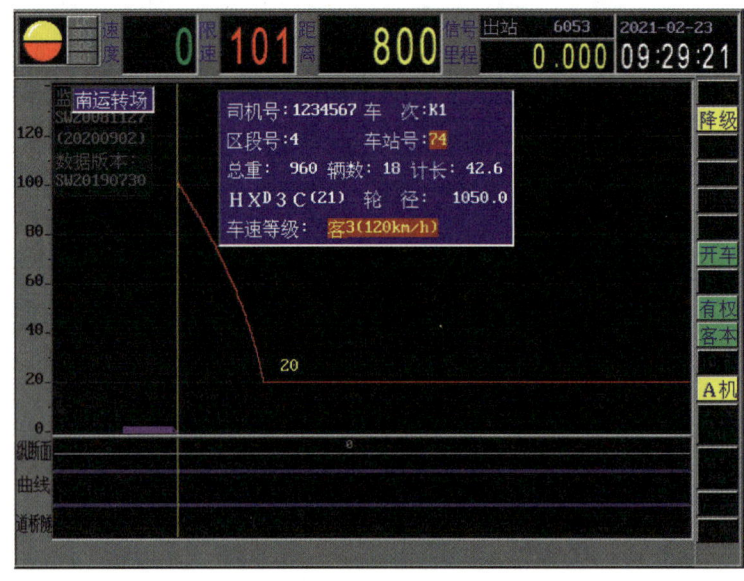

图 2-2-6　显示窗口

机车信号灯显示窗口：显示机车当前接收的信号状态，如绿3、绿2、绿灯、绿黄灯、黄灯、红灯、红/黄灯、双黄灯、黄2灯、白灯、黄闪黄、红黄闪、黄2闪等。

速度等级显示窗口：从上至下有 LC、SD3、SD2、SD1 四种速度等级，由 SD1、SD2、SD3 组合成不同的速度等级显示。

当前速度窗口：显示机车当前的实际运行速度（绿色数字）。

限制速度窗口：显示机车当前的允许运行速度（红色数字）。

距前方信号机距离窗口：显示列车距前方信号机的距离（黄色数字）。

信号机类型窗口：显示前方信号机的编号和信号机的种类。

里程窗口：显示机车当前所在的工务里程。

日期和时间窗口：显示当前的系统日期及时间。

（2）显示屏右侧为系统状态指示灯，自上到下依次为：

〖故障〗：系统与所有单元通信中断时，此灯点亮。

〖降级〗：装置处于降级工作状态时，此灯点亮。

〖紧急〗：装置发出紧急制动指令时，此灯点亮，停车后灯灭。

〖常用〗：装置发出常用制动指令时，此灯点亮，缓解操作成功后灯灭。

〖卸载〗：装置发出卸载动作指令时，此灯点亮，满足加载条件后灯灭。

〖解锁〗：解除停车控制成功后，此灯点亮，4 s 后自动熄灭。

〖开车〗：列车运行参数有效设定完毕后灯亮，按压【开车】键响应后灯灭。

〖调车〗：处于"调车"状态时灯亮，退出"调车"状态时灯灭。

〖有权〗：显示"有权"时本端显示器有操作权，显示"无权"时本端显示器无操作权。

〖客货/巡检〗：设定完毕后显示当前的客货状态，显示"客本"时，装置处于客车本务状态；显示"货本"时，装置处于货车本务状态；显示"客补"时，装置处于客车非本务状态；显示"货补"时，装置处于货车非本务状态。按压巡检按钮后〖巡检〗显示 4 s。

〖IC 卡〗：正确插入 IC 卡后，此灯点亮，无卡或插卡无效时灯灭。

〖A 机/B 机〗：显示"A 机"表示 A 机为当前工作机，显示"B 机"表示 B 机为当前工作机。

〖侧线〗：允许输入侧线股道号时，此灯亮，输入完毕后显示输入的股道号码。

〖支线〗：允许输入支线号时，此灯亮，输入完毕后显示输入的支线号。

〖入段〗：按压【出入库】键，该位置灯点亮再次按压【出入库】键，该位置灯熄灭。

（3）显示屏中间的窗口正常情况下横向显示 5 km 长的线路数据，以机车前端位置将窗口分为左右两部分，左侧显示 1 km 长的列车实际运行轨迹，右侧显示 4 km 长的列车运行前方线路数据。此窗口显示内容主要为：列车实际运行速度线、限制速度线、优化操纵线、信号机位置、道岔位置、站中心位置、线路基本数据及站名等。

实际运行速度线：以绿色线条显示当前的机车运行速度和实际走行的速度轨迹。

限制速度线：以红色线条显示实际限制速度轨迹和列车运行前方 4 km 以内的线路限速曲线。

信号机位置、编号、信号机的状态：以坐标的方式显示前方 4 km 以内的信号机位置，信号机的编号，当前信号机的显示状态。

站中心及站名：以白色垂直线条显示车站中心位置，并用汉字标注车站名称。

机车位置：以红色（客车）或灰白色（货车）矩形表示列车图标，图标的横向长度与输入的列车长度成正比，距显示屏左侧 1 km 处的黄色垂直线条为机车前端位置，以黄色垂直线条处向左延伸。

道岔：以白色线条表示进站第 1 组和出站最后 1 组道岔坐标位置，线条上部用"<"表示进站道岔，用">"表示出站道岔。

线路纵断面、线路曲线、道桥隧：在显示屏下方 3 个 5 km 长的长条窗口显示线路纵断面、线路曲线和道口、桥梁、隧道的情况（道口、桥梁、隧道合用一个长条窗口）。

里程标：在显示屏的最下方显示信号机的里程标。

优化操纵曲线的显示：按线路纵断面变化情况，预置优化操纵曲线，指导乘务员合理操纵机车。

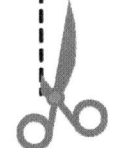

3．键盘

1）键盘布置和组成

键盘由 21 个带背光的按键组成（见图 2-2-7），光线变暗时，按键上的字符可自动透光。其中 0～9 的数字键在不同界面中还具备其他功能，称为复合键；其他键为单功能键。

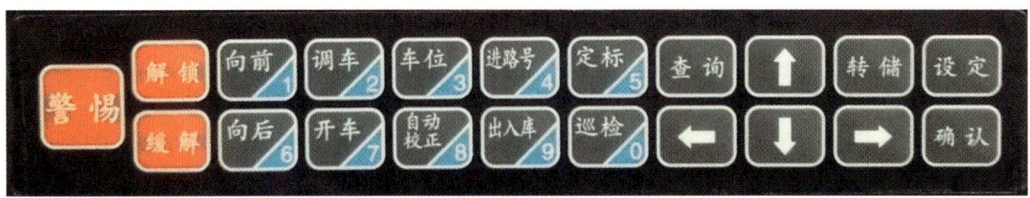

图 2-2-7 键盘

2）按键的功能

（1）复合键定义：在监控状态下作功能键使用，在参数修改状态下作数字键使用。

【巡检/0】：按该键执行副司机机械间巡视记录操作。

【向前/1】：与【车位/3】键配合使用，按压【车位/3】键后 5 s 内按压【向前/1】键，调整车位滞后误差。

【调车/2】：按该键进入或退出"调车"工作状态。

【车位/3】：配合【向前/1】键或【向后/6】键进行距离误差调整。

【进路号/4】：当允许输入支线号或侧线股道号时，按该键调出"支线号"或"侧线股道号"输入窗口。

【定标/5】：该按键用作线路坐标的打点记录。

【向后/6】：与【车位/3】键配合使用，按压【车位/3】键后 5 s 内按压【向后/6】键，调整车位超前误差。

【开车/7】：按该键执行对标开车操作。

【自动校正/8】：当 LKJ 运行位置与实际位置误差小于 300 m 时，按压【自动校正/8】键可调整距离误差。

【出入库/9】：按该键将 LKJ 转入转出、入段状态。

（2）单功能键定义：

【设定】：进入或退出参数设定操作。

【转储】：进入文件转储操作状态。

【警惕】：降级 ZTL、防溜等报警状态下短时间解除报警和防溜动作后撤除 LKJ 制动指令。

【缓解】：常用制动后的缓解操作。

【查询】：进入信息查询操作状态。

【确认】：用于确定参数设定或修改。

【→】【←】【↑】【↓】：用于菜单选择和光标移动，在参数设定状态或查询状态，按压相应键，可改变光标位置。在输入数字时，【←】键作退格键用；在非设定状态，【→】【←】键用于调整显示器音量，【↑】【↓】键用于调整显示器亮度；持续按压【↑】键 2 s 后，进入非正常行车确认状态。

二、机车车载安全防护系统（6A 系统）

6A 系统上电后，音视频显示终端进入 BIOS 启动界面，待启动完成，出现 6A 系统软件的载入进度。

1．主界面

"主界面"用来显示 6A 系统当前发生的提示或报警信息。点击"主界面"，如当前无报警并且系统一切正常，则显示"当前无报警"（见图 2-2-8）。

图 2-2-8　当前无报警

若有报警，屏幕会显示报警的序号、所属子系统、提示或报警的内容、级别和备注信息（见图 2-2-9）。

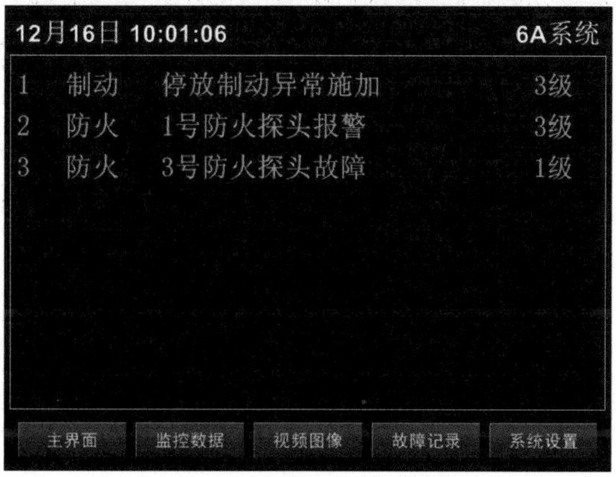

图 2-2-9　报警显示

2．监控数据

"监控数据"显示各个子系统的详细监控数据，包括：制动监测子系统、防火监控子系统、绝缘检测子系统、列（车）供（电）监测子系统、走行部 1 监测子系统、走行部 2 监测子系统和（司机）盹睡监控子系统。

（1）制动监测子系统：显示运行速度、列车管压力、停放缸压力、折角塞门关闭、停放异常缓解和停放异常施加（见图 2-2-10）。

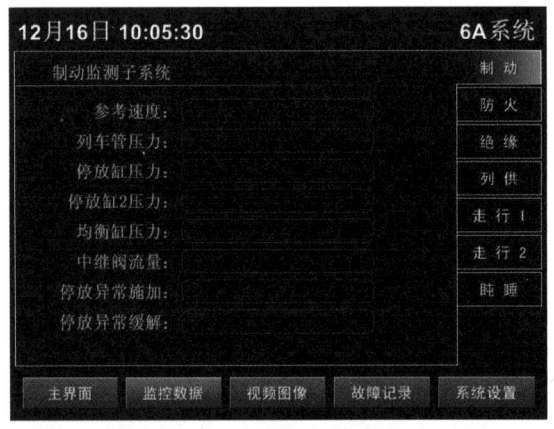

图 2-2-10　制动监测子系统

（2）防火监控子系统：显示该子系统安装了多少个防火探头及探头的类型（1~8 是感烟感温探头；9 是火焰探头；10 是感温电缆），并显示探头是否发生故障和是否发生报警（见图 2-2-11）。如果所有探头都没有故障，则"探头故障"栏显示"无"；如探头发生故障，则相应的探头图标显示黄色，"探头故障"栏显示发生故障的探头号。如果该子系统中，没有探头发出报警，则"火灾报警"栏显示"无"；如果该子系统中的探头发生报警，则相应的探头图标显示红色，"火灾报警"栏显示发生报警的探头编号。

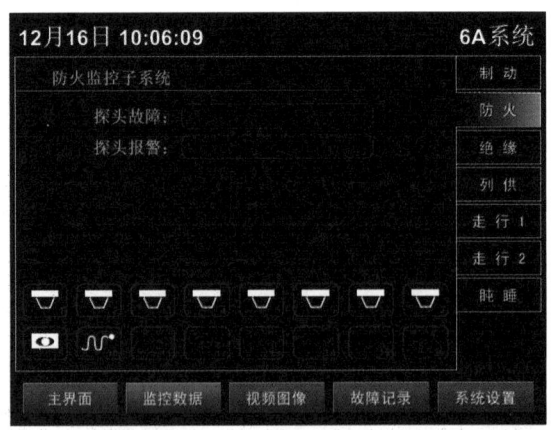

图 2-2-11　防火监控子系统

（3）绝缘检测子系统：显示检测类型、检测结果、检测电压、报警电压、电钥匙开、外网有电和功率模块（见图2-2-12）。当检测电压小于报警电压时，系统报警。电钥匙开、外网有电和功率模块是系统自检。若自检发现故障，则不能进行绝缘检测。

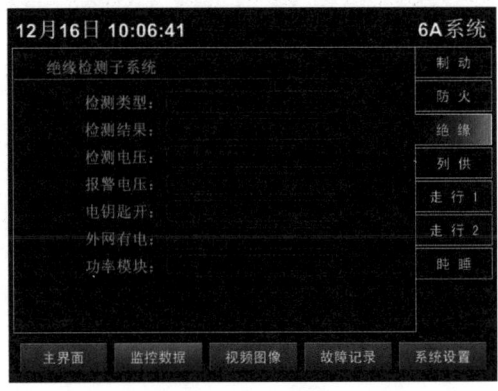

图2-2-12　绝缘检测子系统

（4）列（车）供（电）监测子系统：第一页主要显示列车供电系统报过来的数据，包括报警信息、1/2路交流输入电压、1/2路交流输入电流、1/2路直流输出电压、1/2路交流输出电流、1/2路半电压、1/2路漏电流和1/2路使用电量；第二页主要显示列车供电系统报过来的关键状态量，包括1/2路供电申请情况、1/2路供电钥匙闭合情况、1/2路客车电源有效情况、1/2路供电允许情况、1/2路A组运行情况、1/2路B组运行情况、1/2路接地隔离开关闭合情况、1/2路接地集控隔离开关闭合情况、1/2路温度继电器1动作情况、1/2路温度继电器2动作情况、1端占用情况、2端占用情况、1端电钥匙闭合情况、2端电钥匙闭合情况、辅变运行情况、主断闭合情况和列供风机运行情况（见图2-2-13）。第二页中，如果相应位置有显示，方块中会出现绿点。

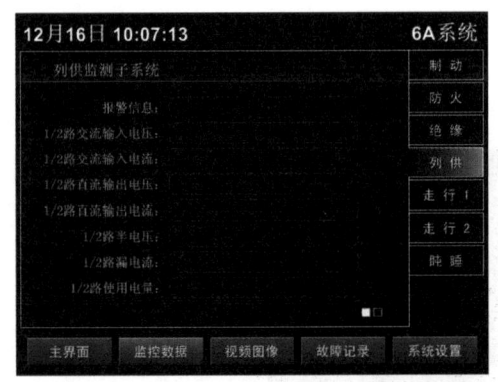 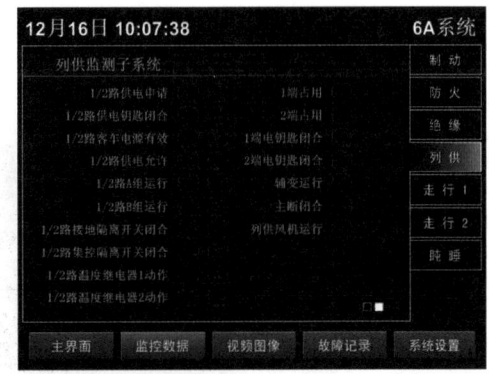

图2-2-13　列供监测子系统

（5）走行部1监测子系统：显示列车6根轴的温度和振动是否有报警。如果有报警，则显示在相应位置的格子内。每个格子上半部分显示温度数值，下半部分显示冲击状态（见图2-2-14）。

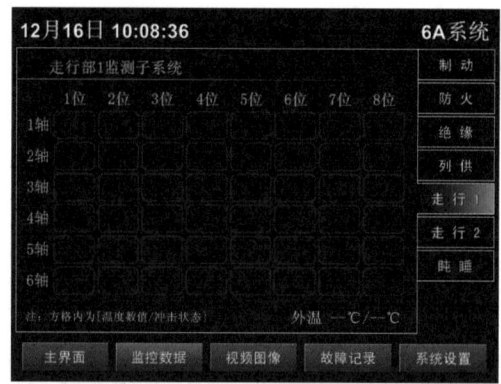

图 2-2-14　走行部 1 监测子系统

（6）走行部 2 监测子系统：显示运行速度、一端构架横向晃动、二端构架横向晃动、一端车体纵向冲动和二端车体纵向冲动（见图 2-2-15）。

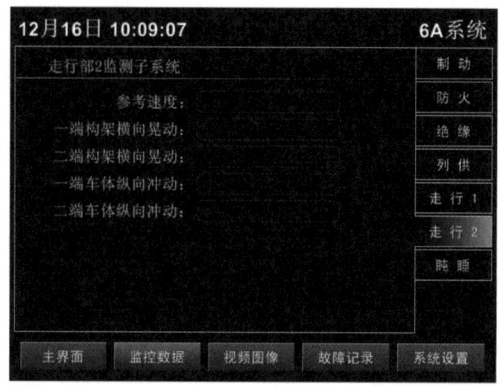

图 2-2-15　走行部 2 监测子系统

（7）（司机）盹睡监控子系统：主要用来监测司机状态。该子系统的界面可显示一端摄像头、二端摄像头、板卡硬件、司机状态以及一端司机室和二端司机室启用的状态（见图 2-2-16）。

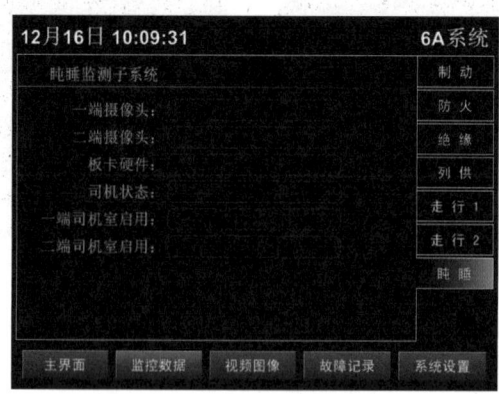

图 2-2-16　盹睡监测子系统

3．视频图像

"视频图像"用来显示视频监控采集的实时画面（见图 2-2-17）。视频图像包括路况 1、路况 2、司机室 1、司机室 2、机械间、电气间、动力间和走廊的实时图像。这些图像可以按照单画面、四画面和自动循环来查看，可以在屏幕右侧选择。点击图像可以全屏观看；再次点击即可恢复。

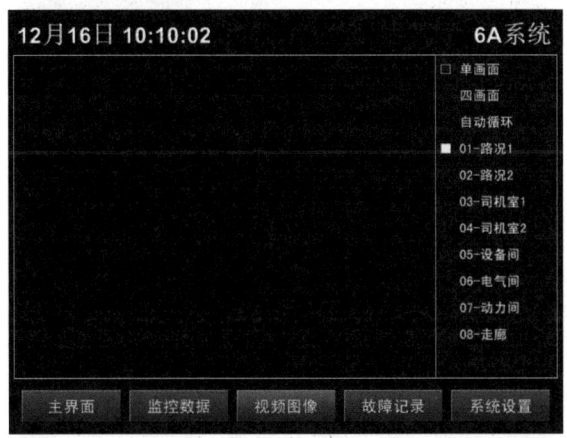

图 2-2-17　视频图像

4．故障记录

"故障记录"显示本次上电出现的故障和历史故障，可在屏幕右边选择（见图 2-2-18）。每条故障信息包括故障的序号、所属的子系统、提示或报警的内容和故障发生时间。最多显示 5000 条故障信息。

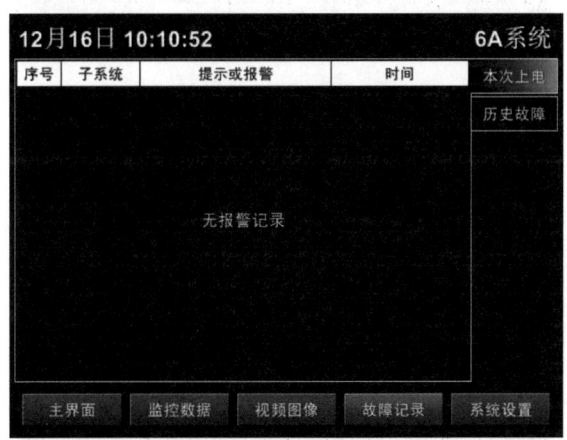

图 2-2-18　故障记录

5．系统设置

"系统设置"界面可显示系统设置、下载数据和版本信息（见图 2-2-19）。
系统设置包括设置系统时间、设置绝缘参数和防火系统复位。

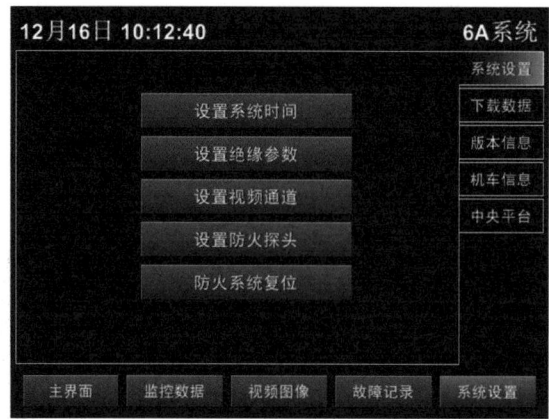

图 2-2-19　系统设置

下载数据的方法如图 2-2-20 所示。

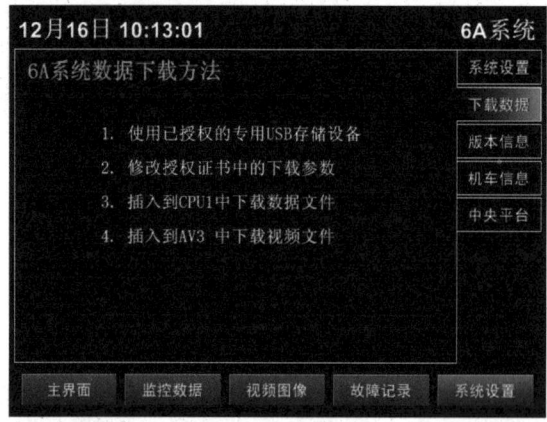

图 2-2-20　下载数据

版本信息用来查看各子系统软件和硬件的版本（见图 2-2-21）。

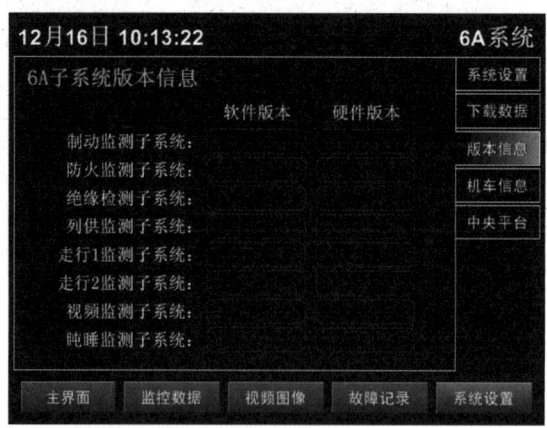

图 2-2-21　版本信息

三、机车信号

机车信号又称机车自动信号,设在机车或动车组的驾驶室内,用来自动反映运行条件,指示机车或动车组运行。为实现机车信号的正常作业而设置的整套技术设备被称为机车信号设备(见图2-2-22)。

机车信号分为连续式和接近连续式。自动闭塞区段应装设连续式机车信号,半自动闭塞和自动站间闭塞区段应装设接近连续式机车信号。

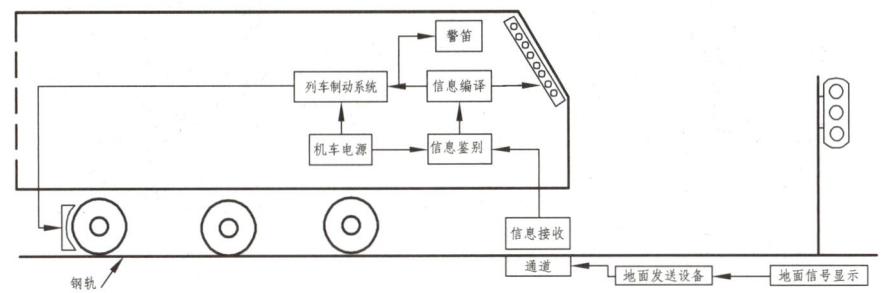

图 2-2-22　机车信号

通用机车信号能自动识别和接收 4 信息、8 信息、18 信息移频,UM71,25 Hz、50 Hz、75 Hz 交流计数信息,译码后使机车信号机显示,为列车自动停车装置和列车运行超速防护系统提供信息。通用机车信号适用于各种制式的自动闭塞和半自动闭塞区段,能满足机车长交路的要求。

通用机车信号的显示方式,采用 8 显示机车信号机,自上而下分别是绿(L)、绿黄(LU)、黄(U)、黄 2(U2)、红黄(HU)、双黄(UU)、红(H)、白(B),可提供 11 种显示模式。

四、列车无线调度通信设备(CIR)

机车综合无线通信设备由 CIR 主机、MMI(操作显示终端)、打印机、送受话器、扬声器、连接电缆、天馈单元等组成。

MMI 由外壳、液晶显示屏、控制板和按键等组成,根据不同的安装需求,MMI 分为横向式和竖立式两种外形结构(见图 2-2-23)。

图 2-2-23　MMI

MMI 的按键分为可配置式按键、数字字母输入按键、功能按键和列尾按键，如图 2-2-24 所示。

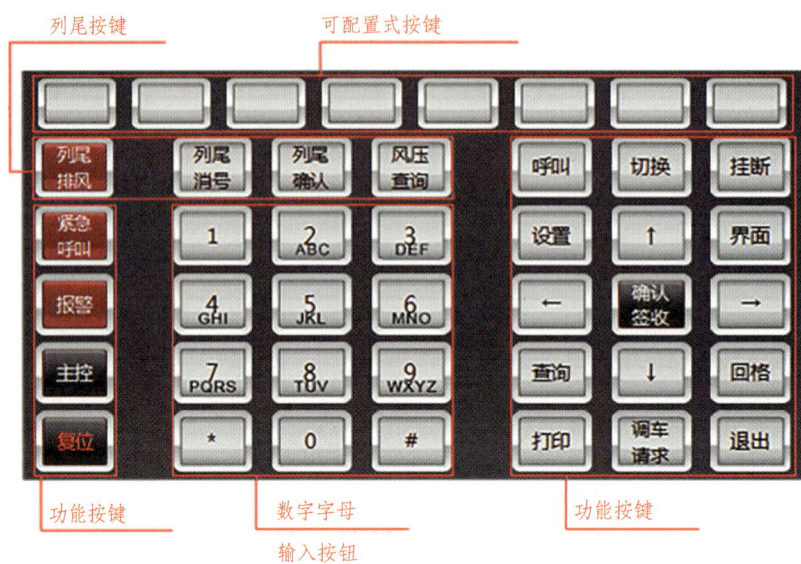

图 2-2-24　MMI 按键

送受话器如图 2-2-25 所示，它配置有两个呼叫按键和一个 PTT 按键。当 CIR 工作在 450 MHz 模式下时，按键"Ⅰ"和按键"Ⅱ"分别用于呼叫"隧道车站"和"平原车站"；工作在 GSM-R 模式下按键"Ⅰ"和按键"Ⅱ"分别用于呼叫"调度"和"车站"；通话过程中，司机需按下 PTT 按键才能讲话。

图 2-2-25　送受话器

CIR 加电后，MMI 根据上次关机时的状态进入 450 MHz 模式或 GSM-R 模式主界面（见图 2-2-26）。

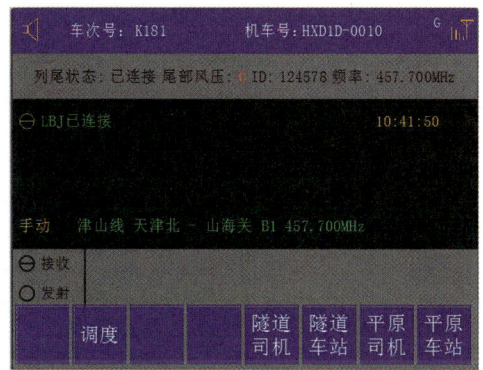

（a）450 MHz 模式　　　　　　（b）GMS-R 模式

图 2-2-26　主界面

MMI 在守候状态下的主界面，从上到下依次分为：基本信息显示区、列尾状态显示区、安全预警显示区、工作模式及运行线路显示区、调度通信状态显示区和功能按键显示区，一共六个区域（见图 2-2-27）。

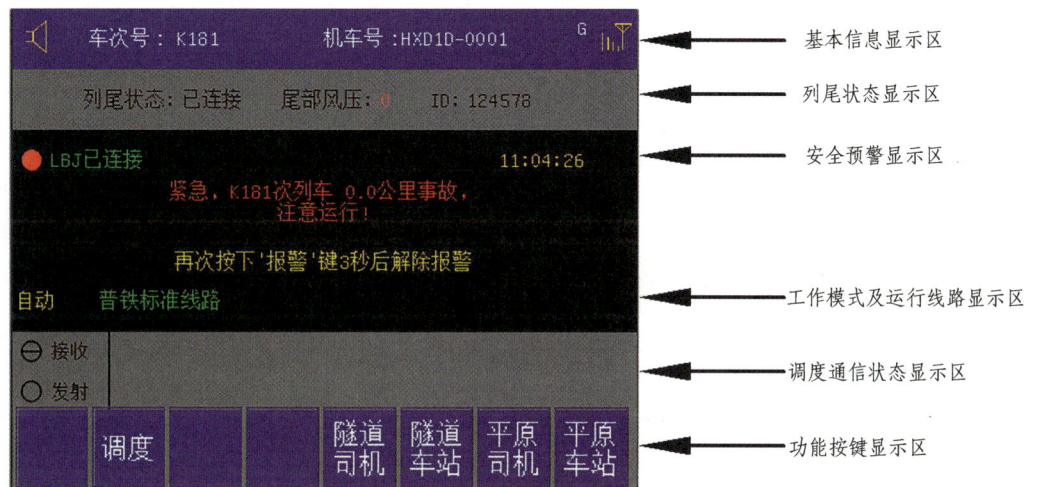

图 2-2-27　MMI 守候状态主界面

基本信息显示区：在这个显示区域，显示内容包括扬声器或听筒的音量、车次号和机车号、GSM-R 话音单元场强信息、GSM-R 数据单元状态等。左侧的图标显示的是扬声器或听筒的音量，在挂机状态下显示扬声器音量，在摘机状态下显示听筒音量。右侧的 GSM-R 话音单元场强信息图标显示 GSM-R 话音单元接收到的网络信号强度。车次号和机车号内容显示为白色时，表示功能号已注册，显示为黑色时表示功能号未注册。车次号获取方式设定为"自动"时，"车次号："字符为白色字体；车次号获取方式设定为"手动"时，"车次号："字符为黑色字体。如果 GSM-R 数据单元已获取 IP 地址，右上角显示白色"G"；GSM-R 数据单元处于重启、无接收信号、GPRS 网络附着、PDP 激活等过程时，符号"G"不显示，表示 GSM-R 数据单元不能正常进行 GPRS 数据传送。

列尾状态显示区：此区域显示与列尾相关的各种信息。主要信息包括列尾的连接状态、风压数值等。在与不同制式的列尾配合使用时，显示的内容不同。

安全预警显示区：此区域显示列车安全预警信息。在 CIR 装备有 LBJ 单元时，此区域显示列车防护报警的各种状态提示信息。右上角显示卫星定位状态和当前时间（24小时制）。卫星定位信息有效时，当前时间显示为黄色；卫星定位信息无效时，当前时间显示为红色。

工作模式及运行线路显示区：此区域显示工作方式、线路名称、运行区段、工作模式等信息。

调度通信状态显示区：此区域显示调度通信的呼出、呼入、通话等状态信息。在 450 MHz 工作模式下，还显示 450 MHz 机车电台的收发状态，发射状态红色实心圆亮表示机车电台的发射机正在发射，接收状态绿色上半实心圆亮表示机车电台接收到异频信号，下半实心圆亮表示机车电台接收到同频信号。

功能按键显示区：此区域用于显示司机可单键发起呼叫的按键名称，在 450 MHz 模式下显示"调度""隧道司机""隧道车站""平原司机""平原车站"；在 GSM-R 模式下显示"调度""车长""邻站组呼""站内组呼"以及根据列车运行位置显示的车站名称。

任务三　运行监控记录装置行车参数设置

视频：运行监控记录装置行车参数设置

任务描述

司机插入 IC 卡，根据出勤信息设定行车参数并写入 LKJ 临时数据。

学习活动建议

学习活动	内　容	建议学时
自学资讯及相关知识点	1. 掌握 LKJ 临时数据的含义和内容； 2. 掌握 LKJ 监控有关输入操作； 3. 掌握机车综合无线通信设备（CIR）相关操作	课前
计划	根据任务单上的任务情境，每位同学独立归纳总结运行监控记录装置行车参数设置作业流程及注意事项并正确完成数据输入	课中 （1 学时）
决策	通过小组讨论和组间交流，针对指导教师指定的任务情景，做出运行监控记录装置行车参数设置的任务决策	

续表

学习活动	内　容	建议学时
实施	根据指导教师提供的资讯，针对指导教师指定情景，完成具体的运行监控记录装置行车参数设置作业情景模拟任务	课中（1学时）
	正确填写（执行过程检查）评估工作页。小组成员互检工作页的正确性，提交指导教师评估	
检查与评价	完成自我评估、小组评价以及教师评价	
完善与拓展	根据学习掌握深度要求，拓展完善运行监控记录装置行车参数设置作业相关资讯	课后

任务引导

1. 行车安全装备相关数据输入前，各手柄、按钮应该处于什么状态？

2. 什么是 LKJ 临时运行数据？

3. 简述 LKJ 监控数据输入的操作流程。

4. 简述机车综合无线通信设备（CIR）数据输入的操作流程。

_____

_____

_____

任务分析

（1）机班在输入 LKJ 临时数据前，需确认机车制动手柄和司控器手柄状态。

（2）司机应知晓 IC 卡插入位置和插入方向，知道 LKJ 设定方法。

（3）司机应明白如何调出揭示查询界面，并明白揭示核对步骤。

任务分工

班级		组号		指导教师	
小组成员			任务分工		

任务步骤

（1）机班共同确认大闸重联位、小闸全制位，司控器 0 位，换向手柄中立位。

（2）司机将 IC 卡插入监控显示器旁边的 IC 卡插槽内，监控显示器上的〖IC 卡〗区域点亮（见图 2-3-1）。

（3）此时点击【设定】键，界面弹出设定窗口（见图 2-3-2）。

（4）根据机班乘务员信息及行车信息，通过【→】【←】【↑】【↓】键，移动光标到相应位置，按压【0】~【9】数字键，完成对具体项的设置：司机号 22931，副司机号 45617，区段号 4，车站号 76，车次种类 K，车次编号 531，列车种类客车，本务，总重 960，辆数 18，计长 42.6，车速等级客 3（120 km/h），载重 0，客车 0，重车 0，空车 0，非运用车 0，待客车 0，守车 0。

（5）如果输入错误，可用【←】键取消光标左侧一个字符，每进行完一项设置，须按压【确认】键。

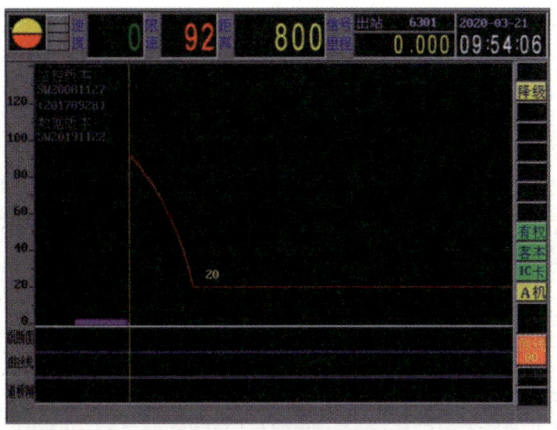

图 2-3-1　监控显示器

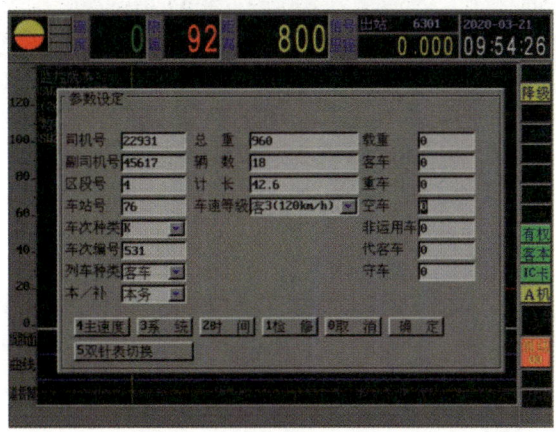

图 2-3-2　参数设定窗口

（6）设定完行车参数后，监控自动读取 IC 卡中的临时数据并写入监控中（见图 2-3-3、图 2-3-4）。

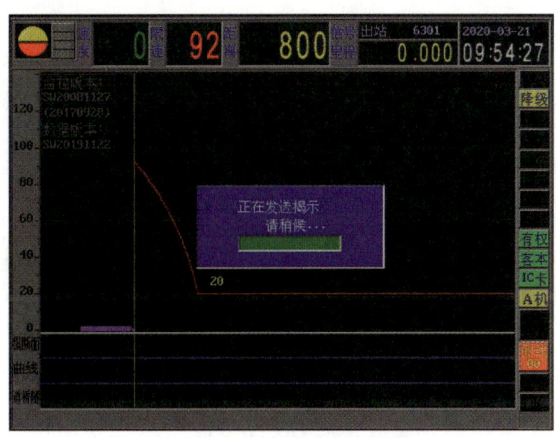

图 2-3-3　发送揭示

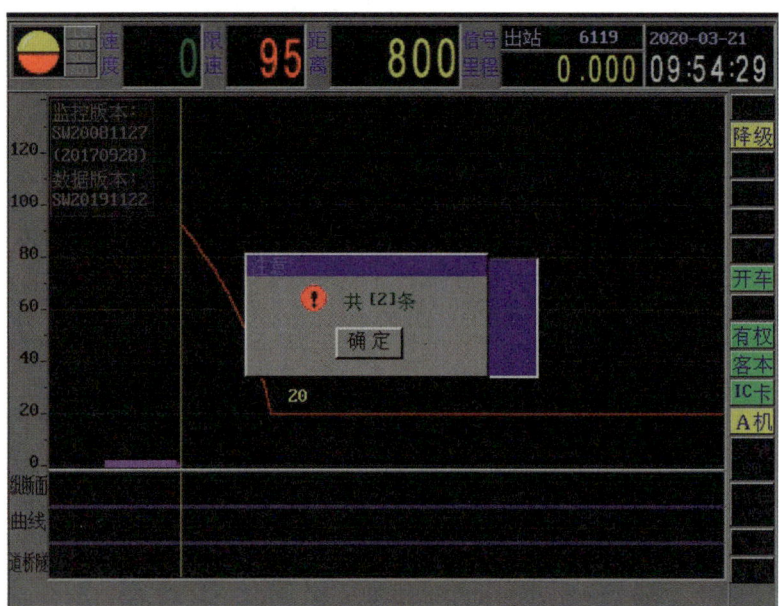

图 2-3-4　数据写入完成

（7）数据写入完毕后，会自动进入全部揭示查询界面，可以查看、核对写入的全部揭示（见图 2-3-5）。

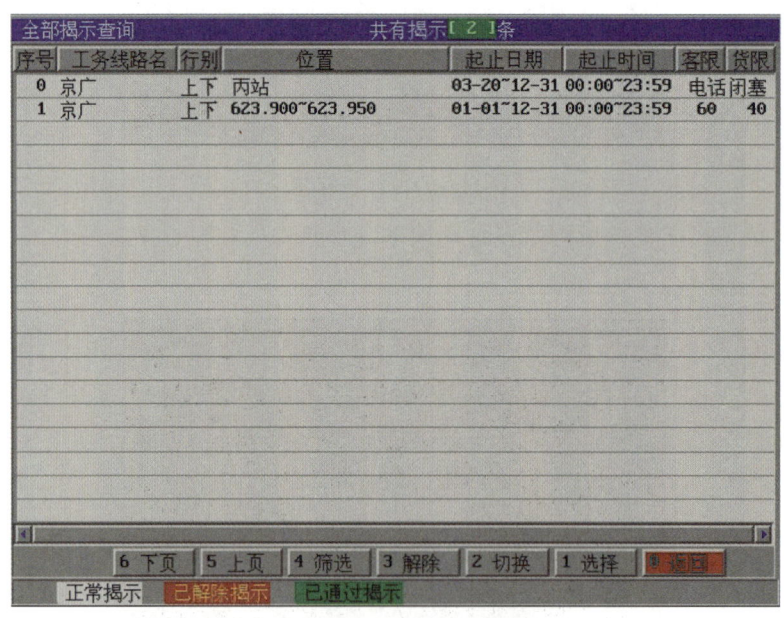

图 2-3-5　揭示查询界面

（8）司机核对携带的交付揭示和监控中显示的揭示，手比呼唤逐条核对。

（9）核对完毕后，在司机手账上做好记录。将光标移至"返回"按压【确认】键，返回设定的开车站界面（见图 2-3-6）。

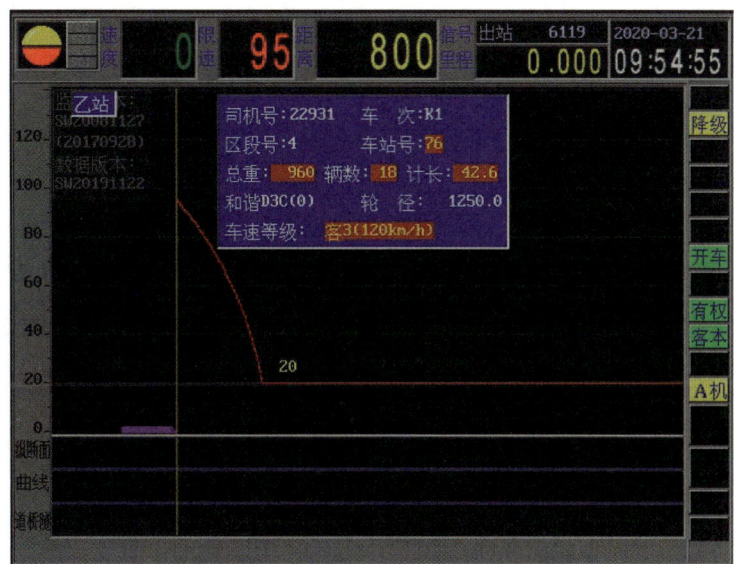

图 2-3-6　开车站界面

任务实施

序号	任务实施步骤	任务要点
1	确认手柄位置	
2	IC 卡使用	
3	LKJ 操作	
4	出乘信息输入	
5	揭示查看方法	
6	工作内容记录	

任务评价

非常符合（90分以上）；比较符合（80～89分）；符合（70～79分）；基本符合（60～69分）；不符合（60以下或存在失格项）

考核要素	知识评价	技能评价	权重	扣分标准	得分
确认手柄位置	知道设定LKJ参数前各手柄位置	机班共同确认大闸重联位、小闸全制位、司控器0位，换向手柄中立位	10%	没有确认各手柄位置，少确认一处扣3分，满分10分扣完为止	

续表

考核要素	知识评价	技能评价	权重	扣分标准	得分
IC卡使用	IC卡使用方法和判断IC卡插入正常的标准	司机能正确将IC卡插入卡槽	10%	未能将IC卡正确插入卡槽扣10分	
LKJ操作	司机知道LKJ操作方法	司机能正确调出设定窗口	10%	未能一次成功调出设定窗口扣10分	
出乘信息输入	出乘信息掌握	司机能根据实际情况输入出勤信息和行车信息	20%	未能正确设定行车参数，错误一处扣5分，满分20分扣完为止	
揭示查看方法	揭示查看方法和核对步骤	司机能正确逐条核对揭示	25%	未能逐条核对运行揭示，错误一条扣5分，满分25分扣完为止	
工作内容记录	知道司机手账正确的记录位置	司机能在司机手账上正确记录	15%	未能正确记录司机手账，错误一处扣3分，满分15分扣完为止	
思政评价	任务完成后，能够依据任务实施过程，阐述出作业过程体现出的职业素养或思政元素，或者可以根据自身实训结果，反思自己在任务实施过程中有哪些违反职业素养的行为		10%	学员的阐述可以体现对职业素养的正确认识，或对该任务蕴含的思政元素有自己合理的见解	
合计			100%		

检查与评价
一、学生自我评估   年　月　日
二、小组评价   年　月　日
三、指导教师评价   年　月　日

> 知识要点

LKJ 临时运行数据

　　LKJ 临时数据旧称揭示，是指依据铁路运输调度指挥部门向相关机车运用部门提前下达的运行揭示调度命令，编辑形成临时数据文件载入 LKJ 设备，对列车运行实施减速控制或改变行车方式、提示有关操作的各类临时数据。LKJ 临时数据编制工作需利用 IC 卡数据文件编制软件，配合 IC 卡数据文件编制软件参数来实现。

　　常见的 LKJ 临时运行数据类型包括临时限速、电话闭塞、车站限速、侧线限速、绿色许可证、特定引导。

　　（1）临时限速：指因为工务部门施工影响区间正常行车，指示途径列车降速运行的揭示，通常包括命令号、工务线路名称、行别、临时限速的起止公里标、起止日期、起止时间、客车限速值和货车限速值。

　　（2）电话闭塞：是停用基本闭塞法改用电话闭塞法行车的简称。遇下列情况，应该停止基本闭塞法改用电话闭塞法行车：① 基本闭塞设备发生故障（包括自动闭塞区间内两架及其以上通过信号机故障或灯光熄灭）时；② 发出挂有由区间返回后部补机的列车时，或自动闭塞区间发出由区间返回的列车时；③ 无双向闭塞设备的双线区间反方向发车或改按单线行车时；④ 半自动闭塞区间，发出须由区间返回的列车，由未设出站信号机的线路上发车，或超长列车头部越过出站信号机并压上出站方面轨道电路发车时；⑤ 在夜间或遇降雾、暴风雨雪，为消除线路故障或执行特殊任务，开行轻型车辆时。

　　（3）车站限速：指站内工务施工影响直通列车正常运行，指示途径列车降速运行的揭示。

　　（4）侧线限速：指站内工务施工影响侧线列车正常运行，指示途径列车降速运行的揭示。

　　（5）绿色许可证：是指列车使用自动闭塞行车方法时，由于列车不能按正常出站信号机显示发车时，只能使用绿色许可证作为列车进入区间闭塞分区的行车凭证。① 出站信号机不能显示绿色或绿黄色灯光，仅能显示黄色灯光时，发出客运列车；② 出站信号机故障时发出列车；③ 由未设出站信号机的线路上发出列车；④ 列车头部越过出站信号机的超长列车；⑤ 发车进路信号机发生故障时发出列车。

　　（6）特定引导：在固定上下行正线、道岔全部开通直股，并且在进路上的道岔按规定加锁和钉闭，施工期间接发列车不扳动道岔（开通前停止接发列车试验信号时除外）情况下，车站按《技规》第 134 图显示特定引导手信号（引导人员站在接车地点，昼间展开绿色信号旗高举头上左右摇动，夜间使用绿色灯光高举头上左右摇动），列车以不超过 60 km/h 的速度进站或通过接车进路。

任务四 制动机及撒砂装置检查

视频：制动机检查

任务描述

制动机是列车运行过程中保障安全的必备品。在制动机试验前，需完成设置检查确认。检查完毕后应记录在司机手账上。

列车在运行时如发生空转或在起步加速阶段，司机都会通过撒砂来增大机车轮对与轨道的摩擦力，来减弱空转现象，这样也可以增大紧急制动时的摩擦力。因此，撒砂装置能否正常工作对列车准点运行有较大影响。

学习活动建议

学习活动	内　　容	建议学时
自学资讯及相关知识点	1. 学习制动机相关知识； 2. 学习撒砂装置相关知识； 3. 知道制动机及撒砂装置检查方法	课前
计划	根据任务单上的任务情境，每位同学独立归纳总结制动机及撒砂装置检查及注意事项，并正确完成制动机及撒砂装置检查	课中 （2学时）
决策	通过小组讨论和组间交流，针对指导教师指定的任务情景下，做出制动机及撒砂装置检查的任务决策	
实施	根据指导教师提供的资讯，针对指导教师指定情景，完成具体的制动机及撒砂装置检查情景模拟任务	
	正确填写（执行过程检查）评估工作页。小组成员互检工作页的正确性，提交指导教师评估	
检查与评价	完成自我评估、小组评价以及教师评价	
完善与拓展	根据学习掌握深度要求，拓展制动机及撒砂装置检查相关资讯	课后

任务引导

1. 简述制动机设置状态的前提条件。

2. 简述撒砂装置的检查方法。

任务分析

司机在检查制动机设置状态前，应知晓本次值乘的客货类型，知晓值乘机车的制动机型号和相应的操作方法，并熟知撒砂控制装置的位置，砂箱、砂管位置及工作原理。知晓外部检查的标准。

任务分工

班级		组号		指导教师	
小组成员		任务分工			

任务步骤

一、制动机检查

制动机设置状态检查前，应做到：① 必须设置停车制动或在车轮下放置止轮器以防止机车移动；② 机车总风缸风压不小于 750 kPa；③ 检查确认总风缸截断塞门打开，总风缸排水塞门关闭；④ 检查确认制动系统两端列车管塞门关闭、两端总风管塞门关闭、两端平均管塞门关闭，紧急制动模块上制动缸截断塞门打开；⑤ 确认自动制动阀（简称自阀或大闸）手柄在【重联】位、单独制动阀在【运转】位。

检查方法：① 制动系统得电后，约 60 s，LCDM 显示屏得电并进入主操作界面（此时只有 F3 和 F7 两键有效）；② 主操作界面上出现"电空制动设置"。本机牵引客运列车的正常显示为"600 kPa-操纵端-投入-货车-不补风"。微机屏流量表上方显示为"本机"字样；③ 自阀移动至运转位，均衡风缸压力表数值上升的同时，列车管压力也随之上升；制动缸压力下降。结果为：均衡风缸增压至 600 kPa ± 10 kPa；列车管压力增压至 600 kPa ± 10 kPa；制动缸减压至 0 kPa。动力切除不显示（见图 2-4-1）。

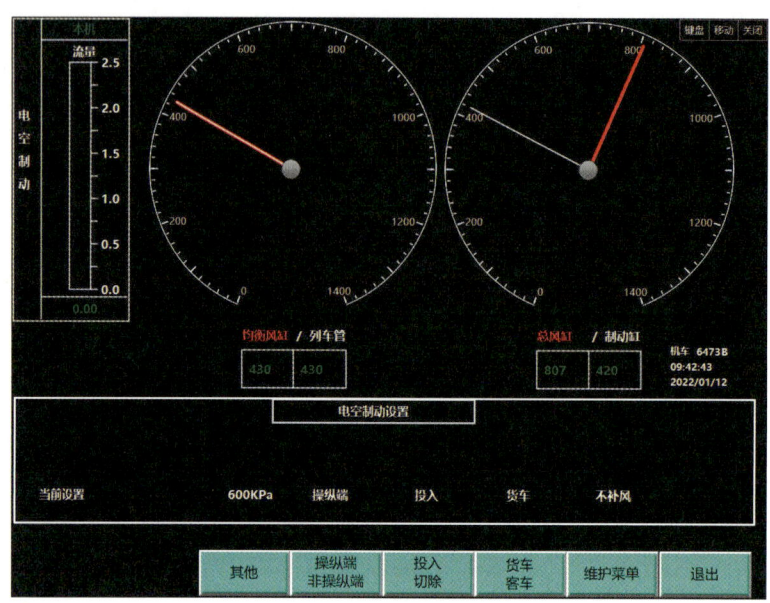

图 2-4-1 LCDM 显示

检查完毕后,司机应正确记录司机手账。

二、撒砂装置检查

司机持手电筒检查所有砂箱内砂质砂量(见图 2-4-2)。

图 2-4-2 砂箱

司机持检车锤检查所有撒砂管连接状态(见图 2-4-3)。

图 2-4-3　撒砂管

副司机在地面观察，司机在司机室踩踏撒砂脚踏开关，撒砂装置将在每个转向架牵引方向的第一根轴前喷砂（见图 2-4-4）。

图 2-4-4　喷砂

任务实施

序号	任务实施步骤	任务要点
1	制动机设置状态前提条件	
2	制动机上电	
3	制动机检查	
4	砂质砂量检查	
5	砂管检查	
6	撒砂试验	
7	工作内容记录	

任务评价

非常符合（90分以上）；比较符合（80~89分）；符合（70~79分）；基本符合（60~69分）；不符合（60以下或存在失格项）

考核要素	知识评价	技能评价	权重	扣分标准	得分
制动机设置状态前提条件	知道制动机设置状态检查前提条件	正确完成制动机状态检查前准备事项	10%	准备工作少完成一项扣2分，满分10分扣完为止	
制动机上电	知道制动机上电方法	能正确给制动系统上电	5%	制动系统没有顺利上电扣5分	
制动机检查	知道制动机检查方法	能正确完成制动机检查	25%	无法正确完成制动机检查，错误一项扣5分，满分25分扣完为止	
砂质砂量检查	知道机车砂箱个数、砂箱位置和砂质砂量判断标准	司机持手电筒检查所有砂箱内砂质砂量	20%	1. 未能找到所有砂箱，少一个扣2分，满分10分扣完为止；2. 未能正确检查所有的砂箱内砂质砂量，少一个扣2分，满分10分扣完为止	
砂管检查	知道全车砂管个数、砂管位置和砂管判断标准	司机持手电筒检查所有撒砂管连接状态	10%	司机未能正确检查砂管连接状态，少一个扣2分，满分10分扣完为止	
撒砂试验	知道撒砂动作规范和撒砂质量判断标准	副司机在地面观察，司机在司机室踩踏撒砂脚踏开关，撒砂装置将在每个转向架牵引方向的第一根轴前喷砂	10%	机班配合未能正确找到喷砂管，错一个扣3分，满分10分扣完为止	
工作内容记录	知道司机手账正确的记录位置	检查完毕后正确填写司机手账	10%	没有正确填写司机手账，错误一处扣2分，满分10分扣完为止	
思政评价	任务完成后，能够依据任务实施过程，阐述作业过程体现出的职业素养或思政元素，或者可以根据自身实训结果，反思自己在任务实施过程中有哪些违反职业素养的行为		10%	学员的阐述可以体现对职业素养的正确认识，或对该任务蕴含的思政元素有自己合理的见解	
合计			100%		

检查与评价	
一、学生自我评估	年　月　日
二、小组评价	年　月　日
三、指导教师评价	年　月　日

> **知识要点**

一、制动机简介

机车制动机是装在机车上的一种制动机，它除了与车辆制动机一样必须具有列车管、分配阀、基础制动装置等一系列属于制动、缓解指令接收、执行的装置等外，还具有制造、储存压力空气的空气压缩机、总风缸，以及发出、传递制动、缓解等指令的制动阀等部件。由于采用的制动机有空气制动机、电空制动机等不同型式，故发出的指令可以通过电气指令线，也可以通过列车管空气压力变化来传递。

机车制动机应具备的基本功能有：列车自动制动与机车单独制动、后备空气制动操纵、可操纵现有客货列车制动机（一次或阶段缓解空气制动机及电空制动机）、空气制动与动力制动的混合（空电联合制动）、制动机重联及远端重联控制、断钩保护、无动力回送、列车电空制动、与列车速度监控的配合及停放制动控制等。机车制动机还应能实现对机车制动机的监控及故障检测、诊断、报警、记录及单机自动测试等功能。

二、制动机类型

常见的制动机类型有CCBII型制动机、法维莱型制动机、DK-II型制动机。

三、撒砂装置

机车撒砂装置是指机车向钢轨面撒砂的装置。由撒砂器、撒砂电空阀、砂箱和管路等组成。撒砂器和砂箱安装在转向架上,司机操纵撒砂电空阀,在压缩空气的作用下,砂箱内的砂子经撒砂器,进入撒砂管向轨面撒砂。撒砂可增大轮轨间黏着系数,以增大黏着牵引力和防止车轮空转。

撒砂装置一般都具有砂子加热功能,用来烘干砂箱内砂子的水分。加热装置在砂箱底。

任务五　机车性能试验

任务描述

司机在完成制动机状态检查后,接下来将开始做高压试验、低压试验和制动机机能试验。

学习活动建议

学习活动	内　容	建议学时
自学资讯及相关知识点	1. 学习低压试验准备工作及试验方法; 2. 学习高压试验准备工作及试验方法; 3. 学习制动机五步闸试验	课前
计划	根据任务单上的任务情境,每位同学独立归纳总结机能试验作业流程及注意事项,并正确完成机车性能试验	课中 (3学时)
决策	通过小组讨论和组间交流,针对指导教师指定的任务情景,做出机车性能试验的任务决策	
实施	根据指导教师提供的资讯,针对指导教师指定情景,完成具体的机车性能试验情景模拟任务	
	正确填写(执行过程检查)评估工作页。小组成员互检工作页的正确性,提交指导教师评估	
检查与评价	完成自我评估、小组评价以及教师评价	
完善与拓展	根据学习掌握深度要求,拓展完善机车性能试验相关资讯	课后

任务引导

1. 简述低压试验准备工作及试验流程。

_____

_____

2. 简述高压试验准备工作及试验流程。

_____

_____

_____

_____

3. 正确绘制 CCB Ⅱ 制动机五步闸检查方法流程图。

_____

_____

_____

_____

任务分析

司机应熟知值乘机车车型的高压试验、低压试验、制动机机能试验流程和试验内容。

任务分工

班级		组号		指导教师	
小组成员	任务分工					

任务步骤

一、低压试验

（一）准备工作

（1）确认车顶门、控制电器柜柜门锁闭良好，高压接地开关在"运行"位（两把黄色钥匙插入）；蓝色钥匙插入制动控制柜锁孔，开通受电弓风路（蓝色钥匙呈垂直状态）。

（2）确认各风路塞门在正常工作位置（空气制动柜：总风塞门 A24、踏面清扫塞门 B50.02、弹停塞门 B40.06、撒砂塞门 F41.02、制动缸塞门 Z10.22 在开放位；干燥器下：控制风缸塞门 U77 在开放位、总风缸排水塞门 A12 在关闭位；压缩机与Ⅰ端变流柜间侧墙：Ⅱ端受电弓塞门 U98 在开放位；压缩机与Ⅰ端变流柜间小地板下：弹停风缸排水塞门 A14、控制风缸排水塞门 U88 均在关闭位；控制电器柜与Ⅱ端变流柜间侧墙：主断路器塞门 U94、Ⅰ、Ⅱ端受电弓高压隔离开关塞门 U95、Ⅰ端受电弓塞门 U98 均在开放位）。

（3）确认总风缸风压不低于 750 kPa；机车控制电路电压不低于 96 V。

（4）确认控制电器柜上的自动开关位置正确（除直流加热及自动过分相自动开关在"断开"位外，其余自动开关均在"闭合"位）。

（5）实施弹停制动（停放制动）。

（6）司机室各控制器在"0"位，打开机械室门。

（二）试验顺序及要求

1. 机车照明试验

依次闭合仪表、司机室、走廊、车底、前（付）照灯、标志等照明灯开关，检查各照明灯照明良好、逻辑控制关系正确。

2. 辅机系统试验

检查遮阳帘、风扇、刮雨器、工作状态良好，功能与控制开关指示位置相符合。

3. 机车电钥匙试验

（1）机车电钥匙置"合"位。

观察制动显示屏启动正常，检查制动显示屏各数据、参数设置正确。

（2）将自动制动阀手柄置"抑制"位 1 秒后回"运转"位；单独制动阀手柄置"全制"位。

观察制动显示屏"动力切除"消除，制动显示屏均衡风缸、列车管风压显示 600（500）kPa、机车制动缸风压显示 300 kPa。

4．微机显示屏试验

（1）状态指示屏"微机正常""主断分""零位""欠压""辅变流器""水泵""停车制动"灯亮。

（2）按下状态指示屏自检按钮，所有状态指示灯亮。

（3）确认微机显示屏显示正常，其网压、控制电路电压显示与仪表模块显示一致。

5．主、辅变流器切除试验

利用微机显示屏触摸开关，分别将主变流器、辅变流器切除、恢复一次。

6．弹停装置试验

（1）弹停转换开关置"缓解"位。

确认弹停制动缓解，状态指示屏"停车制动"红灯灭。

（2）弹停转换开关置"制动"位。

确认弹停装置制动，状态指示屏"停车制动"红灯亮。

7．主变流器试验

将主变流器试验开关（SA75）置"试验"位，进行以下试验：

1）断路器试验

（1）将主断路器扳键开关（SB43或SB44）置"主断合"位。

听主断路器闭合声；看状态指示屏"主断分"灯灭，微机显示屏显示主断"合"。

（2）将主断路器扳键开关（SB43或SB44）置"主断分"位。

听主断路器断开声；看状态指示屏"主断分"灯亮，微机显示屏显示"主断分"。

2）牵引试验

（1）"前"位牵引试验。

a．换向手柄置"前"位。

听充电、工作接触器动作声，看微机显示屏方向指示与手柄位置一致。

b．缓慢将调速手柄由"0"推向"牵引"区最大位。

看状态指示屏"零位"灯灭、微机显示屏级位显示从0.0升至13.0，各轴扭矩输出显示由0升至约95 KN。

c．缓慢将调速手柄退至"0"位。

看微机显示屏级位和牵引力显示逐步回"0"、状态指示屏"零位"灯亮。

d．换向手柄置"0"位。

听工作接触器断开声。

（2）"后"位牵引试验。

试验内容同"前"位牵引试验。

3）电制动试验

（1）换向手柄置于"前"位，将调速手柄拉向"制动区"并逐渐推至最大位。

看状态指示屏"零位"灯灭、"电制动"灯亮;听制动系统短暂排风声(机车制动缸有风时);看微机显示屏手柄级位由 11.9—1 级变化。

(2)调速手柄退回"0"位。

看状态指示屏"电制动"灯灭、"零位"灯亮。

(3)缓解机车制动,大闸置"初制动"位,将调速手柄置"制动区"。

看状态指示屏"零位"灯灭、"电制动"灯亮;观察机车制动缸缓解。

(4)调速、换向手柄回"0"。

试验完毕,主变流器试验开关(SA75)恢复至"0"位。

8. 撒砂试验

分别将换向手柄置"前""后"位,脚踩撒砂开关 SA83(SA84),确认撒砂装置作用良好。

9. 警惕装置试验

在微机显示屏牵引/制动画面按点击〖检修状态〗→输入密码"000"→点击〖确认〗〖状态〗〖信号信息〗→进入信号信息画面→点击〖DI2〗→进入 DI2 画面第一页,手按警惕按钮或脚踩警惕开关,看 521 线底色变绿;松开后,底色恢复黑色。

二、高压试验

(一)准备工作

(1)确认机车各闸刀、试验开关、故障转换开关、风路塞门、车顶门、各屏柜门均在正常位。

(2)确认总风风压不低于 700 kPa,机车制动缸风压不低于 300 kPa。

(3)检查控制电路电压不低于 96 V。

(4)通过微机显示屏将主变流器 CI1～CI6 全部切除。

(5)将非操纵端自动制动手柄锁定在"重联"位,单独制动手柄置"全制"位,锁闭非操纵端司机室门窗。

(6)确认操纵端司机控制器手柄在"0"位、机车电钥匙在"0"位。

(7)确认机车停留在有电区且接地线已撤除、隔离开关已闭合,机车两端地面防护牌、信号旗(信号灯)已撤除,机车周围无闲杂人员且均处于安全区域,高压试验人员均在司机室。

(二)试验顺序及要求

1. 机车电钥匙置"合"位

(1)确认制动显示屏启动正常,检查制动显示屏各数据、参数设置正确。

(2)将大闸置"抑制"位 1 s 后回"运转"位、小闸置"全制"位,确认制动显示屏"动力切除"消除，制动显示屏均衡风缸、列车管风压显示 600（500）kPa、机车制动缸风压显示 300 kPa。

2．升降弓试验

1）后弓试验

（1）将受电弓扳键开关 SB41（SB42）置"后受电弓"位。

a．听升弓电磁阀得电充风声。

b．观察受电弓上升正常，无冲网现象，升弓时间不得大于 5.4 s（从弓头动作时起）。

c．确认网压表及微机显示屏网压显示正常、状态指示屏"欠压"灯灭。

（2）将受电弓扳键开关 SB41（SB42）置"0"位。

a．观察受电弓下降正常，无砸车顶现象，降弓时间不得大于 4 s（从弓头动作时起）。

b．确认网压表及微机显示屏显示网压低于 5 kV、状态指示屏"欠压"灯亮。

2）前弓试验

试验内容同后弓试验。

3）升起后弓

3．主断路器试验

将主断路器扳键开关 SB43（SB44）置"主断合"位。

（1）听主断路器闭合声及辅变流器 2（APU2）启动后，水泵、辅变流器风机、油泵投入工作声。

（2）看机车状态指示屏"主断分""辅变流器""水泵"灯灭。

（3）进入微机显示屏"风机状态"画面，确认变压器油泵 MA21、MA22 及水泵 MA27、MA28 投入工作。

（4）进入微机显示屏"辅助电源"画面，看辅变流器 2（APU2）输出频率为（50±1）Hz。

（5）观察控制电路电压表及微机显示屏，看控制电路电压显示 110 V。

（6）进入机械室确认冷却系统水流量计显示流量正常（黑色指针在 200 附近）。

4．压缩机试验

（1）总风风压低于 750 kPa（0001~0640 号机车）或 680 kPa（0641 号机车之后）时，将压缩机扳键开关 SB45（SB46）置"压缩机"位。

a．听空气压缩机 1、2 间隔 3 s 依次启动。

b．进入微机显示屏"空制状态"画面，看压缩机 CMP1、CMP2 正常投入工作。

c．当总风风压升至 900 kPa 时，压缩机 1、2 同时停止工作。

（2）当总风缸风压高于 750 kPa 但又低于 825 kPa 时（0001~0640 号机车）或当

总风缸风压高于 680 kPa 但又低于 750 kPa 时（0641 号机车之后），将压缩机扳键开关 SB45（SB46）置"压缩机"位，此时，仅操纵端压缩机投入工作，当总风风压达到 900 kPa 时自动停止工作。

（3）将压缩机扳键开关 SB45（SB46）置"强泵风"位不松手。

a. 看操纵端压缩机投入工作，总风风压升至 950 kPa 时听高压安全阀喷气声。

b. 松开压缩机扳键开关 SB45（SB46），操纵端压缩机停止工作。

5．换向手柄"前"位试验

1）换向手柄置"前"位

（1）听辅变流器 1（APU1）启动后，牵引及复合冷却风机启动。

（2）进入微机显示屏"风机状态"画面，确认牵引风机 MA11～MA16 启动正常。

（3）进入微机显示屏"辅助电源"画面，看辅变流器 1（APU1）输出频率升至 33 Hz。

2）换向手柄回"0"位

待 1 min 之后，听各牵引、复合冷却风机停止工作。

6．电制动试验

1）换向手柄置"前"位、调速手柄离开"0"位至"制"区最大

（1）看机车状态指示屏"零位"灯灭。

（2）进入微机显示屏"辅助电源"画面，看辅变流器 1（APU1）输出频率升至（50±1）Hz。

（3）看微机显示屏显示级位由 11.9 级至 1 级间变化。

2）调速手柄回"0"位

看机车状态指示屏"零位"灯亮。

7．牵引试验

（1）弹停转换开关置"缓解"位，看机车状态指示屏"停车制动"红灯灭。

（2）通过微机显示屏触摸开关恢复主变流器 CI1～CI3，看状态指示屏"预备"灯亮。

（3）将调速手柄置牵引"＊"位。

a. 看机车状态指示屏"零位""预备"灯灭。

b. 微机显示屏显示"1.0"级、牵引电机 M1～M3 输出扭矩显示 13 kN 左右。

（4）调速手柄退回"0"位。

a. 机车状态指示屏"零位""预备"灯亮。

b. 看微机显示屏牵引电机 M1～M3 输出扭矩变为 0、手柄级位显示"0"级。

（5）通过微机显示屏触摸开关切除主变流器 CI1～CI3、恢复主变流器 CI4～CI6，

将调速手柄置牵引"*"位。

　　a. 看机车状态指示屏"零位""预备"灯灭。

　　b. 微机显示屏显示"1.0"级、牵引电机 M4~M6 输出扭矩显示为 13 kN 左右。

（6）调速手柄退回"0"位。

　　a. 机车状态指示屏"零位""预备"灯亮。

　　b. 看微机显示屏牵引电机 M4~M6 输出力矩变为 0、手柄级位显示"0"级。

（7）换向手柄置"0"位，通过微机显示屏触摸开关切除主变流器 CI4~CI6。

8．辅变流器故障切换试验

（1）断开主断路器，通过 TCMS 屏"开放状态"栏手动切除 APU1，观察到 APU1 栏变红。重新闭合主断，听到 APU2 启动声，各风机启动运行，通过 TCMS 屏"机器状态"栏"风机状态"界面，确认 WP1、WP2 水泵，MA21、MA22 油泵工作正常；MA11~MA16 牵引风机，MA17、MA18 复合冷却风机启动正常。

（2）TCMS 屏"机器状态"栏"辅助电源"界面显示 APU2 输出电源频率为 50 Hz，观察到 PSU1（PSU2）装置投入工作，控制电压表及 TCMS 屏显示控制电压为 110 V。

（3）断开主断路器，恢复 APU1，切除 APU2 试验（试验内容及步骤同上）。

9．PSU 装置转换试验

（1）断电降弓拉回电钥匙开关，通过 TCMS 屏确认试验时的 PSU 单元正常工作，并通过 TCMS 屏检修模式修改系统日期，修改完毕后脱开蓄电池开关，30 s 后恢复蓄电池开关。

（2）重新升弓闭合主断，确认控制电压表及 TCMS 显示屏显示控制电压 110 V，通过 TCMS 屏"辅助电源"界面，确认另一组 PSU 投入工作。

（3）断开主断路器，采用手动转换 PSU 单元，将 PSU 装置柜侧面转换开关转至另一组 PSU 单元，重新闭合主断，确认控制电压表及 TCMS 显示屏显示控制电压 110 V，通过 TCMS 屏"辅助电源"界面，确认另一组 PSU 投入工作。

10．制动机机能试验

制动机机能试验主要指五步闸试验，见附件2。

任务实施

序号	任务实施步骤	任务要点
1	低压试验	
2	高压试验	
3	制动机机能试验	

> **任务评价**

非常符合（90分以上）；比较符合（80~89分）；符合（70~79分）；基本符合（60~69分）；不符合（60以下或存在失格项）

考核要素	知识评价	技能评价	权重	扣分标准	得分
低压试验	知道低压试验操作步骤和注意事项	机班成功完成低压试验	30%	1. 未按要求完成准备工作扣3分； 2. 未按要求完成低压试验共8小项，少做或失败一项扣4分，满分27分扣完为止	
高压试验	知道高压试验操作步骤和注意事项	机班成功完成高压试验	30%	1. 未按要求完成准备工作扣3.5分； 2. 未按要求完成高压试验共9小项，少做或失败一项扣3.5分，满分26.5分扣完为止	
制动机机能试验	知道制动机机能试验操作步骤和注意事项	机班成功完成制动机机能试验	30%	未按要求完成制动机五步闸试验，一项不合格扣6分，满分30分扣完为止	
思政评价	任务完成后，能够依据任务实施过程，阐述作业过程体现出的职业素养或思政元素，或者可以根据自身实训结果，反思自己在任务实施过程中有哪些违反职业素养的行为		10%	学员的阐述可以体现对职业素养的正确认识，或对该任务蕴含的思政元素有自己合理的见解	
合计			100%		

检查与评价	
一、学生自我评估 	年 月 日
二、小组评价 	年 月 日
三、指导教师评价 	年 月 日

> **知识要点**

低压试验：主要包括机车照明试验、辅机系统试验、机车电钥匙试验、微机显示屏试验、弹停装置试验、主变流器试验、撒砂试验、警惕装置试验。

高压试验：主要包括升降弓试验、主断路器试验、压缩机试验、换向手柄"前"位试验、电制动试验、牵引试验、辅变流器故障切换试验、PSU 装置转换试验。

制动机机能试验：主要指制动机五步闸试验。

项目三　出段作业

视频：出段作业

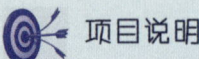 项目说明

出段作业包括出段连挂、列车编组信息输入、列车制动机试验。本实训项目要求学员按标准作业流程完成启动列车前的一系列操作，最终完成出段作业。

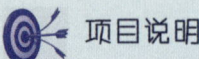 项目目标

1. 知识目标
(1) 掌握出段作业的标准流程。
(2) 掌握列车编组信息输入操作流程。
(3) 掌握列车制动机试验操作流程。
2. 能力目标
(1) 能够按标准作业流程，完成出段作业。
(2) 能够正确输入列车编组信息。
(3) 能够正确完成列车制动机试验。
3. 思政目标
(1) 践行机车乘务员职业守则，强化学生遵章守纪的作业意识。
(2) 树立知行合一、以知促行、以行求知的正确人生价值观。

任务一 出段连挂

任务描述

作为一名机务段的机车司机,你和副司机小张在前进站已经做好出库准备,将要进行出段作业去连挂车辆。当前需要执行车机联控,确认出库信号、道岔开通信号等信号显示正确,执行呼唤应答并手比确认,按信号显示严守速度运行出段。挂车后需要进行状态检查、相应设备参数输入和数据信息核对,按规定办理交接、旅客列车供电手续。

学习活动建议

学习活动	内　容	建议学时
自学资讯及相关知识点	1. 了解铁路行车信号的基础知识; 2. 学习出段作业时的呼唤应答标准; 3. 学习出段连挂的机车操作规则	课前
计划	根据任务单上的任务情境,每位同学独立归纳总结出段连挂流程及注意事项,并正确完成出段连挂	课中（2学时）
决策	通过小组讨论和组间交流,针对指导教师指定的任务情景,做出出段连挂的任务决策	
实施	根据指导教师提供的资讯,针对指导教师指定情景,完具体的出段连挂情景模拟任务	
	正确填写（执行过程检查）评估工作页。小组成员互检工作页的正确性,提交指导教师评估	
检查与评价	完成自我评估、小组评价以及教师评价	
完善与拓展	根据学习掌握深度要求,拓展完善出段连挂相关资讯	课后

任务引导

1. 简述移动机车前检查流程。

　

　

　

2. 简述列车出段挂车限速规定和安全距离。

3. 简述连接状态检查要点。

任务分析

作为司机进行出段作业要熟知《铁路机车操作规则》中出段与挂车相关规定内容并严格按照操作规定作业。其中掌握铁路行车信号并按照信号行车尤为重要，段内走行需要严守速度，进行眼看手比和呼唤应答，了解挂车股道和径路，移动机车前后都要检查防溜措施，注意相关作业人员和临线机车、车辆运行情况，安全正点完成出段作业。

进行连挂作业首先应熟知连挂作业机车操作规则及调车作业行进限速和停车的规定，正确识别防护信号和车列位置。平稳连挂列车可以延长车钩寿命，在完成连挂后要仔细认真地进行连接状态检查及各项手续办理，检查各项凭据正确无误后输入行车设备参数，给旅客列车进行供电，最终完成出段连挂作业。

任务分工

班级		组号		指导教师	
小组成员	任务分工				

> 任务步骤

一、要道准备出段

（1）机车整备完成后机班全员上车，做好出库准备，手比呼唤"出段准备好了"，鸣笛呼唤信号"二短一长"要道。

（2）确认出库信号、道岔开通信号、道岔标志显示正确，如当前前进站开往解放站，道岔鸣笛一短声，复示信号，表示知道信号信息，手比并呼唤"K531 Ⅰ道，出段信号好了"。

（3）出段信号显示（含出段简易信号），手比并呼唤"出段信号，白灯"（见图3-1-1）。

图 3-1-1　出段信号

二、移动机车前检查

（1）移动机车前，确认相关机班人员和作业人员已处于安全处所。

（2）注意邻线机车、车辆的移动情况。

（3）再次检查确认防溜已撤除，高声呼唤鸣笛一长声，鸣示启动注意信号后动车。

三、机车运行出段

（1）出库过程中，在调车状态下，速度为0，按压【出入库】键，进入出段状态。

（2）每次动车前，对前方进路第一架调车信号机（含库内道岔联锁信号），司机必须实行二人开门、开窗手比确认，并做到手比眼看。

（3）对动车后的调车信号必须逐一手比通过确认、呼唤、鸣笛回示（限鸣地区除外）。

（4）机车到达站、段分界闸楼一度停车签点，了解机车走行径路，签认出段时分，按压【出入库】键，及时将LKJ退出"出入库模式"转入"调车"状态，操纵机车按信号显示出段（见图3-1-2）。

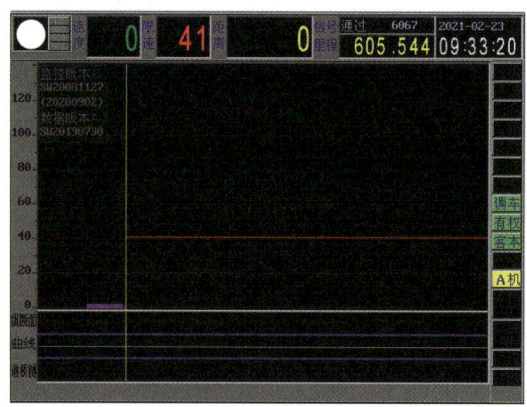

图 3-1-2　出段信号

四、进行连挂作业

进入挂车线，严格控制速度，执行十、五、三车和一度停车规定，确认脱轨器、防护信号及停留车位置，在车列 10 m 前停车。

确认车列防护信号撤除后，检查第一位车辆车钩及制动主管状态，状态良好后，再显示连接信号。

（1）车钩钩体外观无变形或裂纹。

（2）车钩钩舌穿销、开口销位置正常。

（3）检查车钩三态良好，锁闭状态下钩锁能够可靠落槽（见图 3-1-3）。

图 3-1-3　车钩

以不超过 5 km/h 的速度稳妥连挂（旅客列车及军用列车连挂速度不得超过 3 km/h），并根据需要适量撒砂，连挂后进行试拉。

五、连接状态检查

（1）连挂妥当，副司机检查确认机车、车辆软管连接和折角塞门状态，列车铁鞋防溜撤除后上车。

（2）司机及时下车检查确认机车与第一位车辆、软管连结、折角塞门状态和列车铁鞋防溜撤除。

六、连挂后信息核对和作业检查

（1）正确输入机车综合无线通信设备（CIR）、LKJ 的有关数据，核对制动机设定的列车种类。了解编组情况、途中甩挂计划及其他有关事项。

（2）货运票据、列车编组顺序表需由机车乘务组携带时，应办理交接，并妥善保管。

（3）在列车充风或列车制动机试验时，检查本务机车与列尾装置主机是否已形成"一对一"关系。

（4）制动主管达到定压后，司机按规定及检车人员的要求进行列车制动机试验，装有防折关装置的机车确认制动主管贯通情况。

（5）发现充、排风时间短等异常或制动主管漏泄每分钟超过 20 kPa 时，通知检车人员或通知车站值班员。

（6）制动关门车辆数超过规定时，发车前应持有制动效能证明书。

（7）列车制动机进行持续一定时间的保压试验，在试验完毕后，接受制动效能证明书。

（8）司机接到制动效能证明书后，校核每百吨列车重量换算闸瓦压力，不符合《铁路技术管理规程》及本区段的规定时，向车站值班员报告。

（9）直供电列车连挂后，司机拔出供电钥匙与客列检（或车辆乘务人员）按规定办理交接、供电手续，电力机车还需断开主断路器。

任务实施

序号	任务实施步骤	任务要点
1	铁路行车信号认知	
2	执行车机联控作业	
3	严守速度运行机车	
4	出段安全防护	
5	限速和防护信号	
6	连挂前列车检查	
7	平稳连挂作业	
8	连挂后作业检查和处置	

任务评价

非常符合（90分以上）；比较符合（80~89分）；符合（70~79分）；基本符合（60~69分）；不符合（60以下或存在失格项）

考核要素	知识评价	技能评价	权重	扣分标准	得分
铁路行车信号	正确认知各种铁路行车信号，明白信号机、手信号，和信号标志的意义	能够确认出库信号、道岔开通信号、道岔标志显示正确，并进行眼看手比和呼唤应答	10%	1. 未能确认出库信号并眼看手比呼唤扣5分； 2. 未能确认道岔开通信号并眼看手比呼唤扣2.5分； 3. 未能确认道岔标志并眼看手比呼唤扣2.5分	
执行车机联控作业	能够对车机联控用语，及时汇报当前状态或执行调度或车站值班员命令	能够正确进行CIR、LKJ进行输入操作，掌握按压"出入库"按键按压时机进行出段调车状态切换	10%	1. 未能进行CIR设置操作扣2.5分； 2. 未能进行LKJ正确操作扣5分； 3. 未能正确按压"出入库"键扣2.5分	
严守速度运行机车	能够熟知出段作业限制速度和安全距离限制要求	1. 出库执行稍动即停，单机制动力试验后，方可动车； 2. 严守速度运行，发现信号或道岔不正确时立即停车	10%	1. 未按规定控制速度扣5分； 2. 未进行动力试验就动车扣5分	
出段安全防护	1. 能够识别出作业各个作业环节的风险点，具有风险防控措施； 2. 能够对作业人员、机车防护、行车信号和线路设施正确状态进行完全确认	能够对出现的安全事件进行正确有效的应对处置，安全正点完成出段作业	20%	未能正常出段扣20分	
限速和防护信号	1. 正确认知脱轨器、防护信号和列车位置； 2. 熟知列车出段挂车限速规定	能够控制机车速度，确认脱轨器、防护信号和列车位置	10%	1. 无法正确认识脱轨器扣2.5分； 2. 无法正确认识防护信号扣2.5分； 3. 无法正确认识列车位置扣2.5分； 4. 不能控制机车按规定速度运行扣2.5分	

续表

考核要素	知识评价	技能评价	权重	扣分标准	得分
连挂前列车检查	能够熟知车钩、软管连接和折角塞门正确状态	能够在连挂前对车钩、软管连接和折角塞门的状态进行安全确认，显示连挂信号	10%	1. 无法确认连挂前车钩正确状态扣2.5分； 2. 无法确认连挂前软管正确状态扣2.5分； 3. 无法确认连挂前折角塞门正确状态扣2.5分； 4. 无法确认连挂前连挂信号显示扣2.5分	
平稳连挂作业	能够熟知连挂限制速度和安全距离限制要求	能够操作机车进行连挂作业，操作平稳，有效连挂且速度不超过5 km/h	10%	1. 未能按规定速度连挂造成较大冲撞，扣5分； 2. 未能一次连挂成功，试拉后车钩断开连接扣5分	
连挂后作业检查和处置	1. 能够熟知车钩、软管连接和折角塞门正确状态； 2. 能够熟知连接常见的故障或不可靠连接位置； 3. 能够熟知连接状态出现异常时的正确处理步骤	1. 能够对连接状态问题点进行有效识别； 2. 能够对安全事件或安全隐患进行正确有效的应对处置	10%	未能正确检查软管连接状态扣10分	
思政评价	任务完成后，能够依据任务实施过程，阐述作业过程体现出的职业素养或思政元素，或者可以根据自身实训结果，反思自己在任务实施过程中有哪些违反职业素养的行为		10%	学员的阐述可以体现对职业素养的正确认识，或对该任务蕴含的思政元素有自己合理的见解	
	合计		100%		

检查与评价	
一、学生自我评估	
	年　月　日
二、小组评价	
	年　月　日
三、指导教师评价	
	年　月　日

> 知识要点

一、出段作业的机车操作规则

依据《铁路机车操作规则》第十二条：机车整备完毕机班全员上车后，要道准备出段。

（1）确认调车信号或股道号码信号、道岔开通信号、道岔表示器显示正确，例行确认呼唤（应答），在非限鸣区段鸣笛动车。

（2）移动机车前，应确认相关人员处于安全处所，防溜撤除，注意邻线机车、车辆的移动情况，段内走行严守速度规定。

（3）机车到达站、段分界点停车，签认出段时分（单班单司机签点办法由集团公司规定），了解挂车股道和经路，执行车机联控，按信号显示出段。

二、铁路行车信号的基础认知

铁路行车信号是指示列车运行及调车作业的命令，有关行车人员必须严格执行。铁路行车信号通过一定的音响、颜色、形状、位置灯光等来表示。为了确保行车安全和正常的运输秩序，有关行车人员必须掌握信号显示的规定，并在确认其显示状态的情况下按信号显示要求执行。

铁路信号分为视觉信号和听觉信号两大类。信号机、信号旗、信号灯、信号牌、信号表示器、信号标志及火炬等显示的信号，都属视觉信号。用号角、口笛、机车和轨道车的鸣笛及响墩等发出的信号，都属听觉信号。出段作业需确认调车信号或股道号码信号、道岔开通信号、道岔表示器显示正确，明确限制鸣区，进行确认呼唤应答，所以必须正确识别铁路行车信号，并严格执行。

1．调车信号机规定

调车信号机设在电气集中联锁的车站调车线上适当地点，以显示的信号，指示准许或禁止进行调车作业。

（1）一个月白色灯光，准许越过该信号机调车（见图3-1-4）。

图3-1-4

（2）一个蓝色灯光，不准越过该信号机调车（见图3-1-5）。

图 3-1-5

（3）不办理闭塞的站内岔线，在岔线入口处设置的调车信号机，可用红色灯光代替蓝色灯光（见图3-1-6）。

图 3-1-6

（4）起阻挡列车运行作用的调车信号机，应采用矮型三显示机构，增加红色灯光或用红色灯光代替蓝色灯光。当该信号机的红色灯光熄灭、显示不明或显示不正确时，应视为列车的停车信号（见图3-1-7）。

图 3-1-7

2．无线调车灯显制式的信号显示

调车作业时采用无线调车灯显设备，使用频率、显示方式应符合有关要求（见图 3-1-8）：

（1）一个红灯——停车信号。
（2）一个绿灯——推进信号。
（3）绿灯闪数次后熄灭——起动信号。
（4）绿、红灯交替后绿灯长亮——连结信号。
（5）绿、黄灯交替后绿灯长亮——溜放信号。
（6）黄灯闪后绿灯长亮——减速信号。
（7）黄灯长亮——十、五、三车距离信号。

a. 十车距离信号（加辅助语音提示）。
b. 五车距离信号（加辅助语音提示）。
c. 三车距离信号（加辅助语音提示）。

（8）两个红灯——紧急停车信号。
（9）先两个红灯亮，后熄灭一个红灯——解锁信号。

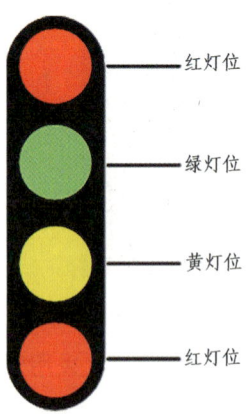

图 3-1-8

3．调车手信号相关规定

手信号是铁路行车有关人员在作业中，进行指挥联系等工作广泛采用的一种视觉信号，是指用手拿信号旗，信号灯或直接用手臂显示的信号。根据行车的需要，可以机动地指挥列车运行和调车作业，也可作为联系和传达行车有关事项的旗（灯）语。手信号显示指示列车运行条件的停车，减速通过、引导信号，与固定信号机显示的相应信号具有同等作用，行车有关人员必须认真按其显示执行。

调车手信号仅在调车工作中指挥调车机车活动使用，为保证调车作业的安全，调车机车司机应正确及时地执行手信号的要求。

（1）引导手信号：准许列车进入车场或车站。

昼间——展开的黄色信号旗高举头上左右摇动［见图3-1-9（a）］；

夜间——黄色灯光高举头上左右摇动［见图3-1-9（b）］。

（a）　　　　　　　　　　　（b）

图 3-1-9

（2）停车信号：要求列车停车。

昼间——展开的红色信号旗［见图3-1-10（a）］；

夜间——红色灯光［见图3-1-10（b）］。

昼间无红色信号旗时，两臂高举头上向两侧急剧摇动；

夜间无红色灯光时，用白色灯光上下急剧摇动。

（3）减速信号。

昼间——展开的黄色信号旗［见图3-1-11（a）］；

夜间——黄色灯光［见图3-1-11（b）］。

　　（a）　　　　　　　　　　（b）

图 3-1-10

　　（a）　　　　　　　　　　（b）

图 3-1-11

（4）指挥机车向显示人方向来的信号。

昼间——展开的绿色信号旗在下部左右摇动［见图 3-1-12（a）］；

夜间——绿色灯光在下部左右摇动［见图 3-1-12（b）］。

（5）指挥机车向显示人方向稍行移动的信号。

昼间——拢起的红色信号旗直立平举，再用展开的绿色信号旗左右小动［见图 3-1-13（a）］；

夜间——绿色灯光下压数次后，再左右小动［见图 3-1-13（b）］。

(a) (b)

图 3-1-12

(a) (b)

图 3-1-13

（6）指挥机车向显示人反方向去的信号。

昼间——展开的绿色信号旗上下摇动［见图 3-1-14（a）］；

夜间——绿色灯光上下摇动［见图 3-1-14（b）］。

(a) (b)

图 3-1-14

（7）指挥机车向显示人反方向稍行移动的信号。

昼间——拢起的红色信号旗直立平举，再用展开的绿色信号旗上下小动［见图3-1-15（a）］；

夜间——绿色灯光上下小动［见图3-1-15（b）］。

（a） （b）

图 3-1-15

4．联系用的手信号的显示方式

为了解决办理列车运行和调车工作中，行车有关人员不能用口头或通信设备彼此联系的时候，规定了联系用手信号。作为一种传递信息的手段，行车有关人员必须熟练掌握每个联系用手信号的作用、显示方式和要求，随时准备运用它，达到沟通意图、协调行动、保证安全的目的。

（1）道岔开通信号：表示进路道岔准备妥当。

昼间——拢起的黄色信号旗高举头上左右摇动［见图3-1-16（a）］；

夜间——白色灯光高举头上［见图3-1-16（b）］。

（a） （b）

图 3-1-16

（2）机车出入段进路道岔准备妥当后，显示如下道岔开通信号。

昼间——展开的黄色信号旗高举头上左右摇动［见图3-1-17（a）］；

夜间——黄色灯光高举头上左右摇动［见图3-1-17（b）］。

（a） （b）

图 3-1-17

5．股道号码信号：要道或回示股道开通号码

（1）一道：昼间——两臂左右平伸［见图3-1-18（a）］；夜间——白色灯光左右摇动［见图3-1-18（b）］。

（a） （b）

图 3-1-18

（2）二道：昼间——右臂向上直伸，左臂下垂［见图3-1-19（a）］；夜间——白色灯光左右摇动后，从左下方向右上方高举［见图3-1-19（b）］。

（a） （b）

图 3-1-19

（3）三道：昼间——两臂向上直伸［见图 3-1-20（a）］；夜间——白色灯光上下摇动［见图 3-1-20（b）］。

（a） （b）

图 3-1-20

（4）四道：昼间——右臂向右上方，左臂向左下方各斜伸 45°角［见图 3-1-21（a）］；夜间——白色灯光高举头上左右小动［见图 3-1-21（b）］。

（5）五道：昼间——两臂交叉于头上［见图 3-1-22（a）］；夜间——白色灯光作圆形转动［见图 3-1-22（b）］。

（6）六道：昼间——左臂向左下方，右臂向右下方各斜伸 45°角［见图 3-1-23（a）］；夜间——白色灯光作圆形转动后，再左右摇动［见图 3-1-23（b）］。

(a) （b）

图 3-1-21

(a) （b）

图 3-1-22

(a) （b）

图 3-1-23

（7）七道：昼间——右臂向上直伸，左臂向左平伸［见图3-1-24（a）］；夜间——白色灯光作圆形转动后，左右摇动，然后再从左下方向右上方高举［见图3-1-24（b）］。

 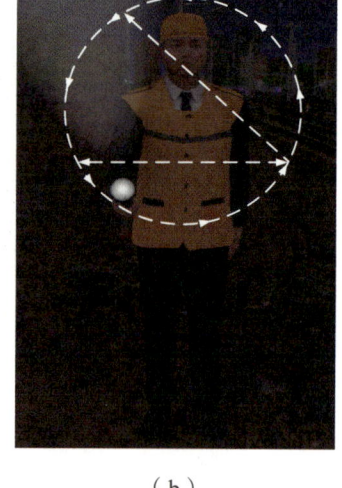

（a）　　　　　　　　　　（b）

图 3-1-24

（8）八道：昼间——右臂向右平伸，左臂下垂［见图3-1-25（a）］；夜间——白色灯光作圆形转动后，再上下摇动［见图3-1-25（b）］。

（a）　　　　　　　　　　（b）

图 3-1-25

（9）九道：昼间——右臂向右平伸，左臂向右下斜45°角［见图3-1-26（a）］；夜间——白色灯光作圆形转动后，再高举头上左右小动［见图3-1-26（b）］。

（a） （b）

图 3-1-26

（10）十道：昼间——左臂向左上方，右臂向右上方各斜伸 45° 角［见图 3-1-27（a）］；夜间——白色灯光左右摇动后，再上下摇动作成十字形［见图 3-1-27（b）］。

（a） （b）

图 3-1-27

（11）十一至十九道，须先显示十道股道号码，再显示所要股道号码的个位数信号。

（12）二十道及其以上的股道号码，各站根据需要自行规定，并纳入《车站行车工作细则》（以下简称《站细》）。

6. 连挂用手信号

（1）连结信号：表示连挂作业。

昼间——两臂高举头上，使拢起的手信号旗杆成水平末端相接［见图3-1-28（a）］；

夜间——红、绿色灯光（无绿色灯光的人员，用白色灯光）交互显示数次［见图3-1-28（b）］。

（a）　　　　　　　　　　　（b）

图 3-1-28

（2）溜放信号：表示溜放作业。

昼间——拢起的手信号旗两臂高举头上交叉后，急向左右摇动数次［见图3-1-29（a）］；

夜间——红色灯光作圆形转动［见图3-1-29（b）］。

（a）　　　　　　　　　　　（b）

图 3-1-29

（3）停留车位置信号：表示车辆停留地点。

夜间——白色灯光左右小摇动（见图3-1-30）。

图 3-1-30

（4）十、五、三车距离信号：表示推进车辆的前端距被连挂车辆的距离。

昼间——展开的绿色信号旗单臂平伸［见图3-1-31（a）］；

夜间——绿色灯光，在距离停留车十车（约 110 m）时连续下压三次，五车（约 55 m）时连续下压两次，三车（约 33 m）时下压一次［见图3-1-31（b）］。

（a） （b）

图 3-1-31

（5）取消信号：通知将前发信号取消。

昼间——拢起的手信号旗，两臂于前下方交叉后，急向左右摇动数次［见图3-1-32（a）］；

夜间——红色灯光作圆形转动后，上下摇动［见图 3-1-32（b）］。

（a）　　　　　　　　　　　　（b）

图 3-1-32

（6）要求再度显示信号：前发信号不明，要求重新显示。

昼间——拢起的手信号旗右臂向右方上下摇动［见图 3-1-33（a）］；

夜间——红色灯光上下摇动［见图 3-1-33（b）］。

（a）　　　　　　　　　　　　（b）

图 3-1-33

（7）告知显示错误信号：告知对方信号显示错误。

昼间——拢起的手信号旗两臂左右平伸同时上下摇动数次［见图 3-1-34（a）］；

夜间——红色灯光左右摇动［见图 3-1-34（b）］。

（a） （b）

图 3-1-34

7. 试验列车制动机的手信号显示方式

为了保证列车制动机的作用良好，于列车达到或始发前，必须按规定的制动机性能试验项目和要求，进行列车制动机试验，因检车人员不具备手信号旗和信号灯，所以规定昼夜间使用检查锤，夜间使用白色灯光，作为制动机试验时的手信号显示。

（1）制动。

昼间——用检查锤高举头上［见图 3-1-35（a）］；

夜间——白色灯光高举［见图 3-1-35（b）］。

（a） （b）

图 3-1-35

（2）缓解。

昼间——用检查锤在下部左右摇动［见图 3-1-36（a）］；

夜间——白色灯光在下部左右摇动［见图 3-1-36（b）］。

（a）　　　　　　　　　　　　（b）

图 3-1-36

（3）试验结束。

昼间——用检查锤作圆形转动［见图 3-1-37（a）］；

夜间——白色灯光作圆形转动［见图 3-1-37（b）］。

（a）　　　　　　　　　　　　（b）

图 3-1-37

车站人员显示上述信号时，昼间可用拢起的信号旗代替。司机应注意瞭望试验信号，并按规定回答。

如列车制动主管未达到规定压力，试验人员要求司机继续充风时，按照缓解的信号同样显示。

8. 道岔表示器的显示方式

道岔表示器设在所属道岔的旁侧，用于表示所属道岔位置即开通方向，以便有关行车人员能随时确认行车进路。

（1）昼间无显示［见图 3-1-38（a）］；夜间为紫色灯光——表示道岔位置开通直向［见图 3-1-38（b）］。

（a）　　　　　　　　　　　　（b）

图 3-1-38

（2）昼间为中央画有一条鱼尾形黑线的黄色鱼尾形牌［见图 3-1-39（a）］；夜间为黄色灯光——表示道岔位置开通侧向［见图 3-1-39（b）］。

（a）　　　　　　　　　　　　（b）

图 3-1-39

（3）在调车区为集中联锁时，进行连续溜放作业的分歧道岔应有道岔表示器，平时无显示，当进行溜放作业时，其显示方式如下：

a. 紫色灯光——表示道岔开通直向（见图3-1-40）。

图3-1-40

b. 黄色灯光——表示道岔开通侧向（见图3-1-41）。

图3-1-41

9．脱轨表示器的显示方式

脱轨表示器设在非集中的脱轨器和引向安全线、避难线的道岔旁，用以表示线路的开通或遮断状态。

（1）带白边的红色长方牌及红色灯光——表示线路在遮断状态（见图3-1-42）。

图3-1-42

（2）带白边的绿色圆牌及月白色灯光——表示线路在开通状态（见图3-1-43）。

图 3-1-43

10．调车表示器的显示方式

调车司机看不清调车指挥人的手信号时应设调车表示器，用以代替调车指挥人的手信号。调车表示器向前后两方向均能单独显示，一方向向着调车区，一方向向着牵出线。

（1）向调车区方向显示一个白色灯光——准许机车车辆自调车区向牵出线运行（见图3-1-44）。

图 3-1-44

（2）向牵出线方向显示一个白色灯光——准许机车车辆自牵出线向调车区运行（见图3-1-45）。

（3）向牵出线方向显示两个白色灯光——准许机车车辆自牵出线向调车区溜放（见图3-1-46）。

图 3-1-45

图 3-1-46

11．出段作业常见信号标志

（1）警冲标设在距两会合线路线间距离为 4 m 的中间位置。线间距离不足 4 m 时，设在两线路中心线最大间距的起点处。在线路曲线部分所设道岔附近的警冲标与线路中心线间的距离应按限界的加宽增加。用以指示机车车辆停车时不准向道岔方向或线路平面交叉处所越过的地点（见图 3-1-47）。

图 3-1-47　警冲标

（2）站界标设在双线区间列车运行方向左侧最外方顺向道岔（对向出站道岔的警冲标）外不少于 50 m 处，或邻线进站信号机相对处。表示区间或车站的分界处（见图 3-1-48）。

图 3-1-48　站界标

12．听觉信号

听觉信号是以不同的音响符号，通过口笛、号角、机车及轨道车的鸣笛等发出声响来表示的一种信号。机车乘务员鸣示听觉信号时，应严格按照音节长短及间隔的规定标准进行，以防发生混淆，听觉信号，长声为 3 s，短声为 1 s，音响间隔为 1 s。重复鸣示时，须间隔 5 s 以上。

（1）机车、自轮运转特种设备作业中提示注意、相互联系等应使用通信设备方式。遇联系不通或危及行车人身安全时，应采用鸣笛方式。机车、自轮运转特种设备鸣笛鸣示方式如表 3-1-1 所示。

表 3-1-1　机车、自轮运转特种设备鸣笛鸣示方式

名称	鸣示方式	使用时机
起动注意信号	一长声 —	1. 列车起动或机车车辆前进时（双机牵引或使用补机时，本务机车鸣笛后，补机应回答，本务机车再鸣笛一长声后起动）； 2. 接近鸣笛标、道口、桥梁、隧道、行人、施工地点或天气不良时； 3. 电力机车、自轮运转特种设备在检修及整备中，准备降下或升起受电弓时
退行信号	二长声 — —	列车、机车车辆、单机开始退行时
召集信号	三长声 — — —	要求防护人员撤回时
牵引信号	一长一短声 — ·	途中本务机车要求补机牵引运行时（补机应以同样信号回答）
惰行信号	一长二短声 — · ·	本务机车要求补机惰力推进或要求补机断开主断路器时（补机应以同样信号回答）
途中降弓信号	一短一长声 · —	1. 电力机车双机牵引中，本务机车司机要求补机降下受电弓时（补机须以同样信号回答）； 2. 电力机车司机在途中发现降弓手信号时，应鸣此信号回示
途中升弓信号	一短二长声 · — —	1. 电力机车双机牵引中，本务机车司机要求补机升起受电弓时（补机须以同样信号回答）； 2. 电力机车司机在途中发现升弓手信号时，应鸣此信号回示
呼唤信号	二短一长声 · · —	1. 机车要求出入段时； 2. 在车站要求显示信号时
警报信号	一长三短声 — · · ·	发现线路有危及行车安全的不良处所时
试验自动制动机及复示信号	一短声 ·	1. 试验制动机开始减压时； 2. 接到试验制动结束的手信号，回答试风人员时； 3. 调车作业中，表示已接受调车长所发出的手信号时
缓解及溜放信号	二短声 · ·	1. 试验制动机缓解时； 2. 要求列车乘务组缓解人力制动机时； 3. 复示溜放调车信号时
拧紧人力制动机信号	三短声 · · ·	1. 要求列车乘务组拧紧人力制动机时； 2. 要求就地制动时
紧急停车信号	连续短声 · · · · · · · ·	司机发现（或接到通知）邻线发生障碍，向邻线上运行的列车发出紧急停车信号时。邻线列车司机听到此种信号后，应紧急停车

（2）口笛、号角鸣示方式见表 3-1-2。

表 3-1-2　口笛、号角鸣示方式

用途及时机	鸣示方式	
发车、指示机车向显示人反方向移动	一长声	—
指示机车向显示人方向移动	一短一长声	·—
试验制动机减压	一短声	·
试验制动机缓解	二短声	··
试验制动机结束及安全信号	一短一长二短声	·—··
一道	一短声	·
二道	二短声	··
三道	三短声	···
四道	四短声	····
五道	五短声	·····
六道	一长一短声	—·
七道	一长二短声	—··
八道	一长三短声	—···
九道	一长四短声	—····
十道	二长声	——
二十道	二短二长声	··——
十、五、三车距离信号：十车	三短声	···
十、五、三车距离信号：五车	二短声	··
十、五、三车距离信号：三车	一短声	·
连结及停留车位置	一长一短一长声	—·—
停车	连续短声	·····
要求司机鸣笛	二长三短声	——···
试拉	一短声	·
减速	连续二短声	····
溜放	三长声	———
取消	二长一短声	——·
再显示	二长二短声	——··
列车接近通报信号：上行	二长声	——
列车接近通报信号：下行	一长声	—

三、呼唤应答与眼看手比要求

1. 出段挂车作业确认呼唤（应答）基本要求

（1）一次乘务作业全过程必须认真执行确认呼唤（应答）制度。

（2）确认呼唤（应答）必须执行"彻底瞭望、确认信号、手比眼看、准确呼唤"，并掌握"清晰短促、提示确认、全呼全比、手势正确"的作业要领。

（3）列车运行中必须对所有地面主体信号显示全部进行确认呼唤（应答），自动闭塞区段分区通过信号显示绿灯，值乘速度 120 km/h 及以上客运列车时，只手比不呼唤（带有三斜杠标志预告功能的分区通过信号机除外）。

（4）遇有显示须经侧向径路运行的信号时，在呼唤信号显示的同时，必须呼唤侧向限速值。

2. 信号确认呼唤时机和手比姿势

1）信号确认呼唤时机

应遵循"信号好了不早呼、信号未好提前呼"的原则，瞭望条件良好时，进站（进路）信号不少于 800 m；出站、通过、接近、预告信号不少于 600 m；信号表示器不少于 100 m。

2）手比规范

（1）信号显示要求通过（显示绿灯、绿黄灯）时：右手伸出食指和中指并拢，拳心向左，指向确认对象。

（2）信号显示要求正向径路准备停车（显示黄灯）时：右手拢拳伸拇指直立，拳心向左。

（3）信号显示要求侧向径路运行（显示双黄灯、黄闪黄）时：右手拢拳伸拇指和小指，拳心向左。

（4）信号显示要求停车（显示红灯，包括固定和临时）时：右臂拢拳，举拳与眉齐，拳心向左，小臂上下摇动3次。

（5）注意警惕运行时：右臂拢拳，大小臂成 90°，举拳与眉齐，拳心向左。

（6）确认仪表显示时：右手伸出食指和中指并拢，拳心向左，指向相关确认设备。

（7）确认非集中操纵道岔、各类手信号、防护信号（脱轨器）时：右手伸出食指和中指并拢，拳心向左，指向确认的非集中操纵道岔、各类手信号、防护信号（脱轨器）。

（8）列车运行中，LKJ提示前方列车运行限制速度有变化时，司机必须在变速点前，对变化的速度值及时进行确认呼唤；确认呼唤时，右手伸出食指和中指并拢，拳心向左，指向LKJ显示部位。

（9）手比以注意警惕姿势开始和收回，手比动作稍作停顿。

四、机车乘务员确认呼唤（应答）标准用语

出段至发车用语如表 3-1-3 所示。

表 3-1-3 乘务员确认呼唤标准用语

序号	呼唤时机	呼唤项目	确认呼唤标准用语
1	电力机车升弓	升弓作业	升弓注意，升弓好了
2	整备完毕，人员就岗	出段准备作业	出段准备好了
3	出段前	还道信号及出段手信号显示（非集中操纵道岔）	××道，出段手信号好了
4		出段信号显示（含出段简易信号）	出段信号，白（绿）灯 出段信号，蓝（红）灯停车
5	经过非集中操纵道岔前	道岔开通位置	道岔开通正确
6	经过其他要道还道地点前	还道信号及道岔开通手信号显示	一度停车 ××道，手信号好了
7	行至站段分界点	站段分界点（或一度停车牌）	一度停车
8	调车信号前	调车信号显示	调车信号，白灯 调车信号，蓝（红）灯停车
9	调车复示信号前	调车复示信号	复示信号，白灯 复示信号，注意
10	换端作业时	制动防溜	注意防溜
11	进入挂车线	脱轨器	脱轨器，撤除好了、（红灯、红牌）停车
12	连挂车时	连挂距离	十辆、五辆、三辆、停车
13		防护信号	防护信号，撤除好了 防护信号，注意
14	列车制动机试验时	列车制动机试验作业	制动、缓解 试风好了
15		行车安全装备设置作业	LKJ 设置，设置好了 CIR（或通信装置）设置，设置好了 列尾装置设置，设置好了 机车信号确认，确认好了
16	发车	出站（发车进路）信号显示一个绿灯	绿灯，出站（发车进路）好了
17		出站（发车进路）信号显示两个绿灯	双绿灯，××（线、站）方向出站好了
18		出站（发车进路）信号显示一个绿灯一个黄灯	绿黄灯，出站（发车进路）好了
19		出站（发车进路）信号显示一个黄灯	黄灯，出站（发车进路）好了

续表

序号	呼唤时机	呼唤项目	确认呼唤标准用语
20	行车凭证确认	非正常行车确认行车凭证时	确认行车凭证，路票正确 确认行车凭证，绿色许可证正确 确认行车凭证，红色许可证正确 确认行车凭证，调度命令正确
21		进路表示器显示	进路表示器，××（线、站）方向好了 进路表示器，正、反方向好了
22		发车信号	一圈、两圈、三圈，发车信号好了 联控发车好了
23		发车表示器	发车表示器白灯
24	起动列车后	确认开车时刻	正点（或晚点××分）开车
25		监控装置对标点及道岔限速	对标好了，道岔限速××公里
26	出站后	操纵台各仪表、指示灯、机车微机工况屏显示	各仪表（网压）显示正常

五、调车作业速度规定

（1）在空线上牵引运行时，速度不准超过 40 km/h；推进运行时，速度不准超过 30 km/h。

（2）调动乘坐旅客或装载爆炸品、气体类危险货物、超限货物的车辆时，速度不准超过 15 km/h。

（3）接近被连挂的车辆时，速度不准超过 5 km/h。

（4）推上驼峰解散车辆时的速度和装有加、减速顶的线路上的调车速度，在《站细》内规定。经过道岔侧向运行的速度，由工务部门根据道岔具体条件规定，并纳入《站细》。

（5）在尽头线上调车时，距线路终端应有 10 m 的安全距离；遇特殊情况，必须近于 10 m 时，要严格控制速度。

（6）电力机车、动车组在有接触网终点的线路上调车时，应控制速度，距接触网终点标应有 10 m 的安全距离；遇特殊情况，必须近于 10 m 时，要严格控制速度。

（7）旅客未上下车完毕，除本务机车、补机摘挂作业外，不得进行旅客列车（车底）的连挂作业。

（8）遇天气不良等非正常情况，应适当降低速度。

（9）单机调车作业到达站界标（调车禁止越过警示标识）处，在折返信号机前必须一度停车，再以不超 3 km/h 的速度向前移动。

（10）单机调车作业到达折返地点红枕木警示标识前，必须停车，禁止越过红枕木警示标识。（双机附挂、待避机车等特殊情况必须越过时，红枕木警示标识前必须一度停车，再次移动速度不超 3 km/h。）

（11）单机调车作业在严格控速警示牌前必须控制速度（标明的按标明速度，未标明的按 10 km/h 以下）。

（12）进入库房或尽头线前，必须一度停车，进出大门和库房的速度不得超过 3 km/h。

（13）单机首次动车时，到达摘钩后第一次动车及折返时，进行单阀试验，速度不超过 3 km/h、运行距离不超过 5 m。

（14）运行至站界前的第一架折返信号机平行处一度停车，再次动车时速度不得超过 3 km/h。

六、连挂作业机车操作规则

（1）依据《铁路机车操作规则》第十三条：进入挂车线后，应严格控制机车速度，执行十、五、三车和一度停车规定，确认脱轨器、防护信号及停留车位置。

a. 距脱轨器、防护信号、车列 10 m 前必须停车。

b. 确认脱轨器、防护信号撤除后，显示连挂信号，以不超过 5 km/h 的速度平稳连挂。

c. 连挂时，根据需要适量撒砂，连挂后要试拉。

（2）依据《铁路机车操作规则》第十四条：挂车后，机车保持制动，司机确认机车与第一位车辆的车钩、软管连接和折角塞门状态。多机重联时，机车与车辆连挂状态的检查由连挂司机负责；列车本务司机应复检机车与第一位车辆的车钩、软管连接和折角塞门状态。

a. 正确输入机车综合无线通信设备（CIR）、LKJ 有关数据。采用微机控制制动系统的机车，核对制动机设定的列车种类。向运转车长或车站值班员（助理值班员）了解编组情况、途中甩挂计划及其他有关事项。

b. 货运票据、列车编组顺序表需由机车乘务组携带时，应按规定办理交接，并妥善保管。

c. 司机应在列车充风或列车制动机试验时，检查本务机车与列尾装置主机是否已形成"一对一"关系。

d. 制动主管达到定压后，司机按规定及检车人员的要求进行列车制动机试验，装有防折关装置的机车应确认制动主管贯通情况。

e. 发现充、排风时间短等异常或制动主管漏泄每分钟超过 20 kPa 时，及时通知检车人员（无检车人员时通知车站值班员）。

f. 制动关门车辆数超过规定时，发车前应持有制动效能证明书。

g. 列车制动机进行持续一定时间的保压试验，应在试验完毕后，接受制动效能证明书。

h. 司机接到制动效能证明书后，应校核每百吨列车重量换算闸瓦压力，不符合《铁路技术管理规程》（以下简称《技规》）及本区段的规定时，应向车站值班员报告。

i. 直供电列车连挂后，司机拔出供电钥匙与客列检（或车辆乘务人员）按规定办理交接、供电手续，电力机车还需断开主断路器。

七、调车作业相关规定

调车机车乘务员要熟悉《车站行车工作细则》（以下简称《站细》）及有关规定，熟记站内线路（包括专用线）、信号机以及各种标志等站场情况，严格执行《技规》调车工作有关规定。

采用无线调车灯显设备进行调车时，应使LKJ处于调车工作状态与无线调车灯显设备配合使用，并根据信号显示和作业指令的要求进行作业。中间站利用本务机车调车时，对附有示意图的调车作业通知单的内容和注意事项必须掌握清楚。作业前，应使LKJ处于调车工作状态。在中间站不得利用单司机单班值乘列车的机车进行调车作业，遇特殊情况，必须利用该本务机车对本列进行调车作业时，相关作业人员应加强安全控制。

在车站交接班时，交、接班乘务员应认真对机车走行部、基础制动装置、牵引装置、制动机性能进行重点检查；注意检查调整制动缸活塞行程和闸瓦与轮箍踏面的缓解间隙。作业间歇时应对其他部件进行检查。停留较长时间后再次作业前，应对制动机性能进行试验。

调车作业中，彻底瞭望，确认信号，正确执行信号显示的要求和呼唤应答制度，没有信号不准动车，信号中断或不清立即停车。穿越正线调车作业时，必须执行车机联控制度。连挂车辆时，严格按十、五、三车距离和信号要求控制速度，接近被连挂车辆时，速度不得超过5 km/h。

按《站细》规定连结软管后，动车前应进行制动机简略试验。

单机连挂车辆时，应注意确认车辆停留和脱轨器位置，必须执行"一度停车"制度。

当调车指挥人显示溜放信号时，司机应"强迫加速"满足作业要求；显示减速或停车信号时，应迅速解除机车牵引力，立即制动。认真执行驼峰调车作业的规定，连挂车列后试拉时，注意不得越过信号机或警冲标。推峰时要严格按信号的要求控制速度。

电力机车调车时，机车距接触网终点标应有10 m的安全距离，防止进入无电区。

八、脱轨器防护信号

（1）脱轨器是一种轨道上的保护装置，用于保护轨道上的人员或者重要的机车车辆，其运作是利用脱轨的方式使车辆翻覆。一旦有机车或车辆进入轨道即行脱轨以保证被保护对象的安全。货列在到达场里进行列检时列车两端就需安置脱轨器，若机车滑动，脱轨器会将机车强制脱离轨道，以保护人的生命，另外一些重要机车车辆两端也设置脱轨器，以保护这些重要机车车辆的安全。

（2）一般脱轨器造成的脱轨后果都不很严重，通过复轨器就可以起复。另外，脱轨器不是对什么速度下的机车车辆都可以起脱轨作用，每种脱轨器都有一定的作用速度范围，一般为 20～30 km/h 可以达到好的作用效果。脱轨器表示器可通过室内显示屏监控脱轨状态，非集中道岔表示器可实现远程监控道岔位置，杜绝人为因素造成的安全隐患。在车列两端来车方向的左侧钢轨上，设置带有脱轨器的固定或移动信号牌（灯）进行防护，前后两端的防护距离均应不小于 20 m（见图 3-1-49）。

图 3-1-49　信号牌（灯）放置位置

（3）设置带有脱轨器的安全防护信号。

首、尾检车员确定列车前后端车辆距脱轨器不少于 20 m，不足 20 m 时，列检值班员使用录音电话通知车站，将该进路或影响该进路的前方第一组道岔锁闭在不能通往该线路的位置，后将上述防护信号安插在该线路或影响该线路加锁道岔的警冲标对应处内侧，并在车统-14 的"备注栏"中注明。由首部组长发起预插防护号志信号，中部正号检车员依次传递信号，尾部组长接到预插信号后回示，同时使用对讲机确认。先按规定插设带有脱轨器的安全防护号志，首、尾正号检车员与值班员进行联控。

标准用语为：

检车员："×道首（尾）部脱轨器插设完毕"。

值班员回复："×道首（尾）脱轨器插设完毕，值班室明白"。

接着，在站台侧车列两端车辆的侧梁上插设防护手信号（昼间红旗，夜间红灯）。在插设脱轨器时，应做到两人同时到位、同时插设、同时确认。

（4）撤除带有脱轨器的安全防护标志。

由正号检车员确认负号检车员作业完毕后，用对讲机通报作业完毕，标准用语为：×对作业完毕，尾部组长接到全部作业完毕通报后，发起撤除防护号志的信号，中部正号检车员依次传递信号，首部组长接到信号后回示，同时使用对讲机进一步确认。先撤除防护手信号（昼间红旗，夜间红灯），再按规定撤除带有脱轨器的安全防护号志后，首尾组长与值班员进行联控，标准用语为：组长："×道首（尾）脱轨器撤除完毕"，值班员回复："×道首（尾）部脱轨器撤除完毕，值班室明白"。在撤除脱轨器时，做到两人同时到位、同时撤除、同时确认。

九、车钩、软管连接及折角门塞门状态的检查

（1）对车辆端部车钩进行车钩三态作用试验，并检查钩舌、钩腔配件技术状态，无变形或裂纹，三态状态良好（见图 3-1-50）。

图 3-1-50　钩舌、钩腔配件

（2）软管连接。

安全防护信号插设完毕后，机后运行方向左侧检车员检查确认机车、车辆制动软管胶垫安装正位、无破损、胶垫边缘无卷起后，将机车与车辆两制动软管连接器进行连接，连接需入底到位。机后运行方向右侧检车员确认两车钩连接状态良好、车钩处于闭锁位。

（3）开启塞门。

机后右侧检车员缓慢开启机车后端折角塞门，机后左侧检车员缓慢开启机后一位车辆前端折角塞门，防止列车发生紧急制动。

十、连挂作业注意事项

（1）连挂作业的安全防护。

a. 应严格控制机车速度，执行十、五、三车和一度停车，确认防护信号停留车位置，距车列 10 m 前必须停车。

b. 确认车列防护信号时要双侧确认。

c. 试拉时确认机车单阀压力缓解到零，加牵 3 s 以上。

（2）对连接状态的双确认检查，做到不重不漏，确保车钩可靠连接，及时发现问题并处理。

a. 检查车钩防提装置状态。

b. 车钩水平线高度差不超过 75 mm。

任务二　列车编组信息输入

视频：列车编组信息输入

在机车乘务员进行出段作业的各个环节中，需要不断地进行车机联控和监控装置操作，正确进行机车无线通信装置（CIR）、LKJ 监控装置、列尾装置的输入及查询操作，是出段作业乃至整个乘务作业安全行车的重要保障，所以掌握行车参数的正确输入显得尤为必要。

任务描述

作为机务段的一名机车司机，你正在办理货运票据及列车编组顺序表的交接，需要在副司机小张的监控下输入 LKJ 监控和 CIR 的本列 K531 次列车有关数据。列车装有列尾装置，还要进行列尾风压查询操作。你们需要正确操作车上的行车设备，让安全防护设备真正起到监管作用。

学习活动建议

学习活动	内　容	建议学时
自学资讯及相关知识点	1. 学习货运票据和交接办理知识； 2. 学习填写列车编组信息表； 3. 掌握列尾装置风压查询的方法	课前
计划	根据任务单上的任务情境，每位同学独立归纳总结列车编组信息输入作业流程及注意事项，并正确完成数据输入	课中 （1 学时）
决策	通过小组讨论和组间交流，针对指导教师指定的任务情景，做出列车编组信息输入的任务决策	
实施	根据指导教师提供的资讯，针对指导教师指定情景，完成具体的列车编组信息输入作业情景模拟任务	
	正确填写（执行过程检查）评估工作页。小组成员互检工作页的正确性，提交指导教师评估	
检查与评价	完成自我评估、小组评价以及教师评价	
完善与拓展	根据学习掌握深度要求，拓展完善列车编组信息输入作业相关资讯	课后

任务引导

1. 货运票据填记内容有哪些？

_____

_____

_____

2. 列车编组表信息内容有哪些？

_____

_____

_____

3. 简述列尾相关参数输入和查询作业步骤。

_____

_____

_____

任务分析

在出段挂车作业环节中，主要涉及的行车安全设备为CIR、LKJ和列尾装置，需要做到行车参数的正确输入。首先，要了解每种设备的作用，根据作业内容的需要，按照设备的操作说明，掌握需要输入的参数内容；然后，根据获取的列车信息，正确操作设备，在参数处进行输入和查询操作，作业过程进行双人确认，即一人操作，另外一人监控，防止输入错误导致的行车安全事件；最后，达到正确、熟练地完成行车参数输入的效果。

任务分工

班级		组号		指导教师	
小组成员	任务分工				

任务步骤

一、货运票据和列车编组表办理交接

在规定时间内将列车检查完毕并办理交接签证。

1．货运票据的交接办理

交接运输票据时，确认票据上的车种、车号、到站及有关运送限制条件，并与列车编组顺序表进行核对。

2．列车编组顺序表的交接办理

运转车长到车站与车号员交接列车编组顺序表和票据后，应检查列车编组顺序表的记载内容：车次、解体站、日期、辆数、总重、计长，列车编组符合编组计划和车辆隔离限制的规定。

二、LKJ监控数据参数的输入

（1）机车出库时，应使装置进入调车工作状态。

（2）始发站挂车完毕，退出调车工作状态（〖出段/入段〗灯亮时，先按【出入库】键，再按【调车】键退出调车工作状态），根据列车编组单确认输入的列车编组数据等参数。

（3）列车到达终点站，机车入库（或转线调头）时，应使装置进入调车工作状态［见图 3-2-1（a）］。

（4）机车出、入库时，在闸楼处，按压一次【出入库】键，装置以按键时间作为机车出、入库的时间［见图 3-2-1（b）(c）］。

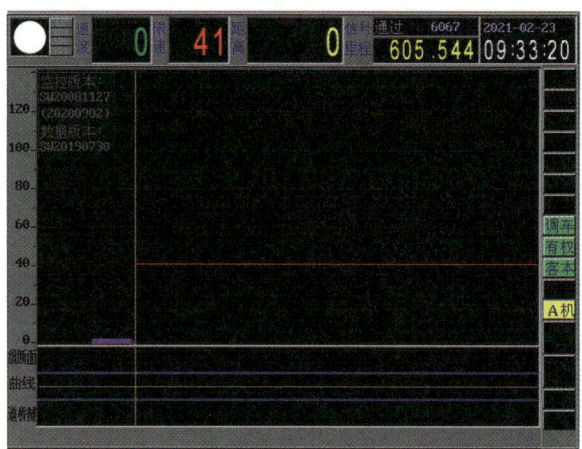

（a）调车工作状态

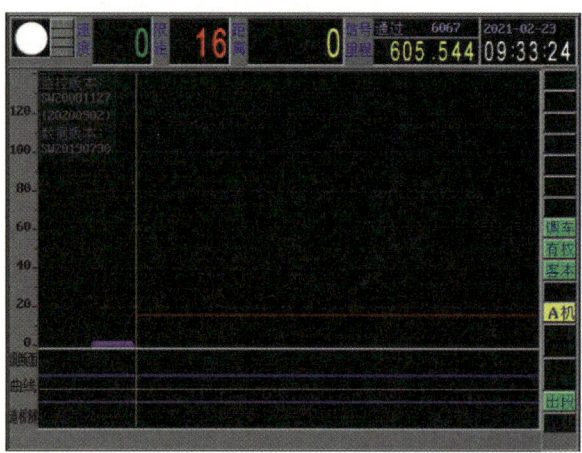

（b）出库工作状态

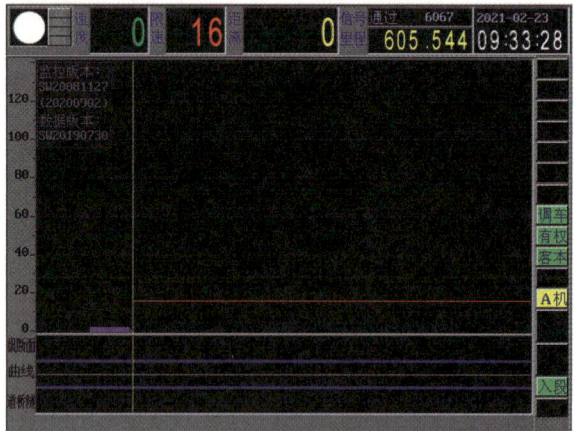

（c）入库工作状态

图 3-2-1　调车工作状态和出入库工作状态

三、CIR 有关数据参数输入

（1）在主界面下按 MMI【设置】键，进入设置界面。

（2）将光标移动至"1、车次功能号注册"并按【确认/签收】键，进入后输出本列车次号"K531"。

（3）根据 MMI 屏幕下方的提示，手动输入车次号后按【确认/签收】键，从随后弹出的选择机车牵引任务状态界面上选择"本务机"或"补机"（见图 3-2-2）。

图 3-2-2

（4）再次按下【确认/签收】键后，CIR 即向 GSM-R 网络注册车次功能号。

四、列尾 ID 号码输入和风压查询

1. 建立连接关系

（1）按 MMI【设置】按键，进入设置界面后，选定"6.输入客车列尾装置 ID"项。

（2）输入需要连接的客列尾装置 ID（6 位）并按【确认/签收】键发起连接。

（3）连接成功后 MMI 主界面显示客列尾装置 ID 号码、风压值和列尾连接状态（见图 3-2-3），并发出"K531 列尾装置，连接成功"语音提示。

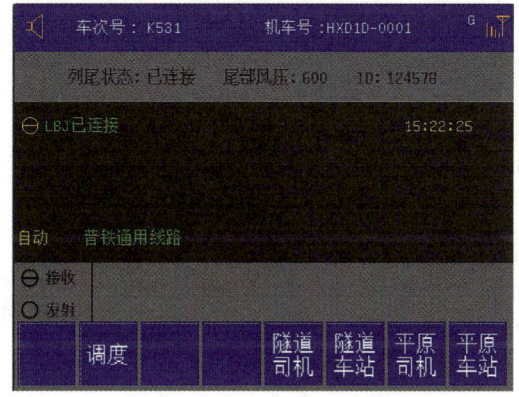

图 3-2-3

2. 手动查询列尾风压

（1）客列尾连接成功后，司机在主界面下按【风压/查询】键查询列尾风压。

（2）查询到的当前列尾风压数值显示在 MMI 显示屏上，并发出"K531 次机车，风压 500 kPa"语音提示。

任务实施

序号	任务实施步骤	任务要点
1	货运票据的交接办理	
2	列车编组表的交接办理	
3	LKJ 监控装置数据输入	
4	CIR 有关数据输入	
5	列尾 ID 号码输入和风压查询	

任务评价

非常符合（90 分以上）；比较符合（80～89 分）；符合（70～79 分）；基本符合（60～69 分）；不符合（60 以下或存在失格项）

考核要素	知识评价	技能评价	权重	扣分标准	得分
货运票据的交接办理	能够熟知货运票据填记内容	能够在规定时间内找出货运票据的问题项，完成货运票据的交接办理	15%	1. 未能在规定时间内找出货运票据的问题项扣 10 分； 2. 未能及时完成货运票据的交接办理扣 5 分	
列车编组表的交接办理	能够熟知列车编组表信息内容	能够在规定时间内核对列车编组表信息内容，完成列车编组表的交接办理	15%	1. 未能在规定时间核对列车编组表扣 10 分； 2. 未能及时完成列车编组表的交接办理扣 5 分	
LKJ 监控装置数据输入	1. 能够熟知 LKJ 监控操作规范； 2. 能够熟记 LKJ 要求输入的数据信息操作步骤	1. 在出段挂车作业过程正确操作 LKJ 监控模式； 2. 正确输入 LKJ 监控中列车参数。	20%	1. 未能在挂车时正确操作 LKJ 扣 10 分； 2. 未能在连挂后正确输入 LKJ 行车参数扣 10 分	

续表

考核要素	知识评价	技能评价	权重	扣分标准	得分
CIR有关数据输入	1. 能够熟知CIR操作流程和各个界面的功能； 2. 能够熟记CIR要求输入的数据信息操作步骤	1. 能够建立CIR通讯连接和模式转换； 2. 能够进行车机联控作业； 3. 能够对列车参数正确输入	25%	1. 未能正确建立CIR通讯连接和模式转换扣5分； 2. 未能正确进行车机联控作业扣10分； 3. 未能正确输入列车参数扣10分	
列尾ID号码输入和风压查询	能够熟记列尾相关参数输入和查询作业步骤	能够进行列尾ID号码输入和查询风压，判断列尾状态。	15%	1. 未能正确输入列尾ID扣10分； 2. 不能正确查询列尾风压扣5分	
思政评价	任务完成后，能够依据任务实施过程，阐述作业过程体现出的职业素养或思政元素，或者可以根据自身实训结果，反思自己在任务实施过程中有哪些违反职业素养的行为		10%	学员的阐述可以体现对职业素养的正确认识，或对该任务蕴含的思政元素有自己合理的见解	
	合计		100%		

检查与评价	
一、学生自我评估	年　月　日
二、小组评价	年　月　日
三、指导教师评价	年　月　日

> **知识要点**

一、货运票据和交接办理

1. 运输票据的种类

（1）货物运输票据是货车编组、挂运的依据。货运票据包括货物运单、货票、特

殊货车及运送用具回送清单、装载清单、车辆寄送单及检修车辆回送单据、大宗货物运单，以及使用的票据封套等。

（2）运单由两部分组成，左边是货物运单，右边是领货凭证。随列车传递的是货物运单部分。货票是铁路内部具有财务性质的票据，也是运输过程中的运输凭证（见图3-2-4）。

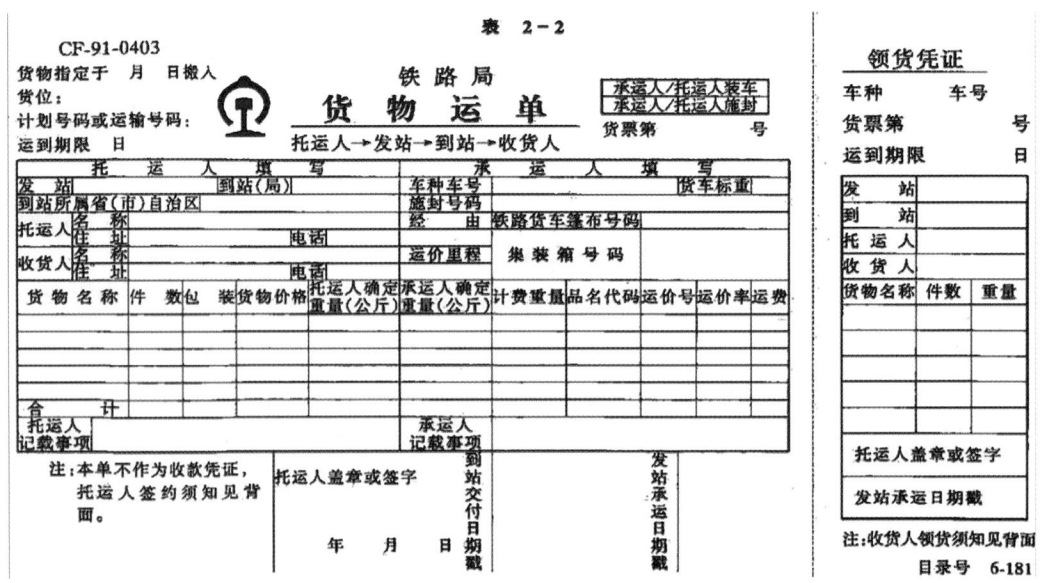

图 3-2-4　货物运单

2．运输票据的交接

有运转车长值乘的列车，车站与运转车长或运转车长相互间使用列车编组顺序表和乘务员手册办理签证交接。接收方应在规定时间内将列车检查完毕并办理交接签证。

交接运输票据时，应确认票据上的车种、车号、到站及有关运送限制条件，并与列车编组顺序表进行核对。对装入"货运票据封套"（简称"封套"）的，按封套记载交接（见图3-2-5）。

（1）为便于交接和保持运输票据的完整，下列货物的运输票据应使用货运票据封套，封固后随车递送：

　　a．国际联运货物和以车辆寄送单回送的外国铁路货车。

　　b．一辆货车内有两批以上货物。

　　c．整车分卸货物。

　　d．以货运记录补送的货物。

　　e．附有证明文件或代递单据较多的货物。

军运货物使用封套的范围及填记和封固方法，按军运有关规定办理。

货运票据封套
车种车号
标记载重量
货物到站到局
篷布号码
运单号码
货物品名
货物实际质量（吨）
收货人及卸车地点
施封号码
记事
发站戳记____
经办人章____

图 3-2-5　票据封套

封套内运输票据的正确完整由封固单位负责。除卸车站或出口国境站外，不得拆开封套。当运输途中发生特殊情况必须拆开封套时，由拆封套的单位编制普通记录证明（附入封套内），并再行封固，在封口处加盖带有单位名称的经办人名章。

（2）票据不能臆测涂改，以免造成误运。有运转车长值乘的列车货物检查、交接的内容，以及发现问题的处理方法，按表 3-2-1 的规定办理。

表 3-2-1　票据问题处理方法

顺号	检查内容	发现的问题	处理方法
1	运输票据或封套	1. 有票无货（车）或有货（车）无票	1. 有票无货（车）： （1）在装车站不接收； （2）在其他站（指中间站和到站，以下同），按承运货物的件数和重量处理：包装完整、件数相符而重量不足或多出时，不编货运记录，由交方在货物运单内注明；整车货物途中需要换装或整理，而货物本身未发生损失以及其他情况需要证明责任时，由交方在当日按批编制普通记录。 2. 有货（车）无票： （1）运输途中发生整车（含整零车）运输票据丢失时，丢失单位或处理站应于 48 h 内发出电报向有关站查询； （2）全列车运输票据丢失时，还应于当日上报主管分局；每个被查询站接电报后，均应于 48 h 内电复或继续查询。发站接到查询电报后，应及时补制货票抄件寄送到站

续表

顺号	检查内容	发现的问题	处理方法
1	运输票据或封套	2. 货物运单或封套上记载的车号、到站与编组顺序表或现车不符	在装车站不接收；在其他站由交方当日编制货运记录后接收。在运输途中发现运单或封套上记载的车号、到站与编组顺序表或现车不符，不得涂改运单、封套，应确认后按规定编制记录
		3. 货物运单或封套上封印站名或号码被划掉、涂改未按规定盖章	
		4. 封套的封口有异状或票据不全	
		5. 货物运单或封套以及编组顺序表记有铁路篷布，现车未盖有铁路篷布；现车盖有铁路篷布，货物运单或封套以及编组顺序表未记载，或记载张数不符	未盖有铁路篷布，在装车站不接收，在其他站由交方当日编制货运记录，按《铁路篷布损坏丢失处理办法》办理。未记载或记载张数不符，在装车站不接收，在其他站由交方按实更正，当日编制普通记录，并向发到站和发到局拍发电报
2	货主的施封	1. 封印失效、丢失、断开或不破坏封印即能开启车门	在装车站不接收；在其他站由交方补封，施封单位（或委托施封单位）应编制普通记录证明
		2. 封印站名或号码与运输票据或封套上记载不一致	在装车站不接收；在其他站由交方当日编制货运记录后接收。在运输途中发现运单或封套上记载的车号、到站与编组顺序表或现车不符，不得涂改运单、封套，应确认后按规定编制记录
		3. 货车已施封，但未在运输票据或封套上注明封印号码、编组顺序表无"F"字样	在装车站不接收；在其他站由交方编制货运记录证明现状
		4. 未使用施封锁施封（罐车和朝鲜进口货车除外）	在装车站不接收；在其他站由交方补封，施封单位（或委托施封单位）应编制普通记录证明
		5. 在同一车门上使用两个以上封串联施封。	在装车站不接收；在其他站由交方编制货运记录证明现状
		6. 货车两侧或一侧未按规定在车门下部门扣处施封	在装车站不接收；在其他站由交方补封，施封单位（或委托施封单位）应编制普通记录证明
		7. 施封的货车上部门扣未以铁线拧固（车门构造只有一个门扣或上部门扣损坏时除外）	使用施封锁施封的货车，应用粗铁线将两侧车门下部门扣和门鼻拧紧，在每一车门上部门扣处各施施封锁一枚。施封后，应对施封锁的锁闭状态进行检查，确认落锁有效，车门不能拉开。由车站处理好后接收

续表

顺号	检查内容	发现的问题	处理方法
3	装有货物的货车	1. 车门窗未按规定关闭（损坏的车窗已用木板、铁箱、木箱封固）	在装车站不接收；在其他站由交方编制货运记录证明现状
		2. 货物损坏、被盗	
		3. 棚车车体、平车及集装箱专用平车装运的集装箱箱体的可见部位损坏或集装箱箱门开启	
		4. 篷布（包括自备篷布）苫盖捆绑不牢、被刮掉或被割危及运输安全。易燃货物未按规定苫盖篷布或未采取规定的防护措施	在装车站不接收；在其他站由交方填制"货车篷布交接单"，按《铁路篷布损坏丢失处理办法》办理
		5. 货物装载有异状或超过货车装载限界；支柱、铁线、绳索有折断或松动；货物有坠落可能；车门插销不严，危及运输安全；底开门车用一个扣铁关闭底开门（如所装货物能搭在底板横梁上，且另一个搭扣处用铁线捆牢者除外）	在装车站不接收；在其他站由交方通知有关单位，应即进行整理或换装。属于托运人责任的换装、整理或补修包装所需费用，由处理站填发垫款通知书，随同运输票据递送到站，向收货人核收
		6. 超限货物无调度命令	没有调度命令的超限车禁止挂运。调度所在挂运和接运超限车以前，将管内的具体运行条件以调度命令下达有关站段，以便作好准备工作。发站、中转站的车站值班员应将调度命令交给列车乘务员
4	货车使用和通行限制	1. 货车违反运行区段的通行限制	应立即报告列车调度员，听候其指示
		2. 装载金属块，长度不足2.5 m的短木材或空铁桶使用的车种违反《铁路货物装载加固规则》货车使用限制表的规定	在装车站不接收；在其他站由交方通知有关单位，应即进行整理或换装

二、列车编组顺序表交接办理

列车编组顺序表记载列车组成情况，作为车站与运转车长间、路局（分局）之间交接车辆的依据，是运输统计的主要原始资料，有关人员必须按规定正确、清楚地填记。

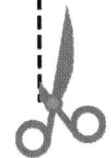

（1）凡由编组站、区段站及列车始发站发出的一切列车（包括挂有车辆的单机、轨道车附挂路用车），均由车站按列车实际组成情况编制本表。除留存一份外，一份交电报所（确报室），一份交车长（无车长时为司机，下同）带到次一区段站或终到站。对经由局（分局）分界站（包括分界站为中间站）交出的列车，需要增添一份由车长负责交分界站统计人员。列车编组顺序表的格式如图3-2-6所示。

____站编组____站终到__年__月__日__时__分__次列车自首尾（不用字抹销）

制表者_____　　　　　　　　检查者_____

顺序	车种	罐车油种	车号	自重	换长	载重	到站	货物名称	发站	篷布	收卸货人或线	记事

自编组站出发及在途中站摘挂后列车编组													
站名	客车				货车				守车	其他	合计	自重	载重	总重	换长	铁路篷布合计
	合计	其中			重车	空车	非运用车	其中代客							
		原客编组车	担当局	加挂客车	担当局											

图3-2-6　列车编组顺序表

（2）填记方法：

① 编组站名：填记列车始发站名。

列车在分界站或运行途中的编组站、区段站更换本表时，表头仍填记原编组始发站名。

② 年、月、日、时、分：按日历日填记列车计划发车时间。

③ 列车车次：填记计划开行车次。

④ 自首尾：不用字抹销。

⑤ 制表者、检查者：签字（代号）或盖章。

⑥ 车种栏：填记货车基本记号及辅助记号。

⑦ 罐车油种栏：根据罐车车体标记以简字填记。轻油：填"Q"；粘油填"L"。车体上的油种涂有代用字样时，按所代用的油种填记。

⑧ 车号栏：根据车体上的大号码填记。如发现双号码时，以车底架侧梁号码为准。

⑨ 自重及换长栏：车辆的自重及换长，根据《铁路技术管理规程》中"机车、车辆重量及长度表"的规定计算。无规定时在本栏填记车体标记的自重及换长。

⑩ 载重栏：根据货票记载的货物实际重量（无实际重量按计费重量）填记。一票多车只有合计载重吨数时，用上下括号表示。

对下列装载重量，按以下规定填记：

a. 沿途零担车，不论重空和装货多少，均按货车标记重的1/3填记。

b. 重客车按客车车体外部标记载重计算，并以左右括号表示。

c. 代客重车按每辆10 t计算；行包专列重车按《行包专列组织办法》有关规定填记；其他装非营业货物的非运用重车，按实际装载重量计算；无实际装载重量时，按标记载重的1/3计算。

d. 货车上装载的重集装箱填记"货重+箱重"合计重量。

e. 空集装箱自重（箱重）：按"集装箱技术参数表"规定填记。

f. 整车回送篷布每张按60 kg计算。

g. 其他铁路货车用具（加固材料、军用备品等），按实际重量计算；整车回送无实际重量时，按货车标记载重的1/3计算。

本栏的载重量按辆以吨为单位填记，吨以下四舍五入。

⑪ 到站栏：按货票或其他货运票据填记重车的到达站名。多站整装零担车及整车分卸，应分别填记第一及最终到达站的站名；水陆联运货票按到达第一个港口车站填记；其他有指定到站的车辆亦在此栏填记到站名。

⑫ 货物名称栏：按货票记载的货物名称填记。对下列车辆按规定的字样填记：

a. 沿途零担车填记"沿零"字样，整装零担车填记"整零"字样。

b. 运用空车，填记"空"字。

c. 非运用车填记非运用种别，如"检修""代客""路用"字样。

d. 企业自备、企业租用空车填记"自备""租用"字样；军用货票填记军运号码。

e. 整车运送铁路集装箱时，按实际状态填记箱型、重（或空）、箱数。

f. 一车货物有数种品名时，按其中重量最多的货物品类填记；如只有一个重量时，按第一个品名填记，并在品名之后增填"等"字。

⑬ 发站栏：按货票填记重车始发站名。

⑭ 篷布栏：按货票和"特殊货车及运送用具回送清单"填记铁路篷布张数。

⑮ 收货人或卸线栏：按集团公司规定填记。

⑯ 记事栏：除下列规定外，其余按集团公司规定填记：

a. 对装载危险、易燃货物的车辆，按《铁路危险货物运输管理规则》的规定填记隔离记号。

b. 对外国车辆填记国名；对企业自备车填记企业简称；对军方自备车应填"军方自备"字样。

（3）"自编组站出发及在途中站摘挂后列车编组"各栏，按下列方法填记：

① 站名：编组始发列车填记始发站名。列车在分界站或在运行途中的区段站更换本表时，填记更换站名。

② 客车：填记客车（包括简易客车）的辆数。

③ 货车：分别部属车、企业自备车、合计三行填记。其重、空车为运用车的重车、空车辆数；非运用车为检修、代客、路用、空车等非运用车的合计辆数。

④ 守车：为实际守车数。

⑤ 其他：填记不属于客、货、守车范围的机械车辆、架桥机、起重机、动力机车等的合计辆数。

⑥ 合计：为列车编组总辆数（不包括本务、重联、补机及有动力附挂机车等）。

⑦ 自重：填记全列车（包括无动力机车）加总后的自重吨数（吨以下四舍五入）。

⑧ 载重：填记表内载重栏加总后的吨数。

⑨ 总重：填记本项自重加载重的总吨数。

⑩ 换长：填记全列车辆（包括无动力机车）加总后的换长。

⑪ 铁路篷布合计：为铁路篷布总张数。

（4）列车中有装载回送铁路的检修车时，须另填本表一份，填记被装载车辆的车种、车号及辆数，并注明"第×××次列车运统1附件"字样，作为各车站（分界站）出入车数的依据。

（5）在列车出发、运行途中及到达时，应按下列规定办理：

① 车号员编制本表后，应与现车进行核对，发现不符及时更正。

② 列车在中间站摘挂车辆时，由车站将摘下车辆记录抹销，将加挂车辆有关事项记入空白行内，并在各该车辆的记事栏内注明摘挂车辆站名以及填记摘挂后列车编组情况各栏。

③ 列车到达后，车长（司机）应将本表移交车站，由车号员与现车核对，发现不符时应要求车长更正。

（6）运转车长到车站与车号员交接列车编组顺序表和票据后，应检查列车编组顺

序表的记载内容：车次、解体站、日期、辆数、总重、计长，列车编组符合编组计划和车辆隔离限制的规定。

三、LKJ 监控有关输入操作

在出段挂车作业阶段，LKJ 三种控制状态的转换：降级控制状态、出入库控制状态、调车控制状态。

1．降级工作状态（见图 3-2-7）

（1）监控主机开机（或断电 30 s 以上）。

（2）在监控工作状态下更改交路号、车站号、车次、客货、本补。

（3）线路数据终止。

（4）装置按机车信号，产生"速度-走行距离" 监控行车。机车信号为进行信号时，2000 m 内限速逐渐降为 60 km/h，显示屏的距离窗口显示剩余距离。

（5）运行速度-固定模式限速值≥2 km/h 时，输出语音提示指令。

（6）运行速度-固定模式限速值≥3 km/h 时，输出解除牵引力指令。

（7）运行速度-固定模式限速值≥5 km/h 时，输出常用制动指令。

（8）运行速度-固定模式限速值≥8 km/h 时，输出紧急制动指令。

2．出入库工作状态

（1）停车时，按压显示器上的【出入库】键进入出入库状态；

（2）机车以不超过所在段规定的出/入段限速运行至出段闸楼处。连续按压【出入库】键退出出入库状态，进入调车状态。

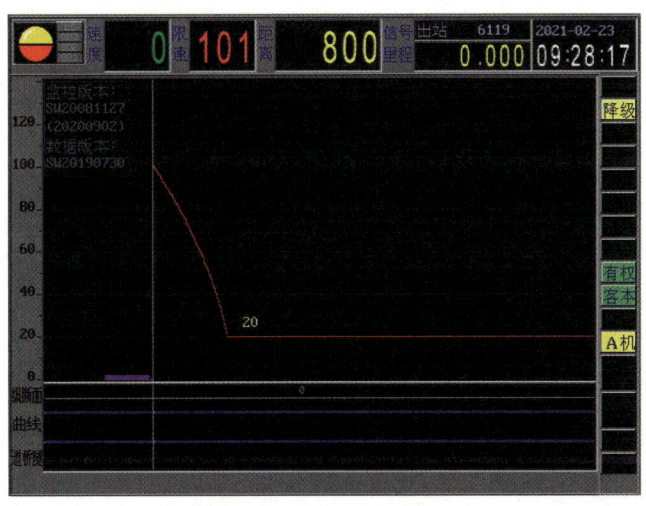

图 3-2-7　降级工作状态

3．调车工作状态

（1）乘务员按地面调车信号行车，装置只控制调车走行最高限速 41 km/h。

（2）-3 报警，-2 卸载，0 常用，+3 紧急。

（3）机车与车列连挂后，按压【调车】键退出调车状态，进入降级状态。

四、机车综合无线通信设备（CIR）

（一）工作模式选择

1．自动选择线路

（1）在 MMI 主界面下按【设置】键，进入设置界面（见图 3-2-8）。

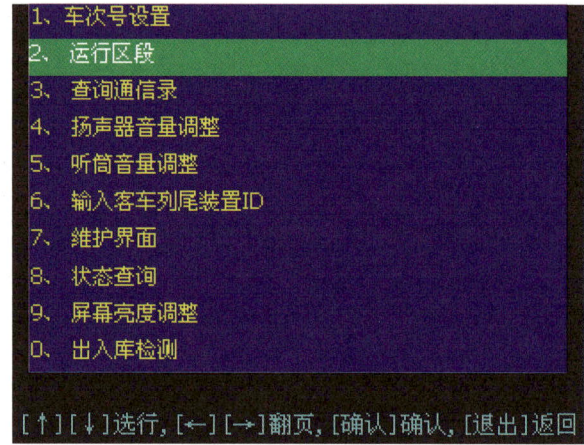

图 3-2-8　设置界面

（2）根据屏幕提示按方向键将光标移动到"2、运行区段"，也可以按数字键"2"快速定位至选项，按【确认/签收】键进入"线路选择"界面（见图 3-2-9）。

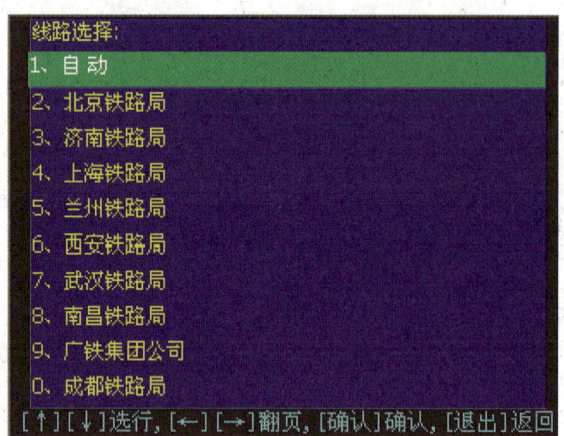

图 3-2-9　线路选择界面-自动方式

（3）移动光标到"1、自动"，再次按【确认/签收】键，此时 CIR 设置为线路自动切换模式。

2．手动选择线路

（1）在 MMI 主界面下按【设置】键，进入设置界面，选择"2、运行区段"。

（2）按【确认/签收】键进入"线路选择"界面，此时屏幕上会列出所有的路局。选择路局后按"确认/签收"键，此时屏幕上列出该路局全部运行线路，如图 3-2-10 所示。

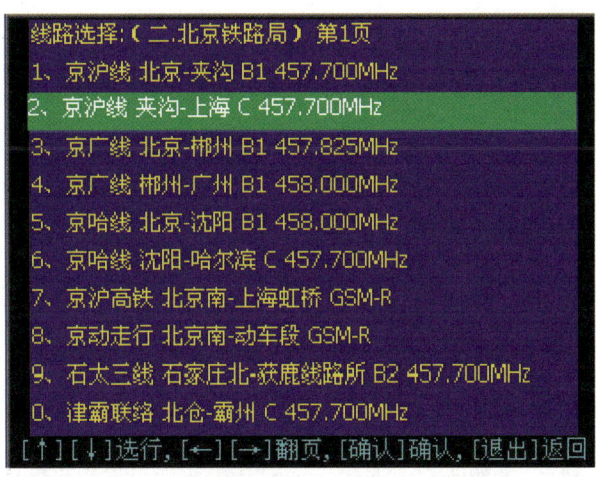

图 3-2-10　线路选择界面-手动方式

（3）选中线路后，再次按下"确认/签收"键，此时 CIR 设置为线路手动切换模式。

3．运行线路人工选择

除以上所述自动、手动选择线路的方式外，CIR 在自动工作方式下还具有人工选择运行线路及通信模式的功能，当 MMI 发出语音提示"通信转换，请选择线路"时，司机可按【切换】键调出线路选择界面，选择运行线路（见图 3-2-11）。

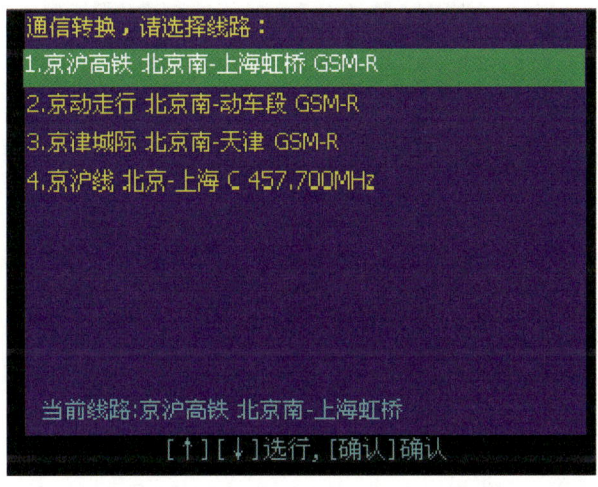

图 3-2-11　运行线路选择界面

（二）车次号注册、确认和注销

CIR 在 GSM-R 模式下必须进行车次号注册，在 450 MHz 模式下必须进行车次号设置。

1．车次号注册/设置

1）GSM-R 模式下

（1）在主界面下按 MMI【设置】键，进入设置界面。

（2）将光标移动至"1、车次功能号注册"并按【确认/签收】键（见图 3-2-12）。

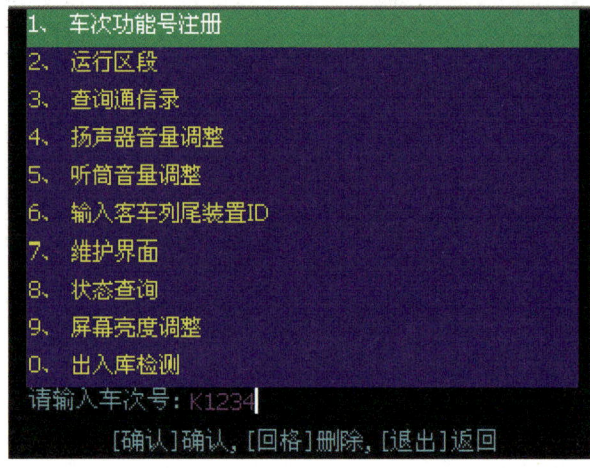

图 3-2-12　输入车次号

（3）根据 MMI 屏幕下方的提示，手动输入车次号后按【确认/签收】键，从随后弹出的选择机车牵引任务状态界面上选择"本务机"或"补机"，如图 3-2-13 所示。

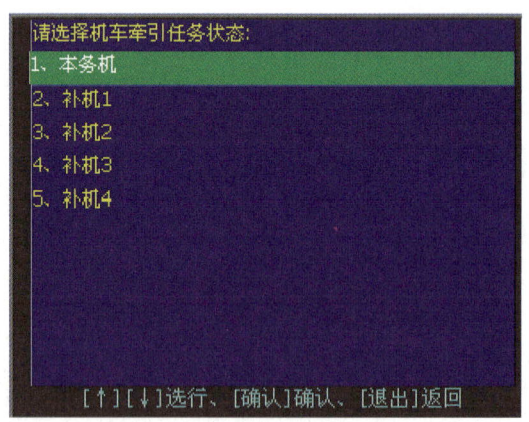

图 3-2-13　选择机车牵引任务状态

（4）再次按下【确认/签收】键后，CIR 即向 GSM-R 网络注册车次功能号（见图 3-2-14）。

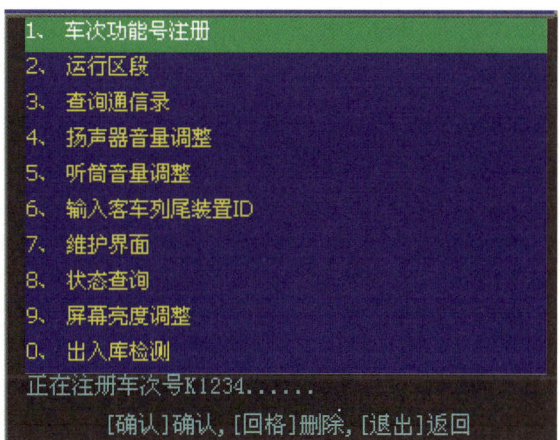

图 3-2-14　注册车次号

2）450 MHz 模式下

设置车次号的操作过程与 GSM-R 模式下的注册过程（1）（2）（3）步骤相同，按【确认/签收】键后 MMI 显示屏显示输入的车次号。

450 MHz 模式下，车次号设置仅用于车次号显示和车次号校核信息传送，CIR 不进行车次功能号注册（见图 3-2-15）。

2．车次号确认

1）车次号获取方式设定为自动时

（1）当出现下列情况时，CIR 在车次号注册界面（GSM-R 工作模式）或车次号设置界面（450 MHz 工作模式）显示"请输入车次号："提示信息，同时发出"请确认车次号"语音提示。

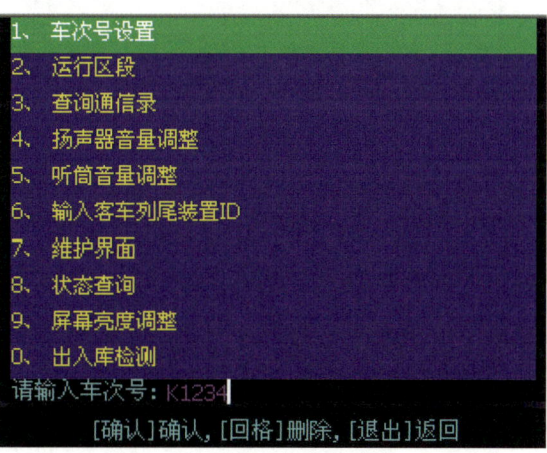

图 3-2-15　设置车次号

（2）在车次号注册或设置界面，司机应确认界面上的车次号（图 3-2-16 中举例车次为"K1234"）是否与图定车次号一致。若一致直接按【确认/签收】键确认，不一致时可通过按"回格"和"数字/字母"键等进行修改，再按【确认/签收】键确认，后续操作不变。

2）车次号获取方式设定为手动时

（1）LKJ 状态转换或列车折角运行车次号变化，CIR 均不会自动给出车次号注册界面或车次号设置界面显示和语音提示。

（2）须由司机在指定的地点手动输入图定正确的车次号，操作过程与车次号的注册、设置方法相同。

3．车次号注销

CIR 工作在 GSM-R 模式下，离车前以及动车组换端时，司机需手动注销车次功能号。注销过程如下：在设置界面下选择"1、车次功能号注销"，按【确认/签收】键后 MMI 屏幕下方显示是否确认注销的提示，按【确认/签收】键，CIR 即向网络注销车次功能号（见图 3-2-16）。

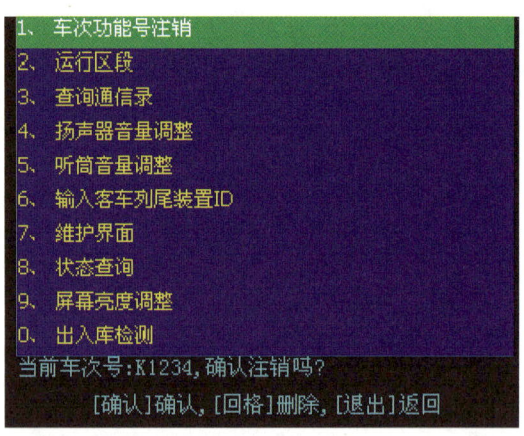

图 3-2-16　车次功能号注销

五、列尾装置的风压查询

（一）450 MHz 货车列尾风压查询操作

1．频率选择

检查核对 MMI 显示屏上列尾状态显示区的频率与当前货车列尾装置（简称"货列尾装置"）的工作频率是否一致，若不一致，进入"运行区段"界面选择正确运行线路和工作频率，然后再选择正确的运行线路（模式）和工作方式。

2．输号

（1）当 MMI 发出"××××列尾装置等待确认"提示音时，司机判断货列尾装置的 ID 号码与列尾作业人员或车站值班员通知的号码一致，按【列尾/确认】键进行确认。

（2）听到MMI发出"××××机车，确认完毕"提示音后，表示货列尾装置输号成功。

3．手动查询列尾风压

（1）按下【风压/查询】键，可以主动查询当前列尾风压数据。

（2）查询后MMI显示尾部风压数值，并发出"××××机车，风压×××"语音提示，如图3-2-17所示。

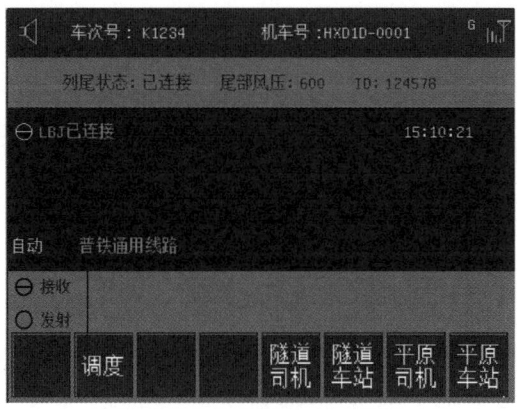

图 3-2-17　风压显示界面

（二）客列尾风压查询操作

1．建立连接关系

（1）按MMI【设置】按键，进入设置界面后，选定"6.输入客车列尾装置ID"项。

（2）输入需要连接的客列尾装置ID（6位）并按【确认/签收】键发起连接。

（3）连接成功后MMI主界面显示客列尾装置ID号码、风压值和列尾连接状态，并发出"××××××列尾装置，连接成功"语音提示，如图3-2-18所示；如果连接不成功，MMI发出"列尾装置连接失败"语音提示。

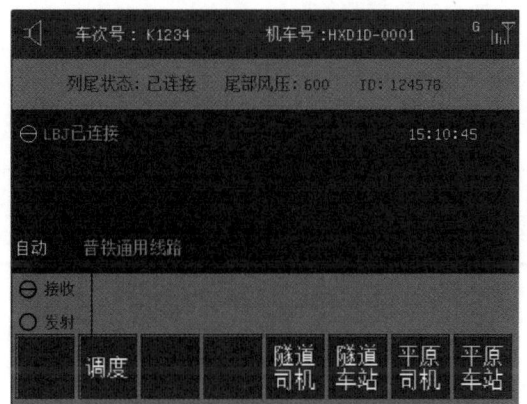

图 3-2-18　建立客列尾连接关系

2．手动查询列尾风压

（1）客列尾连接成功后，司机在主界面下按【风压/查询】键查询列尾风压。

（2）查询到的当前列尾风压数值显示在MMI显示屏上，并发出"××××机车，风压×××"语音提示。

任务三　列车制动机试验

视频：列车制动机试验

列车制动性能的优劣直接关系到行车安全。为了准确判断列车制动性能的优劣，找出车辆存在的制动故障，保证列车安全运行，有必要对列车进行全面的制动性能试验。

任务描述

作为机务段的一名机车司机，你在进行出段连挂作业后，列检作业场无列车制动机的地面试验设备。机车对列车充满风后，你和副司机小张要配合检车员进行全部试验和简略试验、保压试验，并对试验的数据进行记录分析计算。

学习活动建议

学习活动	内容	建议学时
自学资讯及相关知识点	1．学习列车制动全部试验的操作方法； 2．学习制动机简略试验的操作方法； 3．了解各类试验的应用场景	课前
计划	根据任务单上的任务情境，每位同学独立归纳总结列车制动机试验作业流程及注意事项，并正确完成试验。	课中 （2学时）
决策	通过小组讨论和组间交流，针对指导教师指定的任务情景，做出列车制动机试验的任务决策	
实施	根据指导教师提供的资讯，针对指导教师指定情景，完成具体的列车制动机试验情景模拟任务	
	正确填写（执行过程检查）评估工作页。小组成员互检工作页的正确性，提交指导教师评估	
检查与评价	完成自我评估、小组评价以及教师评价	
完善与拓展	根据学习掌握深度要求，拓展完善列车制动机试验相关资讯	课后

任务引导

1．简述列车制动全部试验操作内容。

___

2. 简述制动机简略试验的操作方法。

___

___

___

3. 简述保压试验的操作方法。

___

___

___

任务分析

进行列车制动试验，需要了解列车制动全部试验、简略试验以及保压试验的相关操作规定，对规定中的技术做到熟练操作，能够对制动参数进行分析核对，认真观察制动试验仪表仪器等状态显示信息，及时发现问题，尽早汇报。

任务分工

班级		组号		指导教师	
小组成员	任务分工					

任务步骤

一、列车制动全部试验操作

（1）自阀减压 50 kPa（编组 60 辆及以上时为 70 kPa）并保压 1 min，对列车制动机进行感度试验，确认全列车必须发生制动作用，并不得发生自然缓解。

（2）司机检查制动主管漏泄量，每分钟不得超过 20 kPa；手柄移至运转位后，全列车须在 1 min 内缓解完毕。

（3）自阀施行最大有效减压（制动主管定压 500 kPa 时为 140 kPa，定压 600 kPa 时为 170 kPa），对列车制动机进行安定试验，以便检车员检查列车制动机，要求不发生紧急制动，并检查制动缸活塞行程或制动指示器是否符合规定。

二、制动机简略试验

（1）制动主管达到规定压力后，自阀减压 100 kPa 并保压 1 min，检查制动主管贯通状态，检车员、车站值班员或车站有关人员检查确认列车最后一辆车发生制动作用。

（2）司机检查制动主管漏泄量，每分钟不得超过 20 kPa。

三、持续一定时间的保压试验

在长大下坡道前方的列检作业场需进行持续一定时间的保压试验时，在列车制动机按全部试验方法试验后，自阀减压 100 kPa 并保压 3 min，列车不得发生自然缓解。

四、列车制动信息表的填写

（1）列车制动机试验时，司机应确认并正确记录充、排风时间，检查制动主管压力的变化情况，并作为本次列车操纵和制动机使用的参考依据。

（2）装有列尾装置的列车，进行列尾风压查询。

（3）装有防折关装置的机车，注意观察其状态。

（4）CCBII、法维莱等微机控制的制动机，注意观察显示屏上充风流量信息。

任务实施

序号	任务实施步骤	任务要点
1	制动机简略试验	
2	保压试验	
3	制动试验现象观察和数据信息记录	
4	制动机全部试验	

任务评价

非常符合（90分以上）；比较符合（80～89分）；符合（70～79分）；基本符合（60～69分）；不符合（60以下或存在失格项）

考核要素	知识评价	技能评价	权重	扣分标准	得分
制动机简略试验	熟知机车简略试验的作业步骤和制动主管的泄漏量检查计算	能够进行机车简略试验操作，及早发现制动机作用不良的隐患	20%	1. 未能正确进行制动机简略试验操作扣10分； 2. 未能正确计算制动主管泄漏量扣10分	
保压试验	能够熟知保压试验的作业步骤和列车制动状态判断	能够进行保压试验操作，及早发现制动机作用不良的隐患	10%	1. 未能正确进行保压试验扣10分； 2. 未能正确判断列车制动状态扣10分	
制动试验现象观察和数据信息记录	1. 能够熟知制动效能证明的内容； 2. 能够掌握制动机理论充排风时间计算； 3. 能够熟知制动状态下各仪表的显示	1. 能够及早发现制动能效证明书的不符合项； 2. 能够进行充排风时间观察； 3. 能够进行列车制动管压力状态检查并记录信息	30%	1. 未能熟知制动你效证明的内容扣10分； 2. 未能正确掌握制动机充风时间扣10分； 3. 未能正确判断制动状态下仪表的显示扣10分	
制动机全部试验	1. 熟知列车制动机全部试验的作业步骤； 2. 熟知安定试验的状态； 3. 熟知制动缸活塞或制动指示器的规定	1. 熟练进行列车全部制动试验； 2. 能够及早发现列车制动故障或不良隐患进行应急处置	30%	1. 未能正确进行制动机全部试验扣15分； 2. 未能正确进行安定试验扣5分； 3. 未能正确判断制动指示器状态扣5分	
思政评价	任务完成后，能够依据任务实施过程，阐述作业过程体现出的职业素养或思政元素，或者可以根据自身实训结果，反思自己在任务实施过程中有哪些违反职业素养的行为		10%	学员的阐述可以体现对职业素养的正确认识，或对该任务蕴含的思政元素有自己合理的见解	
合计			100%		

检查与评价	
一、学生自我评估	年　月　日
二、小组评价	年　月　日
三、指导教师评价	年　月　日

知识要点

一、列车制动试验依据

《技规》第 335 条规定：

动车组以外的列车司机在列车运行中，应做到：在区间内列车停车进行防护、分部运行、装卸作业或使用紧急制动阀停车后再开车时，司机必须检查试验列车制动主管的贯通状态，确认列车完整，具备开车条件后，方可起动列车。

二、列车制动限速及其编组要求

机车乘务员驾驶列车运行过程中，需根据列车编组信息操纵列车，对列车施加合适的制动力。《技规》第 261 条 动车组以外的列车的换算闸瓦压力，按表 3-3-1 规定计算。

表 3-3-1　机车计算重量及每台换算闸瓦压力表

种类	机型	计算重量/t	换算闸瓦压力/kN
电力	SS_3、SS_6	138	700
	SS_1	138	830
	SS_{3B}、SS_{6B}	138	680
	SS_4	184	900
	SS_7	138	1100

续表

种类	机 型	计算重量/t	换算闸瓦压力/kN
电力	SS_{7E}、SS_9	126	770
	SS_8	90	520
	DJ_1	184	1120
	6K	138	780
	8G、8K	184	880
	HX_D1、HX_D2	200	900（320）
	HX_D1B、HX_D2B、HX_D3B	150	680（240）
	HX_D1C、HX_D2C、HX_D3、HX_D3C	138/150	680（240）
	HX_D1D、HX_D3D	126	790（280）
内燃	DF_4、DF_5、DF_7、DF_8、DF_{11}	138	680
	DF_{11G}、DF_{11Z}	145	770
	DF_{7B}、DF_{7C}、DF_{7D}	138	680
	DF_{8B}	150	900
	BJ	90	680
	ND_5	135	800
	HX_N5、HX_N3	150	680（240）
	NJ_2	138	620（220）

注：1. 表中为按铸铁闸瓦换算闸瓦压力。
2. 新型机车根据 120 km/h 速度下紧急制动距离在 1100 m 以内的要求计算，括弧内为按 H 高摩合成闸瓦换算闸瓦压力。

车辆换算闸瓦压力表

种类	车型		每辆换算闸瓦压/kN		人力制动机
			自动制动机列车主管压力		
			500 kPa	600 kPa	
客车	普通客车（120 km/h）	踏面制动		−350	−80
	新型客车（盘型制动，120 km/h，140 km/h，160 km/h）	120 km/h	自重 410～450 kN		137（412）	13
			自重 460～500 kN		147（441）	
			自重 510～550 kN		159（477）	
			自重≥560 kN		173（519）	
		双层		148（534）	13

续表

种类	车型		每辆换算闸瓦压/kN		人力制动机
			自动制动机列车主管压力		
			500 kPa	600 kPa	
客车	新型客车（盘型制动，120 km/h，140 km/h，160 km/h）	140 km/h 及 160 km/h			13
		自重 410~450 kN		146（438）	
		自重 460~500 kN		156（468）	
		自重 510~550 kN		167（501）	
		自重 ≥560 kN		176（528）	
	特快货物班列中的车辆（盘型制动，160 km/h）			180（540）	13
货车	快速货物班列中的车辆（180 kN 轴重）	重车位		140	40
		空车位		55	40
	普通货车（210 kN 轴重）	重车位	145	165	40
		空车位	60	70	40
	普通货车（230 kN 轴重）	重车位	160	180	40
		空车位	65	75	40
	普通货车（250 kN 轴重）	重车位	170	195	50
		空车位	70	80	50

注：1. 按 H 高摩合成闸瓦计算，括弧内为按铸铁闸瓦计算。
2. 空重车自动调整装置的空重位压力比为 1∶2.5；对装有空重车手动调整装置的车辆，当车辆总重（自重＋载重）达到 400 kN 时，按重车位调整。
3. 旅客列车、特快及快速货物班列自动制动机主管压力为 600 kPa；其他列车为 500 kPa。长大下坡道区段货物列车及重载货物列车的自动制动机主管压力，由集团公司根据管内相关试验结果和列车实际操纵需要可提高至 600 kPa；遇机车换挂需将自动制动机列车主管压力由 600 kPa 改为 500 kPa 时，摘机前应对列车主管实施一次 170 kPa 的最大减压量操纵。
4. 快运货物班列车辆和货车以外的其他车辆，在列车主管压力为 500 kPa 时的闸瓦压力，按 600 kPa 时的闸瓦压力的 1∶1.15 换算。

项目四　途中作业

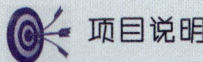 项目说明

途中运行是一次乘务作业中的重要环节,乘务员必须熟悉担当区段的线路情况,根据担当的不同任务、不同区段、路线情况,综合制定操纵方法,使列车能够安全正点到达终点站,顺利完成一次乘务作业任务。

项目目标

1. 知识目标
(1) 掌握发车准备和启动列车的标准流程。
(2) 掌握列车进出站、途中及过分相区的操作方法。
(3) 掌握列车运行途中的各类安全注意事项。
2. 能力目标
(1) 能够正确确认发车前检查事项,安全启动列车。
(2) 能够正确操纵列车完成途中运行。
(3) 不得违反途中运行中的安全注意事项相关规定。
3. 思政目标
(1) 践行机车乘务员职业守则,使学生建立以人为本、安全第一、尊重生命的风险意识。
(2) 培养学生平稳操纵、服务周到的工作意识。

任务一　发车前准备工作

视频：发车前准备工作

任务描述

发车准备是发车前的最后一项工作，此时机车与车列已经连挂妥当，列车制动试验已经结束，机车各行车安全装备已设置完毕。机班成员在司机室静待行车凭证开放并完成发车准备。

学习活动建议

学习活动	内　　容	建议学时
自学资讯及相关知识点	1. 认知出站色灯信号机； 2. 认知发车手信号； 3. 认知进路表示器	课前
计划	根据任务单上的任务情境，每位同学独立归纳总结发车前准备作业流程及注意事项，并正确完成发车准备	课中（2学时）
决策	通过小组讨论和组间交流，针对指导教师指定的任务情景，做出发车前准备的任务决策	课中（2学时）
实施	根据指导教师提供的资讯，针对指导教师指定的情景，完成具体的发车前准备作业情景模拟任务	课中（2学时）
实施	正确填写（执行过程检查）评估工作页。小组成员互检工作页的正确性，提交指导教师评估	课中（2学时）
检查与评价	完成自我评估、小组评价以及教师评价	课中（2学时）
完善与拓展	根据学习掌握深度要求，拓展完善发车前准备作业相关资讯	课后

任务引导

1. 简述动车前各行车安全装备正确的状态。

　

　

　

2. 简述动车前各手柄开关及仪表显示状态。

　

　

148

任务分析

进入发车准备环节时,首先要知道列车所处的状态;其次要知道发车前各行车安全装备应设置的正确状态,知道出站(进路)信号机各种色灯所代表的不同含义,知道进路表示器的指向方向,能判断车站助理值班员所给的发车手信号的正确与否。信号开放后,还应及时与车站进行联控,知道司机、副司机需要掌握的联控标准用语。知道在起车前最后需要确认的手柄状态、设备状态和列尾风压查询、长鸣笛操作。

任务分工

班级		组号		指导教师	
小组成员	任务分工					

任务步骤

一、发车准备环节

进入发车准备环节后,列车各项准备工作均已结束,此时列车处于待发车状态,列车需保持全列制动。此时司机和副司机应共同手比呼唤确认行车安全装备设置状态。

(1)LKJ 设置:运行信息为列车运行信息。

(2)CIR 设置:设置当前运行区段、车次号、本/补、机车号、列尾 ID。

(3)机车信号:根据当前地面信号显示的色灯信号,显示对应的机车信号,地面显示红灯,机车信号显示红黄灯。

(4)制动机显示屏:总风缸压力、列车管压力、制动缸压力、均衡风缸压力与机械双针气压表显示一致。

(5)自动制动阀:处于全制位(见图 4-1-1)。

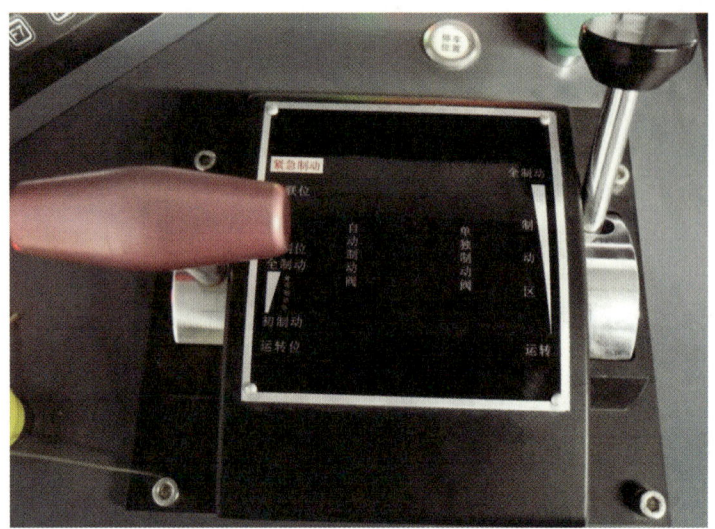

图 4-1-1　自动制动阀所处位置

（6）单独制动阀：处于全制位。

（7）司控器：处于 0 位（见图 4-1-2）。

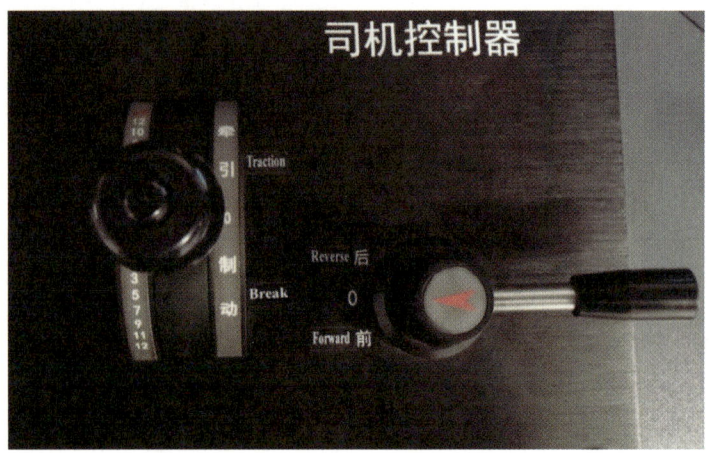

图 4-1-2　司机控制器所处位置

（8）换向手柄：处于中立位。

（9）电钥匙：处于合位（见图 4-1-3）。

图 4-1-3　电钥匙及按键开关所处位置

（10）受电弓扳键开关：处于升位（自复位型除外）。

（11）主断路器扳键开关：处于合位（自复位型除外）。

（12）空压机扳键开关：处于压缩机位。

（13）前照灯扳键开关：处于强位。

（14）副照灯扳键开关：处于前开位。

（15）标志灯扳键开关：处于后开位。

（16）网压：25 kV。

（17）控制电压：110 V。

二、发站信号开放后

出站信号开放后，地面信号显示绿灯，机车信号显示对应的色灯（侧线发车为双黄灯或双黄闪，正线发车为绿灯）。

（1）司机和副司机应手比呼唤，共同确认出站信号开放。

（2）司机与车站联控，确认出站信号开放。

（3）车机联控，车站指示列车发车。

（4）司机和副司机共同手比呼唤确认车站助理值班员给出的发车手信号显示正确，顶部朝向列车旋转三圈。

三、各相关手柄开关动作及仪表显示

（1）缓解自动制动阀至运转位。

（2）单独制动阀至运转位。

（3）换向手柄置向前位。

（4）制动机显示屏：总风缸压力为定压（900 kPa）、列车管压力为定压（600 kPa）、制动缸压力（为 0 kPa）、均衡风缸压力（为定压 600 kPa），与机械双针气压表显示一致。

（5）列尾风压：稳定后风压查询达到列车管定压（600 kPa）± 10 kPa。

（6）鸣笛：司机起立鸣笛，即将起车。

任务实施

序号	任务实施步骤	任务要点
1	行车安全装备确认	
2	行车凭证确认	
3	车机联控确认	
4	机车各手柄及仪表确认	

任务评价

非常符合（90分以上）；比较符合（80～89分）；符合（70～79分）；基本符合（60～69分）；不符合（60以下或存在失格项）

考核要素	知识评价	技能评价	权重	扣分标准	得分
行车安全装备确认	知道各行车安全装备正确的状态	确认行车安全装备设置状态	25%	未能正确确认行车安全装备设置状态，少一项扣2分，满分25分扣完为止	
行车凭证确认	知道出站信号显示含义和发车手信号的动作要求	确认出站信号和发车手信号	25%	1. 未能正确确认出站信号并手比呼唤扣15分；2. 未能正确确认发车信号并手比呼唤扣10分	
车机联控确认	知道车机联控的标准用语和联控时机	车机联控、呼唤应答用语标准	20%	与车站联控未使用标准用语，一处不正确扣2分，满分20分扣完为止	
机车各手柄及仪表确认	知道动车前确认各手柄开关及仪表显示状态的标准	动车前确认各手柄开关及仪表显示	20%	未能正确确认各手柄和仪表显示，少一项扣5分，满分20分扣完为止	
思政评价	任务完成后，能够依据任务实施过程，阐述作业过程体现出的职业素养或思政元素，或者可以根据自身实训结果，反思自己在任务实施过程中有哪些违反职业素养的行为		10%	学员的阐述可以体现对职业素养的正确认识，或对该任务蕴含的思政元素有自己合理的见解	
合计			100%		

检查与评价	
一、学生自我评估	年 月 日
二、小组评价	年 月 日
三、指导教师评价	年 月 日

> 知识要点

一、出站色灯信号机

1. 作用

出站信号机作为列车占用区间的凭证，指示列车可否进入区间；与车站发车进路和敌对进路相联锁，信号开放后保证进路安全可靠；指示列车在站内停车的位置。因此，车站发车线（含救援列停留线、军用发车线）上均装设出站信号机。

2. 位置

每一发车线均单独装设出站信号机（线群出站信号机除外）。出站信号机设在每一发车线的警冲标内方（对向道岔为尖轨尖端）适当地点。

3. 半自动闭塞或自动站间闭塞区段出站信号机

（1）一个绿色灯光——准许列车由车站出发（见图4-1-4）。

（2）两个绿色灯光——准许列车由车站出发，开往次要线路（见图4-1-5）。

（3）一个红色灯光——不准列车越过该信号机（见图4-1-6）。

（4）在兼作调车信号机时，一个月白色灯光——准许越过该信号机调车（见图4-1-7）。

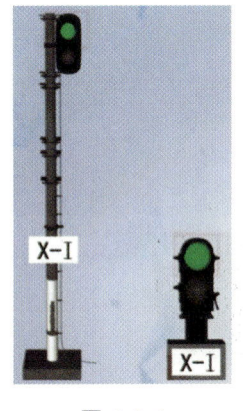 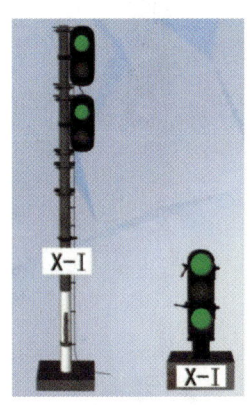  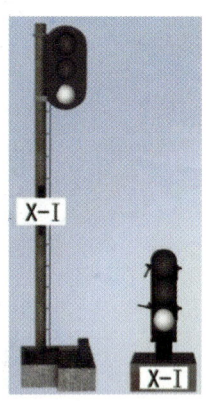

图 4-1-4　　　　　图 4-1-5　　　　　图 4-1-6　　　　　图 4-1-7

4. 三显示自动闭塞区段出站信号机

（1）一个绿色灯光——准许列车由车站出发，表示运行前方至少有两个闭塞分区空闲（见图4-1-8）。

（2）一个黄色灯光——准许列车由车站出发，表示运行前方有一个闭塞分区空闲（见图4-1-9）。

（3）两个绿色灯光——准许列车由车站出发，开往半自动闭塞或自动站间闭塞区间（见图4-1-10）。

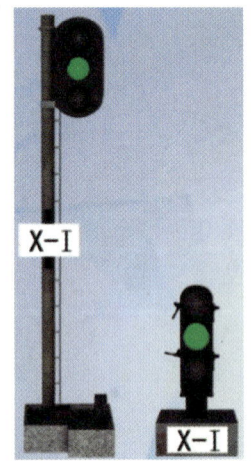 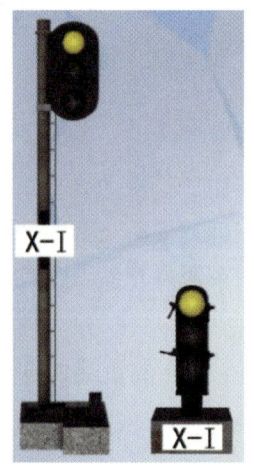 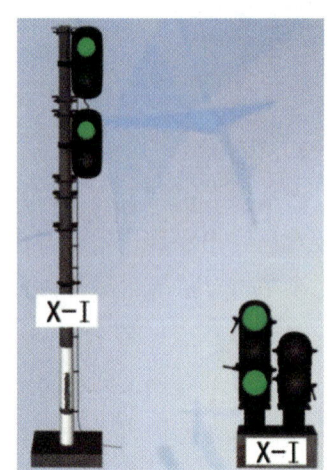

图 4-1-8　　　　　　　　图 4-1-9　　　　　　　　图 4-1-10

（4）一个红色灯光——不准列车越过该信号机（见图 4-1-11）。

（5）在兼作调车信号机时，一个月白灯光——准许越过该信号机调车（见图 4-1-12）。

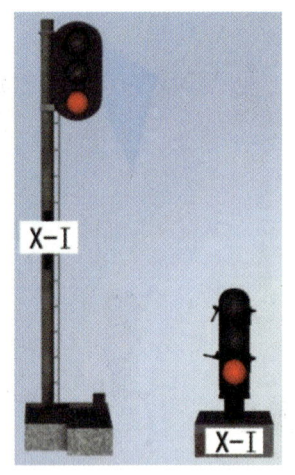　　　　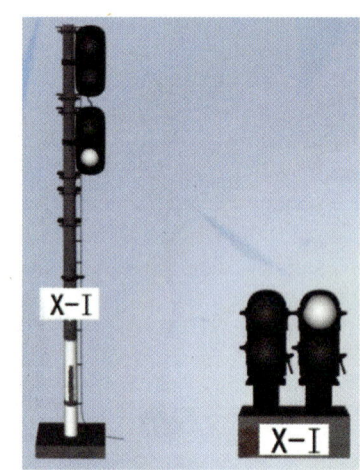

图 4-1-11　　　　　　　　　　图 4-1-12

5．四显示自动闭塞区段

（1）一个绿色灯光——准许列车由车站出发，表示运行前方至少有三个闭塞分区空闲（见图 4-1-13）。

（2）一个绿色灯光和一个黄色灯光——准许列车由车站出发，表示运行前方有两个闭塞分区空闲（见图 4-1-14）。

（3）一个黄色灯光——准许列车由车站出发，表示运行前方有一个闭塞分区空闲（见图 4-1-15）。

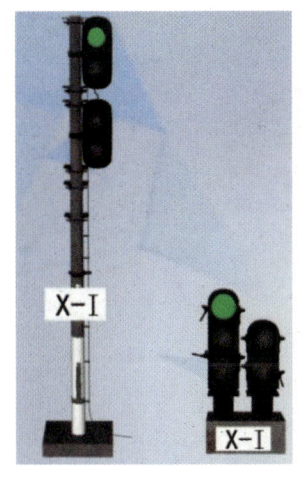  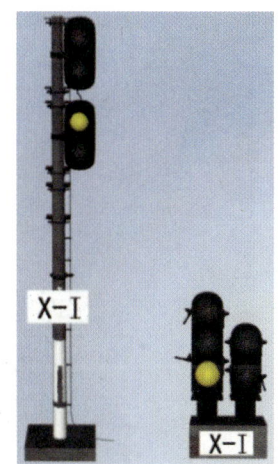

图 4-1-13　　　　　　图 4-1-14　　　　　　图 4-1-15

（4）两个绿色灯光——准许列车由车站出发，开往半自动闭塞或自动站间闭塞区间（见图 4-1-16）。

（5）一个红色灯光——不准列车越过该信号机（见图 4-1-17）。

（6）在兼作调车信号机时，一个月白色灯光——准许越过该信号机调车（见图 4-1-18）。

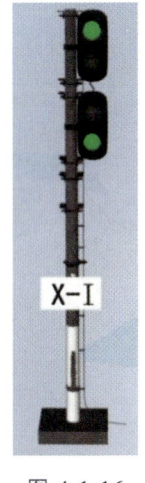 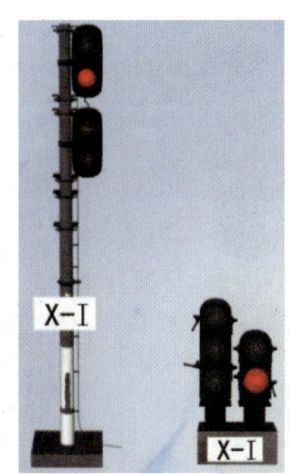 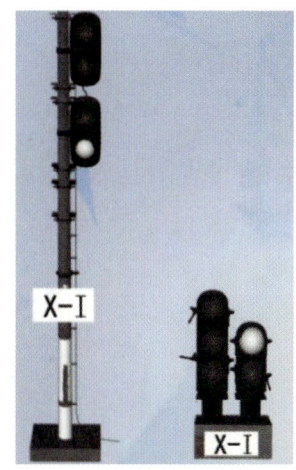

图 4-1-16　　　　　　图 4-1-17　　　　　　图 4-1-18

二、手信号

发车信号：要求司机发车。

昼间——展开的绿色信号旗上弧线向列车方面作圆形转动 [见图 4-1-19（a）]；

夜间——绿色灯光上弧线向列车方面作圆形转动 [见图 4-1-19（b）]。

在设有发车表示器的车站，按发车表示器显示发车。

（a） （b）

图 4-1-19

三、进路表示器

进路表示器在其主体信号机开放时点亮，用于区别进路开通方向或双线区段反方向发车，不能独立构成信号显示。

1．两个发车方向显示方式

当信号机在开放的条件下，分别按左、右两个白色灯光，区别进路开通方向（见图 4-1-20）。

（a） （b）

图 4-1-20

2．三个发车方向显示方式

（1）信号机在开放状态及表示器左方显示一个白色灯光——表示进路开通，准许列车向左侧线路发车［见图4-1-21（a）］。

（2）信号机在开放状态及表示器中间显示一个白色灯光——表示进路开通，准许列车向中间线路发车［见图4-1-21（b）］。

（3）信号机在开放状态及表示器右方显示一个白色灯光——表示进路开通，准许列车向右侧线路发车［见图4-1-21（c）］。

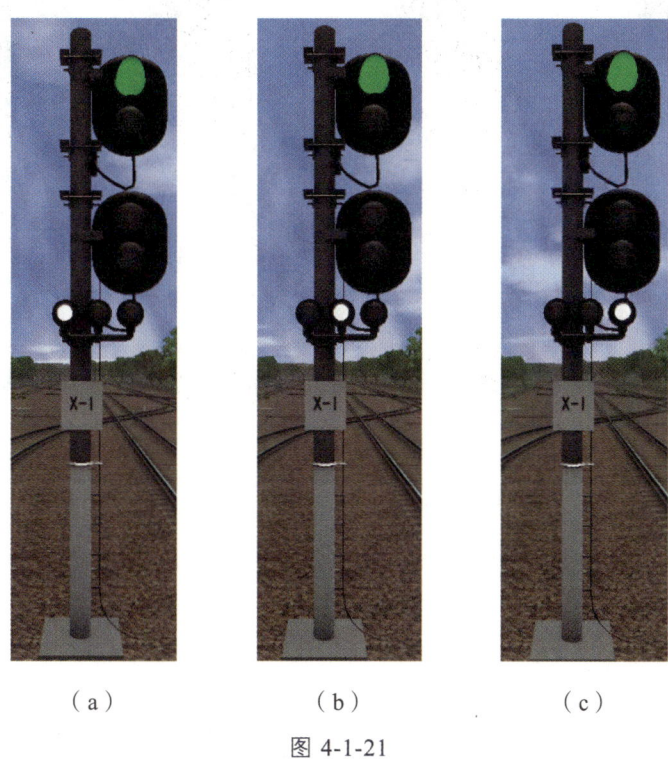

（a）　　　　　（b）　　　　　（c）

图4-1-21

3．四个发车方向（A、B、C、D方向）显示方式

（1）信号机在开放状态及表示器左方横向显示两个白色灯光——表示进路开通，准许列车向左侧A方向线路发车［见图4-1-22（a）］。

（2）信号机在开放状态及表示器左方斜向显示两个白色灯光——表示进路开通，准许列车向左侧B方向线路发车［见图4-1-22（b）］。

（3）信号机在开放状态及表示器右方斜向显示两个白色灯光——表示进路开通，准许列车向右侧C方向线路发车［见图4-1-22（c）］。

（4）信号机在开放状态及表示器右方横向显示两个白色灯光——表示进路开通，准许列车向右侧 D 方向线路发车［见图 4-1-22（d）］。

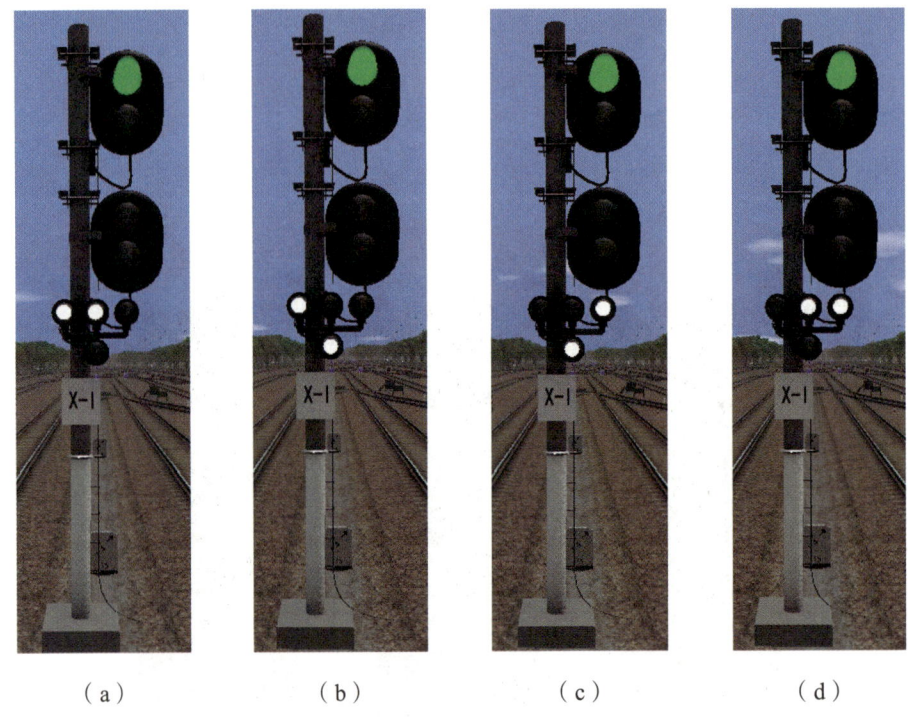

（a）　　　　　（b）　　　　　（c）　　　　　（d）

图 4-1-22

4．五个发车方向（A、B、C、D、E 方向）显示方式

（1）同四个发车方向的第（1）项——表示进路开通，准许列车向左侧 A 方向线路发车［见图 4-1-23（a）］。

（2）同四个发车方向的第（2）项——表示进路开通，准许列车向左侧 B 方向线路发车［见图 4-1-23（b）］。

（3）信号机在开放状态及表示器中间竖向显示两个白色灯光——表示进路开通，准许列车向中间 C 方向线路发车［见图 4-1-23（c）］。

（4）同四个发车方向的第（3）项——表示进路开通，准许列车向右侧 D 方向线路发车［见图 4-1-23（d）］。

（5）同四个发车方向的第（4）项——表示进路开通，准许列车向右侧 E 方向线路发车［见图 4-1-23（e）］。

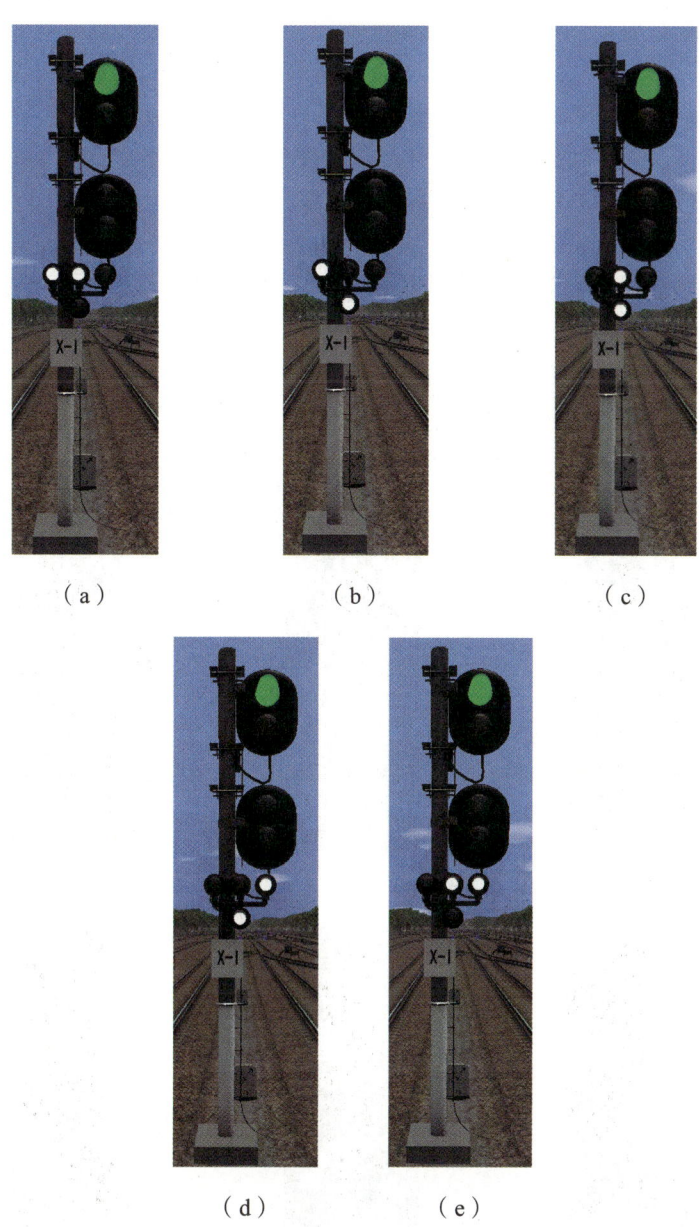

图 4-1-23

5. 六个发车方向（A、B、C、D、E、F方向）显示方式

（1）信号机在开放状态及表示器左方竖向显示两个白色灯光——表示进路开通，准许列车向左侧 A 方向线路发车［见图 4-1-24（a）］。

（2）信号机在开放状态及表示器左方横向显示两个白色灯光——表示进路开通，准许列车向左侧 B 方向线路发车［见图 4-1-24（b）］。

（3）信号机在开放状态及表示器左方斜向显示两个白色灯光——表示进路开通，

准许列车向左侧 C 方向线路发车［见图 4-1-24（c）］。

（4）信号机在开放状态及表示器右方斜向显示两个白色灯光——表示进路开通，准许列车向右侧 D 方向线路发车［见图 4-1-24（d）］。

（5）信号机在开放状态及表示器右方横向显示两个白色灯光——表示进路开通，准许列车向右侧 E 方向线路发车［见图 4-1-24（e）］。

（6）信号机在开放状态及表示器右方竖向显示两个白色灯光——表示进路开通，准许列车向右侧 F 方向线路发车［见图 4-1-24（f）］。

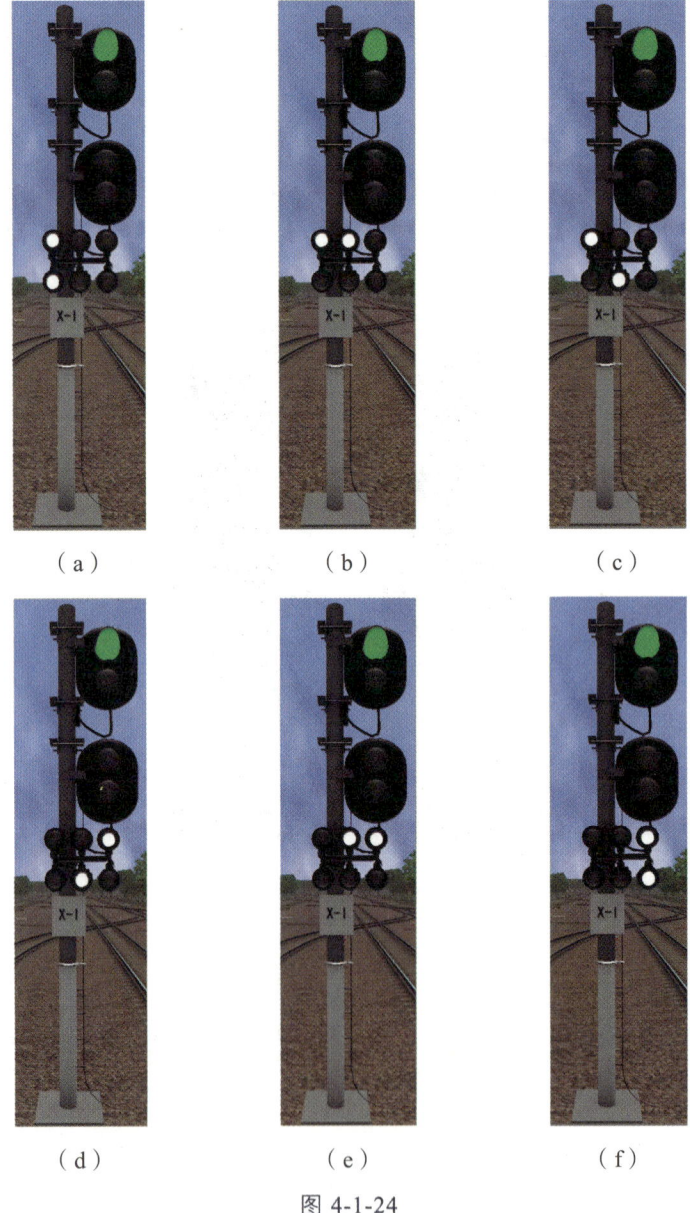

图 4-1-24

6．七个发车方向（A、B、C、D、E、F、G方向）显示方式

（1）同六个发车方向的第（1）项——表示进路开通，准许列车向左侧 A 方向线路发车［见图 4-1-25（a）］。

（2）同六个发车方向的第（2）项——表示进路开通，准许列车向左侧 B 方向线路发车［见图 4-1-25（b）］。

（3）同六个发车方向的第（3）项——表示进路开通，准许列车向左侧 C 方向线路发车［见图 4-1-25（c）］。

（4）信号机在开放状态及表示器中间竖向显示两个白色灯光——表示进路开通，准许列车向中间 D 方向线路发车［见图 4-1-25（d）］。

（5）同六个发车方向的第（4）项——表示进路开通，准许列车向右侧 E 方向线路发车［见图 4-1-25（e）］。

（6）同六个发车方向的第（5）项——表示进路开通，准许列车向右侧 F 方向线路发车［见图 4-1-25（f）］。

（7）同六个发车方向的第（6）项——表示进路开通，准许列车向右侧 G 方向线路发车［见图 4-1-25（g）］。

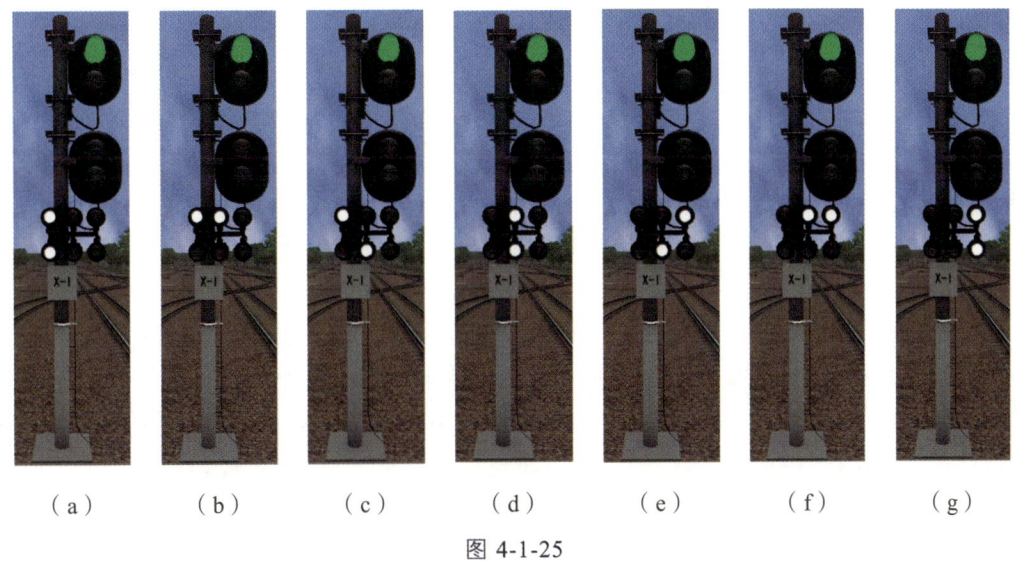

（a）　　（b）　　（c）　　（d）　　（e）　　（f）　　（g）

图 4-1-25

7．在双线区段仅用于区分反方向发车的显示方式

（1）信号机在开放状态且表示器不点亮——准许列车正方向发车［见图 4-1-26（a）］。

（2）信号机在开放状态且表示器显示一个白色灯光——准许列车反方向发车［见图 4-1-26（b）］。

（a） （b）

图 4-1-26

任务二 列车站内发车

视频：列车站内发车

任务描述

发车，指司机操纵司机控制器将列车从静止状态变为运行状态并离开车站进入区间的过程。

司机操纵司控器平稳起车后，应在机车头部越过出站信号机或规定的开车对标点时按压 LKJ 上的开车键，LKJ 开始同步运行数据。

列车在越过出站信号机后，司机在不超速的前提下应逐级加速，确保列车平稳运行。

学习活动建议

学习活动	内　容	建议学时
自学资讯及相关知识点	1. 掌握旅客列车平稳启动的要点； 2. 掌握 LKJ 在发车时的操作要点	课前
计划	根据任务单上的任务情境，每位同学独立归纳总结发车作业流程及注意事项，并正确完成发车作业	课中 （2 学时）
决策	通过小组讨论和组间交流，针对指导教师指定的任务情景，做出发车作业的任务决策	

续表

学习活动	内　容	建议学时
实施	根据指导教师提供的资讯，针对指导教师指定情景，完成具体的发车作业情景模拟任务	
	正确填写（执行过程检查）评估工作页。小组成员互检工作页的正确性，提交指导教师评估	
检查与评价	完成自我评估、小组评价以及教师评价	
完善与拓展	根据学习掌握深度要求，拓展完善发车作业相关资讯	课后

任务引导

1. 简述不同情况下平稳起车的操作要点。

_____

_____

_____

_____

2. 简述列车起车后，司机需在司机手账上记录哪些内容？

_____

_____

_____

_____

任务分析

　　司机在起车前，应知晓当前车站的线路地形，针对不同的地形做好不同的起车方案，同时应知晓机车牵引特性，这样才能做到平稳起车。

　　司机在按压 LKJ 开车键的时候，应做到按压准确，没有多余动作。

　　列车起车后，司机应在司机手账上记录开车时分。

任务分工

班级		组号		指导教师	
小组成员		任务分工			

任务步骤

（1）司机将司控器先推至牵引区*号位，等列车缓慢启动后，再逐级提手柄加速。

（2）列车在越过出站信号机或规定的开车对标点时（见图 4-2-1），司机在 LKJ 上按压开车键。

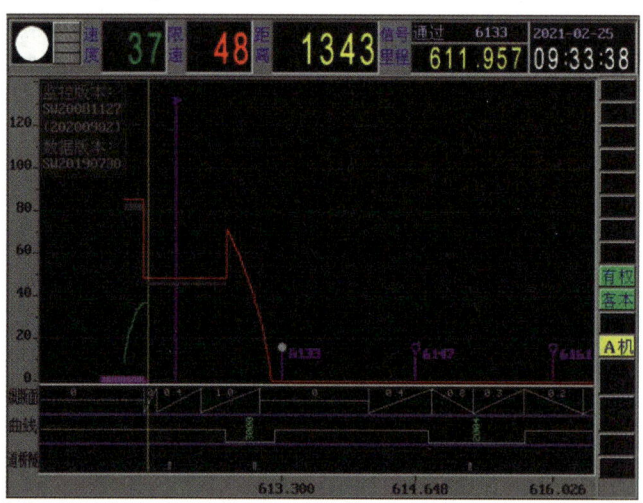

图 4-2-1

（3）列车起车后，司机在司机手账上记录开车时分。

任务实施

序号	任务实施步骤	任务要点
1	起车平稳操纵	
2	LKJ 开车	
3	工作内容记录	

任务评价

非常符合（90分以上）；比较符合（80~89分）；符合（70~79分）；基本符合（60~69分）；不符合（60以下或存在失格项）

考核要素	知识评价	技能评价	权重	扣分标准	得分
起车平稳操纵	知晓不同情况下平稳起车的操作要点	列车平稳起车，逐级加速	40%	1. 司机操纵列车起车手柄从0位没有在*位停留直接停在较高级位上，扣20分； 2. 列车启动后司控器手柄直接加了多个级位扣20分	
LKJ开车	知道在LKJ上按压开车键及按压时机	司机在列车越过出站信号机时在LKJ上按压开车键	25%	1. 司机按压开车键时机不合适扣10分； 2. 司机忘记按压开车键扣15分	
工作内容记录	知道司机手账正确的记录位置	列车起车后，司机在司机手账上记录开车时分	25%	1. 司机没有记录开车时分扣15分； 2. 司机记录开车时分错误扣10分	
思政评价	任务完成后，能够依据任务实施过程，阐述作业过程体现出的职业素养或思政元素，或者可以根据自身实训结果，反思自己在任务实施过程中有哪些违反职业素养的行为		10%	学员的阐述可以体现对职业素养的正确认识，或对该任务蕴含的思政元素有自己合理的见解	
		合计	100%		

检查与评价

一、学生自我评估

　　　　　　　　　　　　　　　　　　　　　　　　　　　　年　　月　　日

二、小组评价

　　　　　　　　　　　　　　　　　　　　　　　　　　　　年　　月　　日

三、指导教师评价

　　　　　　　　　　　　　　　　　　　　　　　　　　　　年　　月　　日

> 知识要点

一、旅客列车的平稳启动

列车启动平稳操纵包括手柄的使用和制动机的使用。

为使列车启动平稳，须做好启动准备工作。机车与车辆进行挂车试拉时，先将单独制动阀置于运转位，待制动缸压力降至零后，再提主手柄试拉。试拉完毕后，先将单独制动阀置于全制位，然后将主手柄置于零位，这样使机车和车辆的车钩保持在伸张状态，确保列车启动时机车与车辆间不产生冲动。

1．平直道启动列车的方法

在平直道上启动列车时，可以采用"边缓边提"的操纵方法。司机在缓解单独制动阀的同时，提主手柄至"*"位，待列车走行 5 m 后再逐步提高调速手柄的级位，这时在启动列车的瞬间，制动力会抵消一部分牵引力，使列车在启动时牵引力逐渐缓慢增大，减少列车的冲动。如有必要，停车时可以采用带电制动的方法，使列车在停车后车钩始终处于牵引状态。

2．上坡道启动列车的方法

在上坡道启动列车时，考虑列车车钩已呈或趋向于伸张状态，可采用"先提后缓"或"提、缓同时"的操纵方法。在上坡道车站启动列车的关键是防溜，在启动列车时，司机提主手柄至"*"位，待列车前行 3 m 后，再逐步增加主手柄的级位，使牵引电流逐步上升，列车始终呈牵引状态。

3．下坡道启动列车的方法

在下坡道启动列车时，应采用"先缓后提"的操纵方法。先将单独制动阀置于运转位，机车制动缸压力缓解到零，待列车已有运行趋势或略有前移后再提主手柄至"*"位。制动缸压力缓解到零可以使机车和车辆的车钩缓冲装置处在自由压缩、伸张状态，启动时车钩缓冲装置可以很好地吸收机车和车辆之间产生的作用力。

4．其他启动列车的方法

列车启动时（含站内与列车在区间被迫停车后），应根据列车所处的坡道大小，输出合理的牵引力，HX_D3C 型电力机车主手柄在"*"位的牵引力为 80 kN，由于列车的启动牵引力远大于启动阻力，为了减少列车冲动，列车启动时还可以采取以下 2 种方法：

（1）采取"切除电机"的启动方法，减少列车冲动。如线路为小上坡，启动前将 1#、6#电机切除，启动时减掉 1/3 的牵引力；如线路为平直道，启车前切除 3 个电机，启动时减掉 1/2 的牵引力，列车启动后在主手柄牵引状态下逐个恢复甩除电机，以保证列车启动平稳。

（2）采取主手柄和制动手柄相配合的方法启动列车。列车启动前，单独制动阀保持 100 kPa 的制动力，将主手柄置于"*"位，待列车走行 5 m 后，单独制动阀逐步缓解，再逐步合理提高主手柄的级位。

二、LKJ 开车

司机在 LKJ 上按压开车键后，监控认为司机完成了开车对标操作，LKJ 进入工常工作状态，按输入的交路号、车站号顺序调用预置的线路数据。

任务三　列车途中运行

视频：列车途中运行

任务描述

途中运行，是指司机操纵列车从发车离开车站进入区间到终点站进站信号机前的一段行程。司机在途中运行阶段，应做到能根据信号显示的要求控制列车运行，在规定的时机做列车贯通试验，在进站前规定距离执行车机联控，在列车运行实际位置和 LKJ 显示位置有误差时调整 LKJ 车位，在限制速度变化点使用 LKJ 定标键打点，定时到机械间巡检。途中运行全程，司机和副司机要完成标准的手比呼唤。

学习活动建议

学习活动	内　　容	建议学时
自学资讯及相关知识点	1. 认知通过色灯信号机、容许信号机、遮断信号机、预告信号机、通过手信号； 2. 掌握列车途中运行相关规定； 3. 了解行车闭塞相关知识	课前
计划	根据任务单上的任务情境，每位同学独立归纳总结途中运行作业流程及注意事项，并正确完成途中运行	课中（3 学时）
决策	通过小组讨论和组间交流，针对指导教师指定的任务情景，做出途中运行的任务决策	
实施	根据指导教师提供的资讯，针对指导教师指定情景，完成具体的途中运行作业情景模拟任务	
	正确填写（执行过程检查）评估工作页。小组成员互检工作页的正确性，提交指导教师评估	
检查与评价	完成自我评估、小组评价以及教师评价	
完善与拓展	根据学习掌握深度要求，拓展完善途中运行作业相关资讯	课后

任务引导

1. 简述贯通试验的操作方法。

___

___

___

2. 简述 LKJ 车位校正的操作方法。

___

___

___

3. 简述机械间巡检的内容。

___

___

___

任务分析

要完成途中运行操作,司机需知晓区间信号显示的含义,知道进行贯通试验的前提条件和试验步骤,知道车机联控的含义和标准用语,知道 LKJ 车位调整的两种方式和操作方法,知道定标打点操作的方式,知道机械间巡检需要检查的内容和操作方法。

任务分工

班级		组号		指导教师	
小组成员			任务分工		

任务步骤

列车驶出车站后，司机应严格按照地面信号和机车信号的显示要求操纵列车运行，当信号不明或信号错误时，严禁行车。

当列车到达规定地点时，司机应呼唤贯通试验，将司控器手柄回 "0" 位，控制自阀减压 50 kPa，观察 CIR 上的列尾风压和速度双针表。列尾风压和列车管压力保持一致，列车速度降低 5 km/h，贯通试验正常。列车速度降低 10 km/h 后，司机可缓解列车制动，恢复牵引状态正常运行。贯通试验结束后，司机在司机手账上记录试验情况。

在地面信号达到可视距离范围内且出现在视野中时，司机、副司机应及时手比呼唤确认地面信号显示颜色（见图 4-3-1）。

图 4-3-1

列车在进站前的指定位置，LKJ 提示车机联控时，司机主动和车站联控，确认前方站的运行方式，运行径路。之后通过站中心时在司机手账上记录该站通过情况（见图 4-3-2）。

在运行中，遇到轮滑或其他原因导致的列车实际运行位置和LKJ显示位置有误差时，司机能通过按压LKJ上的自动校正或车位+向前键来调整LKJ车位（见图4-3-3）。

图 4-3-2

图 4-3-3

在限制速度变化点处，司机使用LKJ定标键打点。

运行途中副司机定时到机械间巡检，能正确操作LKJ上的巡检按钮。

途中运行全程，司机和副司机完成标准的手比呼唤。呼唤应答标注见附录1。

任务实施

序号	任务实施步骤	任务要点
1	区间信号显示认知	
2	贯通试验认知操作	
3	车机联控操作	
4	LKJ位置校正	
5	LKJ打点操作	
6	机械间巡视检查	

任务评价

非常符合（90分以上）；比较符合（80～89分）；符合（70～79分）；基本符合（60～69分）；不符合（60以下或存在失格项）

考核要素	知识评价	技能评价	权重	扣分标准	得分
区间信号显示认知	知晓区间通过信号机的类型和含义	能够严格按信号显示行车	15%	1. 未能了解区间通过信号机显示信号的含义扣10分； 2. 途中未能手比呼唤确认信号机，少一次扣1分，满分5分扣完为止	

续表

考核要素	知识评价	技能评价	权重	扣分标准	得分
贯通试验认知操作	知道贯通试验的试验方法	能够进行贯通试验操作	15%	1. 未能在规定条件进行贯通试验扣7.5分； 2. 贯通试验结束时机不正确扣7.5分	
车机联控操作	知道区间运行时车机联控的标准用语	能够进行车机联控、呼唤应答	20%	1. 区间运行时没有主动与前方站联控扣10分； 2. 联控用语不正确扣10分	
LKJ位置校正	知道LKJ车位校正的操作方法	能够进行LKJ车位调整操作	10%	1. LKJ出现距离误差时未进行LKJ车位校准扣5分； 2. LKJ车位校准操作不正确扣5分	
LKJ打点操作	知道LKJ打点操作的操作方法	能够进行报点、记点操作	10%	区间运行时未记点操作，少一次扣5分，满分10分扣完为止	
机械间巡视检查	知道机械间巡检的时机和巡检内容	能够进行机械间巡检	20%	1. 区间未按规定时间进行机械间巡检扣5分； 2. 机械间巡检没有在LKJ上操作扣5分； 3. 机械间巡检检查项缺失，少一项扣5分，满分10分扣完为止	
思政评价	任务完成后，能够依据任务实施过程，阐述作业过程体现出的职业素养或思政元素，或者可以根据自身实训结果，反思自己在任务实施过程中有哪些违反职业素养的行为		10%	学员的阐述可以体现对职业素养的正确认识，或对该任务蕴含的思政元素有自己合理的见解	
合计			100%		

检查与评价
一、学生自我评估   年　月　日
二、小组评价   年　月　日
三、指导教师评价   年　月　日

知识要点

一、通过色灯信号机

通过色灯信号机显示下列信号。

1. 半自动闭塞及自动站间闭塞区段

（1）一个绿色灯光——准许列车按规定速度运行［见图4-3-4（a）］。

（2）一个红色灯光——不准列车越过该信号机［见图4-3-4（b）］。

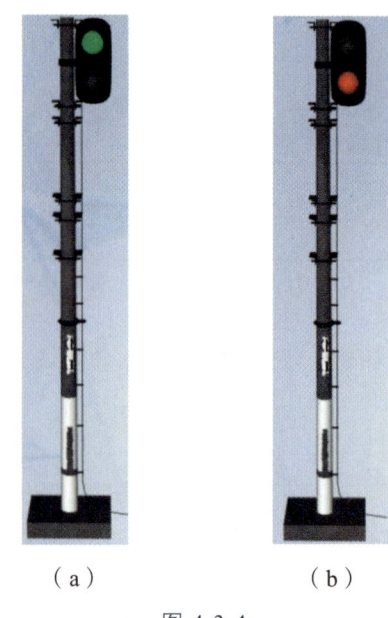

（a）　　　　　（b）

图 4-3-4

2. 三显示自动闭塞区段

（1）一个绿色灯光——准许列车按规定速度运行，表示运行前方至少有两个闭塞分区空闲［见图4-3-5（a）］。

（2）一个黄色灯光——要求列车注意运行，表示运行前方有一个闭塞分区空闲［见图4-3-5（b）］。

（3）一个红色灯光——列车应在该信号机前停车［见图4-3-5（c）］。

3. 四显示自动闭塞区段

（1）一个绿色灯光——准许列车按规定速度运行，表示运行前方至少有三个闭塞分区空闲［见图4-3-6（a）］。

（2）一个绿色灯光和一个黄色灯光——准许列车按规定速度运行，要求注意准备减速，表示运行前方有两个闭塞分区空闲［见图4-3-6（b）］。

（3）一个黄色灯光——要求列车减速运行，按规定限速要求越过该信号机，表示运行前方有一个闭塞分区空闲［见图4-3-6（c）］。

（4）一个红色灯光——列车应在该信号机前停车［见图4-3-6（d）］。

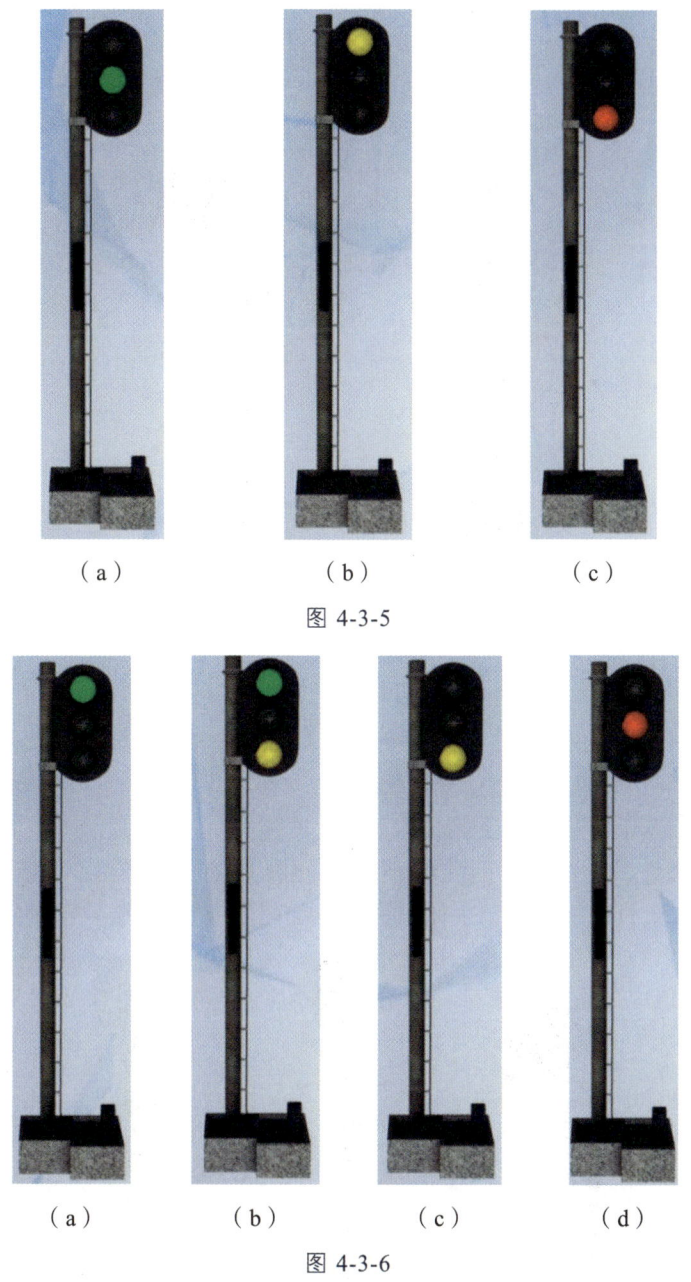

图 4-3-5

图 4-3-6

二、容许信号机

容许信号显示一个蓝色灯光——准许列车在通过色灯信号机显示红色灯光的情况下不停车，以不超过 20 km/h 的速度通过，运行到次一架通过信号机，并随时准备停车（见图4-3-7）。

三、遮断信号机

遮断色灯信号机显示一个红色灯光——不准列车越过该信号机；不点灯时，不起信号作用（见图 4-3-8）。

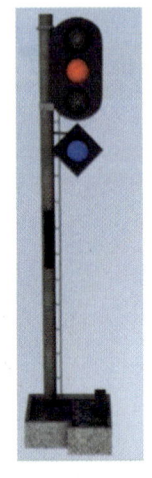 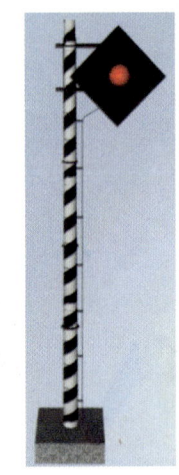

图 4-3-7　　　　　图 4-3-8

四、预告信号机

遮断信号机的预告信号机显示一个黄色灯光——表示遮断信号机显示红色灯光（见图 4-3-9）；不点灯时，不起信号作用。

其他预告色灯信号机显示下列信号：

（1）一个绿色灯光——表示主体信号机在开放状态［见图 4-3-10（a）］。

（2）一个黄色灯光——表示主体信号机在关闭状态［见图 4-3-10（b）］。

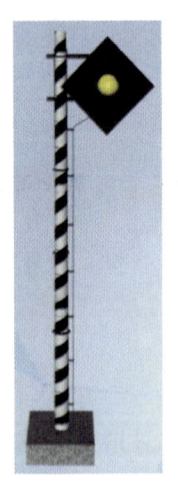 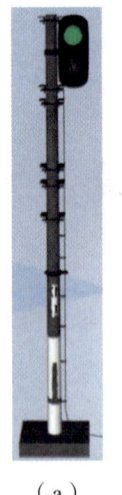 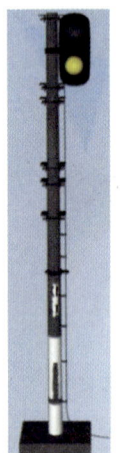

　　　　　　　　　（a）　　（b）

图 4-3-9　　　　图 4-3-10

五、通过手信号

通过手信号：准许列车由车站（场）通过。

昼间——展开的绿色信号旗［见图 4-3-11（a）］；

夜间——绿色灯光［见图 4-3-11（b）］。

（a） （b）

图 4-3-11

六、行车闭塞（信号机移动闭塞）

（一）间隔法与界限划分

为保证列车的运行安全，使同方向列车不致发生追尾冲突，对向列车不致发生迎面相撞，列车运行必须有间隔；同时，在满足列车长度、速度、密度、制动力和信号显示距离等条件下，划分列车运行间隔有利于提高铁路通过能力。

目前，保持列车运行之间有一定的间隔距离的办法主要包括：

1．空间间隔法

以车站、线路所所划分的区间（见图 4-3-12），自动闭塞区间的通过信号机所划分的闭塞分区（见图 4-3-13），作为两列车间隔的行车方法。即在正常情况下，每个区间（或闭塞分区），在同一时间内，只准有一个列车占用。

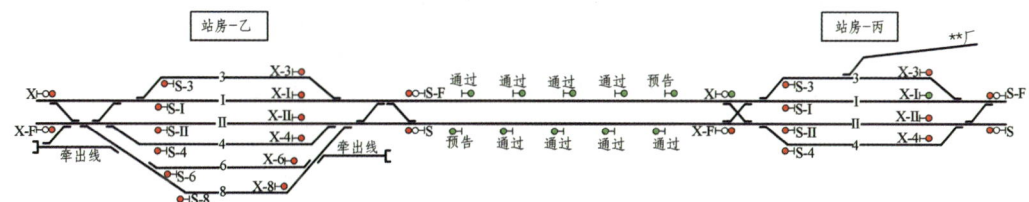

图 4-3-12

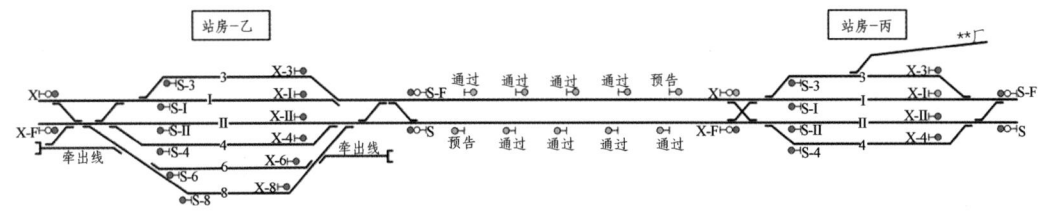

图 4-3-13

2. 时间间隔法

按照一定的时间间隔开行续行列车，即第一列车发车后，经过一定的时间，再发出下一列列车（见图 4-3-14）。

乙站列车计划			
序号	时间	车次	发车股道
1	10:00	K1	3
2	10:10	K3	I
3	10:20	K5	3
4	10:30	K7	I

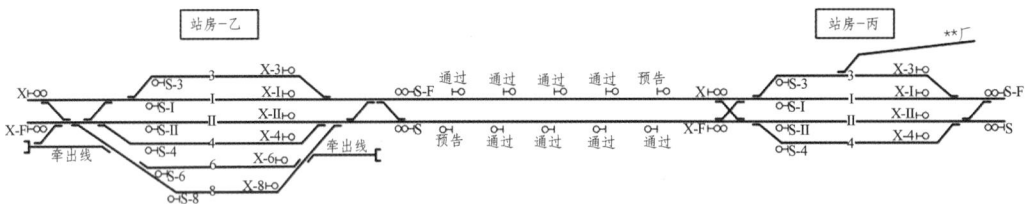

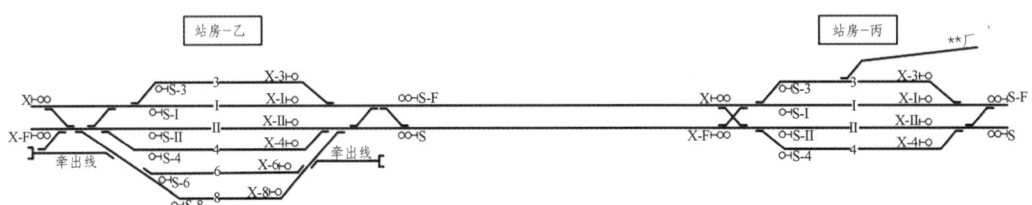

图 4-3-14

我国铁路列车运行一般采用空间间隔法。《铁路技术管理规程》（普速铁路部分）第 308 条规定：列车运行是以车站、线路所所划分的区间及自动闭塞区间的通过信号机所划分的闭塞分区作间隔。即将铁路正线分别用车站、线路所和自动闭塞区间的通过信号机（三者统称为分界点），划分为站间区间、所间区间和闭塞分区，作为列车运行的间隔。

（二）区间及闭塞分区的界限划分

1．站间区间——车站与车站间的线段

（1）单线站间区间，以进站信号机柱中心线为车站与区间的分界线（见图 4-3-15）。

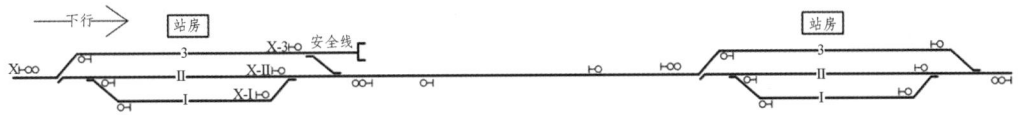

图 4-3-15

（2）双线或多线站间区间，分别以各该线的进站信号机柱或站界标的中心线为车站与区间的分界线（图 4-3-16）。

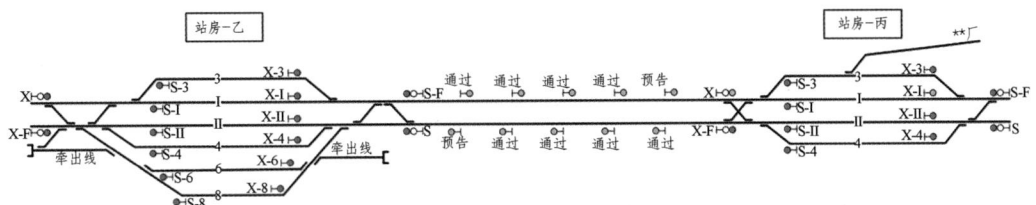

图 4-3-16

2．所间区间——两线路所间或线路所与车站间的线段

（1）单线所间区间，以该线上的线路所通过信号机柱的中心线为所间区间的分界线。设有进站信号机的线路所，所间区间的分界方法与站间区间相同。

线路所只设有通过信号机，无管辖地段的如图 4-3-17 所示。

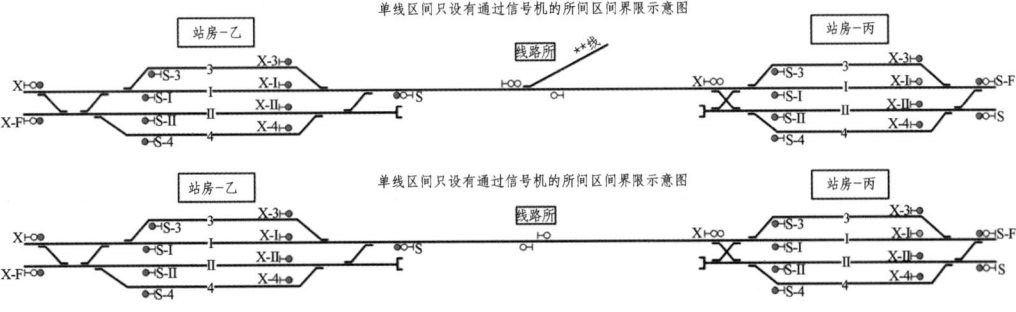

图 4-3-17

线路所设有进、出站信号机，并有管辖地段的如图 4-3-18 所示。

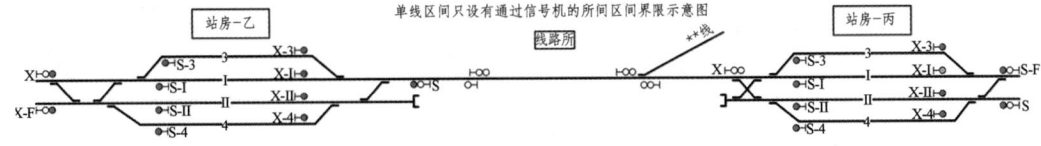

图 4-3-18

（2）双线所间区间，其划分方法与单线所间区间相同。

线路所只设有通过信号机，无管辖地段的如图 4-3-19 所示。

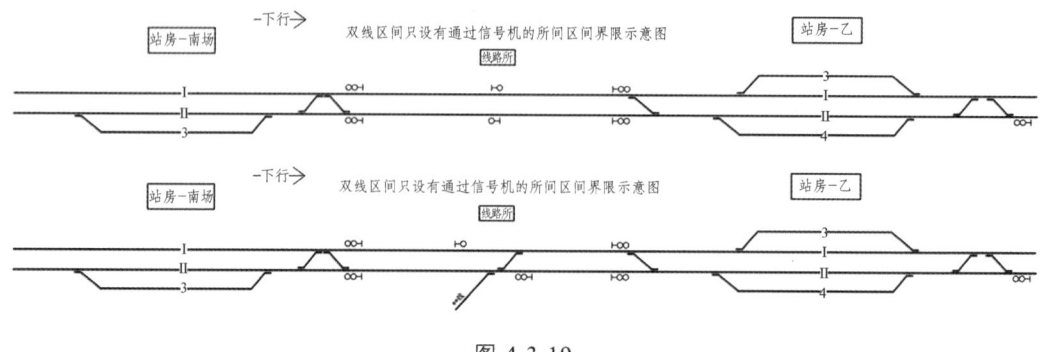

图 4-3-19

线路所设有进、出站信号机，并有管辖地段的如图 4-3-20 所示。

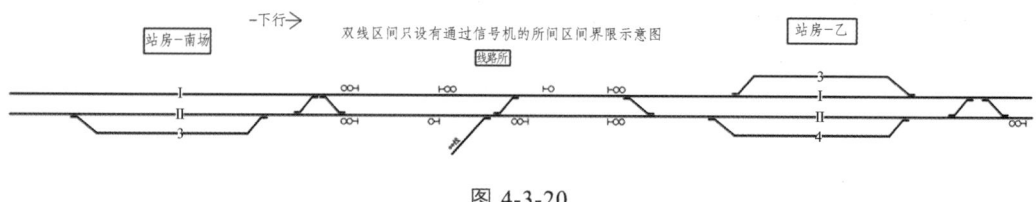

图 4-3-20

3．闭塞分区——自动闭塞区间同方向相邻的两架通过色灯信号机间或进站信号机与通过色灯信号机间的线段

自动闭塞区间的闭塞分区，以该线上同方向相邻的两架通过色灯信号机柱的中心线为分界线。

单线区间闭塞分区分界线如图 4-3-21 所示。

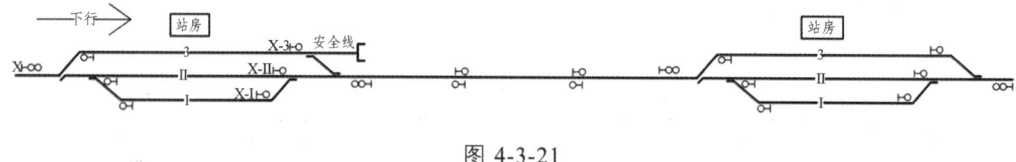

图 4-3-21

双线区间闭塞分区分界线如图 4-3-22 所示。

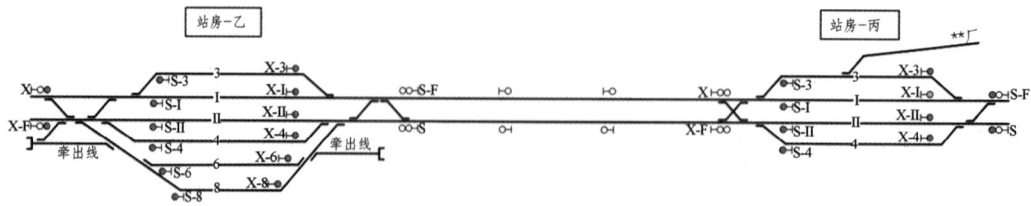

图 4-3-22

（三）自动闭塞

通过调度所、相邻车站、线路所、闭塞分区的设备或人为控制，使列车与列车相互保持一定间隔，以保证列车安全运行的行车方法，称为行车闭塞法。

《铁路技术管理规程》（普速铁路部分）第309条规定：车站均须装设基本闭塞设备。我国铁路采用的行车基本闭塞法有自动闭塞、自动站间闭塞和半自动闭塞三种。其中，自动闭塞以闭塞分区作为列车间隔，自动站间闭塞、半自动闭塞都是以站间（所间）区间作为列车间隔。三种基本闭塞法的列车运行间隔均属于空间间隔法。当基本闭塞法不能使用时，代用闭塞法为电话闭塞法。原则上不使用隔时续行法，如必须使用时，由集团公司规定。

《铁路技术管理规程》（普速铁路部分）第314条规定：使用自动闭塞法行车时，列车进入闭塞分区的行车凭证为出站或通过信号机显示的允许运行的信号（见图4-3-23）。

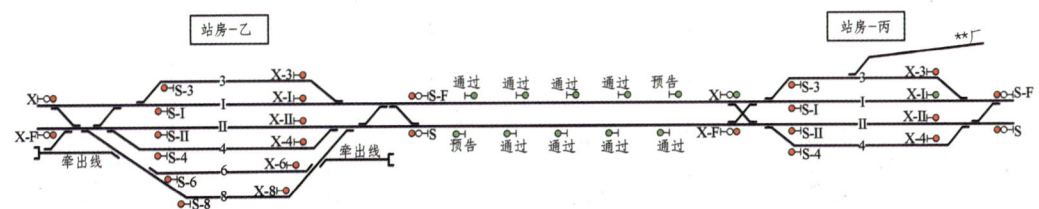

图 4-3-23

1. 三显示自动闭塞

部分自动闭塞区段采用三显示的通过色灯信号机。

显示一个绿色灯光时，表示列车运行前方至少有两个闭塞分区空闲，准许列车进入闭塞分区后按规定速度运行［见图4-3-24（a）］。

显示一个黄色灯光时，表示列车运行前方只有一个闭塞分区空闲，要求列车注意或减速运行，按规定限速要求越过该信号机［见图4-3-24（b）］。

显示一个红色灯光时，要求列车应在该信号机前停车［见图4-3-24（c）］。

（a）

（b）

（c）

图 4-3-24

2. 四显示自动闭塞

目前，我国自动闭塞区段大多采用四显示的通过色灯信号机。

显示一个绿色灯光时，表示列车运行前方至少有三个闭塞分区空闲，准许列车进入闭塞分区后按规定速度运行［见图4-3-25（a）］。

显示一个绿色和一个黄色灯光时，表示列车运行前方有两个闭塞分区空闲，准许列车进入闭塞分区后按规定速度运行，要求注意准备减速［见图4-3-25（b）］。

显示一个黄色灯光时，表示列车运行前方只有一个闭塞分区空闲，要求列车注意或减速运行，按规定限速要求越过该信号机［见图4-3-25（c）］。

显示一个红色灯光时，要求列车应在该信号机前停车［见图4-3-25（d）］。

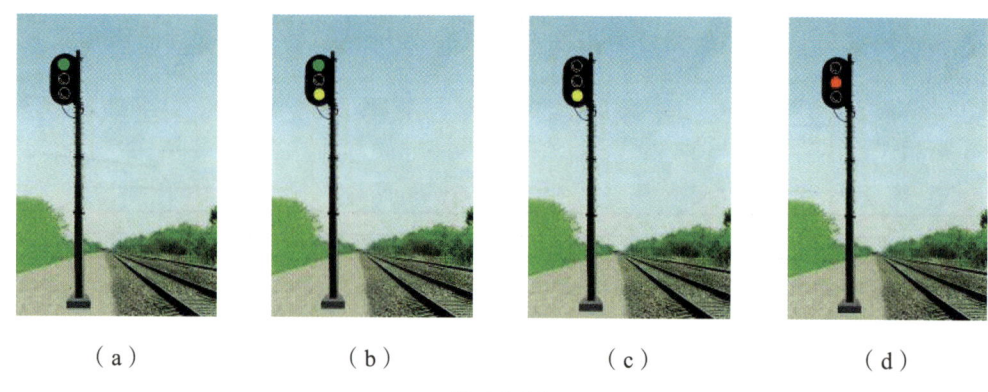

（a）　　　　　　（b）　　　　　　（c）　　　　　　（d）

图 4-3-25

（四）半自动闭塞

《铁路技术管理规程》（普速铁路部分）第319条规定：

使用半自动闭塞法行车时，列车凭出站信号机或线路所通过信号机显示的允许运行的信号进入区间。

开放出站信号机或通过信号机前，双线区段必须得到前次列车到达前方站的到达信号，单线区段必须得到接车站的同意闭塞信号。

发车站办理闭塞手续后，列车不能出发时，应将事由通知接车站，取消闭塞。

半自动闭塞是指通过两个相邻车站（线路所）的闭塞机、出站信号机（线路所通过信号机）和轨道电路构成的联锁关系。使用半自动闭塞设备时，出站或线路所通过信号机显示允许运行的信号，即表示区间已空闲、发车进路已被锁闭，当出发的列车压上出站方面的轨道电路，出站或通过信号机立即自动关闭，在该列车运行到接车站，压上接车轨道电路之前，出站或通过信号机不能再开放。由于上述联锁关系，可以保证列车运行的安全，因此规定使用半自动闭塞方法行车时，列车凭出站或通过信号机显示的允许运行的信号进入区间（见图4-3-26）。

半自动闭塞发车办理流程

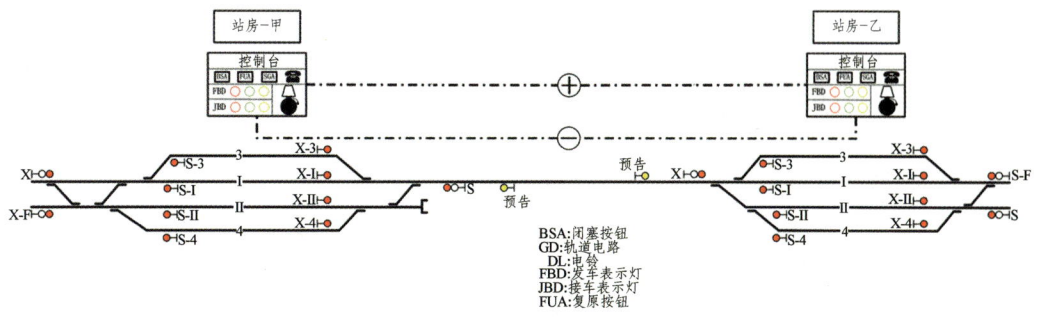

图 4-3-26

1. 出站（线路所通过）信号机的开放条件

1）双线半自动闭塞区间

发车站（线路所）必须在闭塞机上得到前次列车到达前方站（线路所）的到达信号后，才有权发车。因为前次列车驶过接车站接车轨道电路，闭塞机就可以解锁并开通区间。所以发车站（线路所）只要在闭塞机上得到前次列车到达前方站（线路所）的到达信号后，就可以开放出站或线路所通过信号机发车。

2）单线半自动闭塞区间

发车站（线路所）必须在闭塞机上得到接车站（线路所）的同意闭塞信号后，才能开放出站或线路所通过信号机。而接车站（线路所）只能在区间空闲时，才能在闭塞机上发出同意闭塞信号，并在其发出同意闭塞信号后，该站（线路所）向该区间的出站或线路所通过信号机才能开放。这样就可避免同时向同一区间发出对向的列车。所以，在单线半自动闭塞区间任何一端车站（线路所），在开放出站或线路所通过信号机前，必须得到接车站的同意闭塞信号。

2. 半自动闭塞取消闭塞的办法

1）双线半自动闭塞的车站取消闭塞

对于集中联锁的车站，开放出站信号机后如需取消发车，车站值班员须通知发车人员、司机，确认列车没有出发，关闭出站信号，发车进路解锁后，将事由通知接车站，即可取消闭塞。

对于电锁器联锁的车站，开放信号后因故需取消闭塞时，车站值班员须通知发车人员、司机，确认列车没有出发，关闭出站信号，按下闭塞按钮使发车表示灯亮黄灯，即可通知接车站取消闭塞。然后由接车站值班员登记破封，拉出故障按钮，再拉出闭塞按钮，办理区间复原。

2）单线半自动闭塞的车站取消闭塞

如发车站已请求发车（发车表示灯亮黄灯），需要取消闭塞时，经两站车站值班员联系同意后，由发车站拉出闭塞按钮（或按下复原按钮），两站表示灯熄灭，闭塞机复原。

如接车站已按下闭塞按钮（发车表示灯亮绿灯），但发车站未开放出站信号机时，亦由发车站拉出闭塞按钮（或按下复原按钮），闭塞表示灯熄灭，闭塞机复原。

如开放出站信号机后，需取消闭塞时，集中联锁的车站，经两站联系，发车站值班员确认列车没有出发，关闭出站信号机，拉出闭塞按钮（或按下复原按钮），双方闭塞表示灯熄灭，闭塞机复原；电锁器联锁的车站，双方站车站值班员确认列车没有出发，由发车站值班员，登记破封，使用事故按钮办理复原。

《铁路技术管理规程》（普速铁路部分）第320条规定：

半自动闭塞区段，遇超长列车头部越过出站信号机而未压上出站方面的轨道电路发车时，行车凭证为出站信号机显示的允许运行的信号，并发给司机调度命令；遇发车进路信号机故障或超长列车头部越过发车进路信号机发车时，列车越过发车进路信号机的行车凭证为半自动闭塞发车进路通知书。

超长列车头部越过出站信号机，而未压上出站方面轨道电路时，因能使用半自动闭塞法，所以列车占用区间的行车凭证仍然为出站信号机显示的允许运行的信号，但应发给司机准许列车头部越过出站信号机发车的调度命令。

如果列车头部压上出站方面轨道电路，因无法办理闭塞，所以必须停止基本闭塞法，改用电话闭塞法行车，列车占用区间的行车凭证为路票（见图4-3-27）。

因跨局运行的机车交路较为普遍，为方便司机确认发车进路信号机故障时、超长列车头部越过发车进路信号机时的行车凭证，所以对列车越过发车进路信号机的行车凭证进行了统一，统一规定为半自动闭塞发车进路通知书。

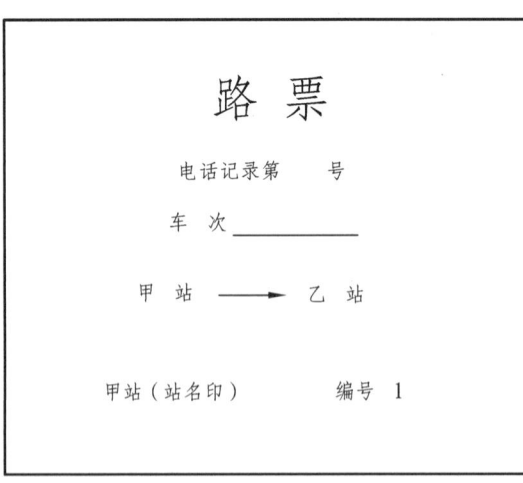

```
┌─────────────────────────────────────────────┐
│         半自动闭塞发车进路通知书                │
│                                              │
│                          第_____号         │
│                                              │
│   1.在列车头部越过发车进路信号机的情况下，准许第_____次列车由 │
│   _____线发车                              │
│                                              │
│   2.在_____发车进路信号机故障的情况下，准许第_____次列车越 │
│   过该发车进路信号机                           │
│                                              │
│                                              │
│              站（站名印）车站值班员（签名）    │
│                          年   月   日填发     │
└─────────────────────────────────────────────┘

图 4-3-27　路票

## （五）自动站间闭塞

自动站间闭塞是在半自动闭塞基础上发展起来的新型闭塞设备，区间两端站的出站信号机（线路所通过信号机）和轨道检查装置构成联锁关系，自动检查区间空闲，列车以站间（所间）区间为间隔运行，通过办理发车进路和检车列车出清区间的方式，自动实现区间闭塞和区间开通（见图4-3-28）。

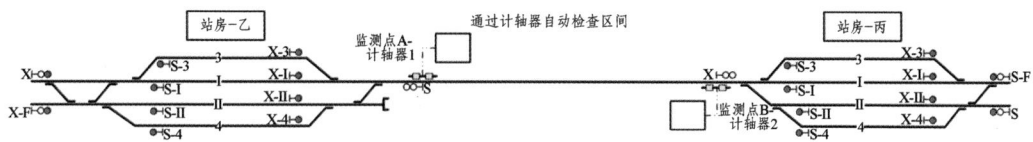

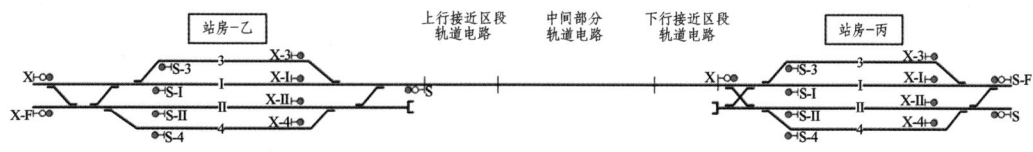

图 4-3-28

《铁路技术管理规程》（普速铁路部分）第317条规定：

使用自动站间闭塞法行车时，列车凭出站信号机或线路所通过信号机显示的允许运行的信号进入区间。

自动站间闭塞须与集中连锁设备结合使用，自动检查区间空闲，发车站办理发车
```

进路后即自动构成站间闭塞。列车到达接车站或返回发车站并出清区间后，自动解除闭塞。

发车站在办理发车进路前，须确认区间空闲、接车站未办理同一区间的发车进路，并向接车站预告。发车站已向接车站预告，但列车不能出发时，在取消发车进路后，须通知接车站。

自动检查区间主要通过计轴设备或区间长轨道电路来实现。

（1）计轴设备通过设置在区间（所间）两端站的计轴磁头，对进入区间和车站（线路所）的列车轴数进行记录，并经过传输线路将两端站（线路所）所记录的轴数进行核对，当两端站（线路所）记录的轴数一致时，即确认列车整列到达，区间空闲，自动开通区间。发出由区间返回的列车时，由发车站自行检查。当计轴设备记录进出区间的列车轴数不一致时，即判定区间占用。当计轴设备发生故障不能正常计轴或判定区间占用时，不能自动解除闭塞。

（2）区间长轨道电路由三部分组成，包括上、下行接近区段轨道电路（双线时为接近和发车区段轨道电路）和中间部分轨道电路，通过轨道电路对区间是否占用、线路是否良好进行检查。在这三部分轨道电路都空闲时，排列发车进路，开放出站信号，自动完成闭塞；在列车到达前方站（返回发车站）三部分轨道电路都空闲后，自动开通区间。当区间任何一部分轨道电路处于占用状态时，不能开放出站信号机；列车虽已到达前方站（返回发车站），但不能解除闭塞开通区间。出站信号机开放后，如果区间轨道电路因故障等原因处于占用状态时，便自动关闭。

使用自动站间闭塞法发出列车时，由于列车按站间间隔运行，列车进入区间的行车凭证为出站信号机或线路所通过信号机显示的允许运行的信号。

由于自动站间闭塞发车前不需办理闭塞手续，排列发车进路开放出站信号后，即可发出列车，同时列车需按站间间隔行车，因此发车站在办理发车进路前，须确认区间空闲和接车站未办理同一区间的发车进路，为使接车站做好接车准备工作，发车站应向接车站发出预告。

自动站间闭塞区间，发车站办理预告后，接车站必须做好接车准备。如果列车预告后因特殊情况不能发出时，发车站必须通知接车站取消预告。避免长时间占用区间，方便接车站进行其他作业，也能为其他列车运行提供条件。

七、贯通试验

列车出站后到达规定地点，列车管达到规定压力后，司机操纵自阀减压 50 kPa，列车速度降速 5 km/h，缓解自阀制动。贯通试验结束。

八、LKJ 车位调整

信号机间的距离数据存储在装置中。列车运行过程中，装置依次调用存储的信号机距离数据与列车实际位置相比较，以递减的方式计算列车距前方信号机的距离。由

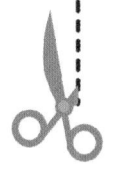

于各种原因，列车实际走行距离与装置存储的信号机距离会产生误差，列车通过信号机时，装置瞬间计算的两距离误差称为过机误差。过机误差对装置准确控制列车的安全运行危害很大，应及时进行修正。

按列车实际走行距离与装置存储距离相比较，过机误差分为"滞后误差"和"超前误差"。

（1）滞后误差：列车通过信号机时，装置计算列车距前方信号机仍有余量，过信号机一段距离后才递减到"0"。此种递减显示到"0"的时机出现在信号机实际位置之后的误差称为过机滞后误差。

（2）超前误差：机车实际位置距信号机还有一段距离，但装置计算距前方信号机距离已为"0"。此种递减显示到"0"的时机出现在信号机实际位置之前的误差称为过机超前误差。

在自动闭塞区段，当装置计算列车距前方信号机距离≤50 m 时，机车信号由黄灯变为红黄灯、白灯或由双黄灯变为红黄灯、白灯时，装置自动解除对当前信号机的停车控制功能，并将计算的剩余距离消除，按次一信号机的距离作为监控列车运行的条件。

无论在自动闭塞还是半自动闭塞区间，当过机误差值较大时，须采用人工校正的方法解决。

（1）通过【自动校正】键调整：当超前误差或滞后误差距离小于 300 m 时，在机车通过信号机的瞬间，按压【自动校正】键，不论是滞后还是超前误差，装置进行自动校正。

（2）通过【车位】键调整：对于滞后误差，先按压【车位】键，在过信号机瞬间按压【向前】键；对于超前误差，先按压【车位】键，在过信号机瞬间按压【向后】键。

（3）进行人工校正过机误差时，两次按键间隔时间不得超过 5 s。超前误差最大调整距离为 300 m。停车信号前、站内侧线停车、显示屏出现临时限速窗口等情况时，人工校正无效。

九、报点、记点

列车运行中，按压【定标】键，装置记录此刻的公里标及时间，此操作产生的记录仅作为运行数据处理的查找标记。

十、机械间巡检

列车运行途中，乘务员需要进行机车后部巡检时，在机车操纵端按压一次【巡检】键，巡检到非操纵端时按压一次【巡检】键，返回操纵端后，再按压一次【巡检】键，完成巡检操作。

按压【巡检】键时，"巡检"指示灯点亮，4 s 后自动熄灭。

1. 巡检时机

（1）通过分相绝缘器后（电力机车）。

（2）始发列车出站后。

（3）发生异常、异状时。

（4）列车运行中一般每 30 min 进行一次（内燃机车）。

2. 内燃机车巡检项目：

（1）电气间、柴油机、增压器、牵引发电机、辅助传动装置、空气压缩机、辅助发电机、牵引电动机的通风机等状态是否正常。

（2）有无电气绝缘烧损气味、油水管路有无漏泄。

（3）水箱水位和各仪表显示是否正常。

3. 电力机车检查项目

（1）各辅助机组运转是否正常。

（2）各部件有无异音、异状。

（3）有无放电和电气绝缘烧损的气味。

（4）主变压器油温、油位是否正常。

（5）牵引及辅助变流器工作状态、各保护继电器和指示灯、指示件有无异状或动作显示。

十一、LKJ 部分操作

1. LKJ 紧急制动情况下的处置

序号	触发类型	操作步骤	配图
1	超速引发的紧急制动	（1）LKJ 控制列车停车； （2）司机在听到 LKJ 语音提示"允许缓解"时，按压【缓解】键； （3）LKJ 提示"缓解成功"自动缓解； （4）将自动制动阀推至"紧急制动"保持 60 s 后，再放至"抑制位"1 s，观察制动屏"动力切除"字样消失，再拉回到"运转位"； （5）将主断路器开关推至"合"后自复位至"0"位； （6）可继续操作	

续表

序号	触发类型	操作步骤	配图
2	手柄防溜	（1）按压【警惕】键，LKJ语音提示"缓解成功"； （2）将自动制动阀推至"紧急制动"保持60 s后，再放至"抑制位"1 s，观察制动屏"动力切除"字样消失，回到"运转位"； （3）将主断路器开关推至"合"后自复位至"0"位； （4）可继续操作	
3	管压防溜	见3.LKJ提示"管压防溜"情况下的处置	

2. LKJ常用制动情况下的处理

序号	触发类型	操作步骤	配图
1	列车运行速度等于常用固定模式限速值（LKJ显示屏上的红线数值）时触发常用制动	（1）将自动制动阀手柄置于"抑制位"，控制速度降到低于固定模式限速值限速值（LKJ显示屏上红线下方的光带）以下5 km/h或听到LKJ语音提示"允许缓解"； （2）按压"缓解"键，解除常用制动	
2	未及时按压【定标】键触发常用制动	（1）LKJ实施卸载和常用制动控制，减压80 kPa，装置发出卸载和常用制动指令； （2）列车停车后，将自动制动阀置于"抑制位"； （3）按压【缓解】键，LKJ语音提示"缓解成功"，解除卸载和常用制动指令； （4）可继续操作	

3. LKJ提示"管压防溜"情况下的处置

序号	情况分类	操作步骤	配图
1	LKJ语音提示"注意管压防溜"并在监控画面上显示"管压防溜倒计时"	（1）在倒计时时间内按压【警惕】键； （2）或将手柄置于"全制动"位，追加减压使列车管累计减压量达到80 kPa以上。	

续表

序号	情况分类	操作步骤	配图
2	倒计时时间内未及时按压【警惕】键	（1）LKJ语音提示"管压防溜动作"并输出紧急制动，同时断开主断路器； （2）按压【警惕】键，LKJ语音提示"缓解成功"并解除管压防溜动作； （3）将自动制动阀置于"紧急制动"60 s后再置于"运转位"； （4）将主断路器开关推至"合"后自复位至"0"位； （5）可继续操作	
3	列车缓解后60 s内不开车，LKJ将再次启动防溜控制，并持续语音提示"注意管压防溜"90 s，LKJ监控界面上显示"缓解防溜倒计时"	（1）如果在倒计时时间内按压【警惕】键，装置缓解成功； （2）如果倒计时时间内未及时按压【警惕】键，LKJ语音提示"管压防溜动作"并输出紧急制动，同时断开主断路器； （3）按压【警惕】键，LKJ解除管压防溜动作； （4）将自动制动阀置于"紧急制动"60 s后再置于"运转位"； （5）将主断路器开关推至"合"后自复位至"0"位； （6）可继续操作	和谐D3C(358) 轮径：1250.0 注意 缓解防溜倒计时！ 88

4. LKJ提示"警惕"情况下的处理

序号	情况类型	操作步骤	配图
1	LKJ提示"警惕"	以下任意一种操作均可关闭警惕提醒： （1）按压司机操纵端【无人警惕】按钮或踩踏【无人警惕】开关； （2）列车管减压50 kPa及以上； （3）机车制动缸压力≥50 kPa； （4）机车手柄发生卸载或加载的变化； （5）按压LKJ【定标】键	
2	未及时操作触发常用制动	（1）LKJ实施卸载和常用制动控制，列车管减压80 kPa，装置发出卸载和制动指令； （2）列车停车后，将自动制动阀置于"抑制位"； （3）按压【缓解】键，LKJ语音提示"缓解成功"，解除卸载和常用制动指令； （4）可继续操作	

5. 机车采用紧急制动方式停车情况下的处置

序号	情况分类	操作步骤	配图
1	司机按压紧急制动按钮停车	（1）按按钮箭头所指的方向旋转"紧急制动"按钮至弹起状态； （2）将自动制动阀置于"紧急制动"60 s后再置于"运转位"； （3）等制动缸压力为0后，将主断路器开关推至"合"后自复位至"0"位； （4）可继续操作	

6. CIR电台的基本操作

序号	情况分类	操作步骤	配图
1	列尾风压查询	（1）发车前需查看列尾风压，按压CIR电台下方的【风压查询】按键； （2）系统自动查询列尾风压，在CIR电台上显示尾部风压值并进行语音播报	
2	车机联控	（1）列车运行过程中LKJ语音提示"车机联控"时，学员主动摘起CIR电台话机； （2）按压话机侧面的"按键Ⅰ或Ⅱ"，CIR电台主动呼叫车站调度员； （3）听取调度员的讲话，之后重复调度员的讲话内容，再强调"司机明白"； （4）挂机	
3	调令签收	（1）运行过程中CIR电台收到车站下发的调度命令，调度命令内容显示在液晶显示屏上； （2）按压"确认签收"键进行确认签收操作	
4	发车前及行车中接调度员通知	（1）发车前作业结束后电台铃声响起，接调度员通知"×××次，×道出站信号准备好了"，司机回复"×××次，×道出站信号准备好了，司机明白"，挂机； （2）电台铃声再次响起，接调度员通知"×××次司机，×××站×道发车"，司机回复"×××次，×××站×道发车，司机明白"，挂机	

7. 列车停车后无法启动

列车停车后无法启动，需逐条检查以下项目（见图4-3-29）。

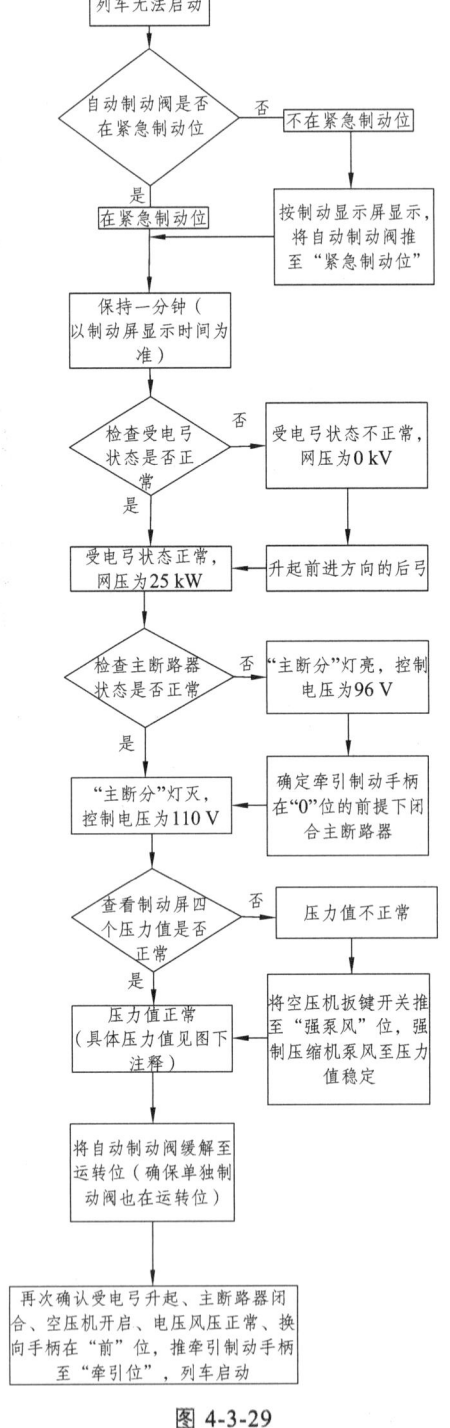

图 4-3-29

各参数标准值如表 4-3-1 所示。

表 4-3-1　参数对照表

自动制动阀位置	均衡风缸	列车管	总风缸	制动缸	列尾风压
运转位	600 kPa	600 kPa	900 kPa	0 kPa	600 kPa
全制动	430 kPa	430 kPa	900 kPa	420 kPa	430 kPa
紧急制动	0 kPa	0 kPa	900 kPa	450 kPa	0 kPa

项目五　终到及退勤作业

视频：列车终到

项目说明

本项目包含列车终到作业、列车摘解、机车入段和退勤作业四个实训任务。列车停妥后，司机需完成后续的相关作业后方可离车。乘务人员在携带好自身出勤物品后，到交接室办理交车手续，之后方可退勤。

项目目标

1. 知识目标
（1）掌握终到站进站停车的标准操作流程。
（2）掌握入所的相关规定、联控内容及 LKJ 数据转储操作方法。
（3）掌握退勤登记流程、规范。
2. 能力目标
（1）能够按标准操作流程，完成终到站进站停车和列车摘解。
（2）能够按标准操作流程，完成入所及入所后的相关操作。
（3）能够按标准操作流程，完成退勤。
3. 思政目标
（1）践行机车乘务员职业守则，培养学生坚守岗位的奉献意识。
（2）树牢求真务实的工作态度。

任务一　列车终到

任务描述

列车经过途中运行后，最终需要进站停车。列车越过进站信号机前，司机按照在区间运行时与接车站联控收到的通知，做好进正线或侧线停车的准备，控制列车按照规定速度、在规定地点施加规定的制动力，控制列车平稳缓慢降速，最终将机车头部停在站台上"机车停车位置"平齐的地方，完成进站停车的任务。

学习活动建议

学习活动	内　　容	建议学时
自学资讯及相关知识点	1. 认知进站色灯信号机； 2. 认知通过手信号； 3. 知道进正线和进侧线时 LKJ 不同的显示和操作； 4. 知道机列车停车对标的标准	课前
计划	根据任务单上的任务情境，每位同学独立归纳总结终到作业流程及注意事项，并正确完成终到站作业	课中 （2 学时）
决策	通过小组讨论和组间交流，针对指导教师指定的任务情景，做出终到作业的任务决策	
实施	根据指导教师提供的资讯，针对指导教师指定情景，完成具体的终到作业情景模拟任务	
	正确填写（执行过程检查）评估工作页。小组成员互检工作页的正确性，提交指导教师评估	
检查与评价	完成自我评估、小组评价以及教师评价	
完善与拓展	根据学习掌握深度要求，拓展完善终到作业相关资讯	课后

任务引导

1. 简述各关键位置调速操作要领。

_____

_____

_____

2. 简述终到站停车后的防溜操作步骤。

_____

任务分析

要完成进站停车,前提条件是必须知道前方站本次列车的停留股道是正线还是侧线,此环节应在"项目四 列车运行作业"中已经完成。列车越过进站信号机前的最后一个区间信号机后,机车接收到前方进站信号机传来的电码,表明车站已按事先通知的内容开通正确的道岔和信号。司机需知道列车分别进正线和进侧线时地面信号显示的色灯类型、机车信号显示的色灯类型、LKJ 上的对应操作。

进站工作准备完毕后,司机应能根据本次值乘列车的总重、换长等信息,结合当前列车速度、线路坡道等信息,综合判断应在规定的地点施加多大的制动力,等速度降至多少后再缓解制动,进站后又应在规定的地点施加多大制动力,等速度降至多少后再缓解制动,能确保列车"一把闸"停稳在"机车停车位置"牌前。此任务综合考察了司机对机车牵引特性、列车制动特性、机车制动机充排风时间计算的认知程度和制动机使用的熟练程度。

任务分工

班级		组号		指导教师	
小组成员	任务分工				

任务步骤

一、正线进站停车

列车越过进站信号机前的最后一架信号机:

（1）机车信号：机车接到进站信号机显示的黄灯灯码，LKJ 显示黄灯（见图 5-1-1）。

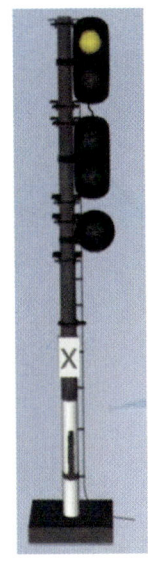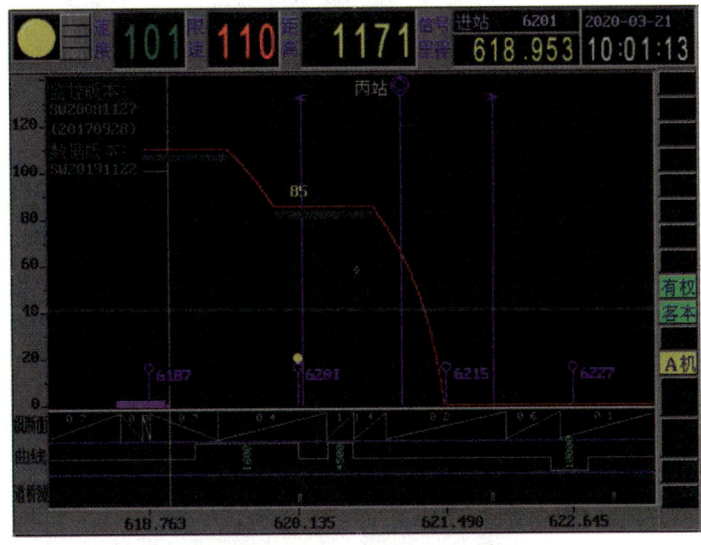

图 5-1-1

（2）LKJ 设置：LKJ 上无需进行任何设置，正常运行。限速曲线在出站信号机前降为 0。

（3）司机控制器：结合线路坡度信息适当调整牵引力。

（4）制动机操作：随着列车逐渐接近限制速度变化点，司机应做好施加制动的准备。

（5）接近限制速度变化点：司机将司机控制器置于"0"位，按照规定的数值施加制动力。

（6）待列车速度下降到目标值后，缓解列车制动，列车越过进站信号机，进入车站正线股道。

（7）进入正线的限速值较高，司机应提早做好列车制动的准备。

（8）列车进入站内后，司机在列车运行到规定地点后再次施加制动，控制列车一次平稳停妥。

（9）如列车制动过早或制动力施加过大，列车停车后距机车停车位置标还有距离，则在获得车站值班员允许前严禁再次动车。

（10）如列车制动过晚或制动力施加过小，列车停车后越过机车停车位置标，则就地停车。

（11）停车后，司机应将自动制动阀置于"全制动"位，单独制动阀置于"全制动"位（见图 5-1-2）。

（12）司机控制器置于"0"位，拔出换向手柄（见图 5-1-3）。

（13）司机在司机手账上记录到站时间。

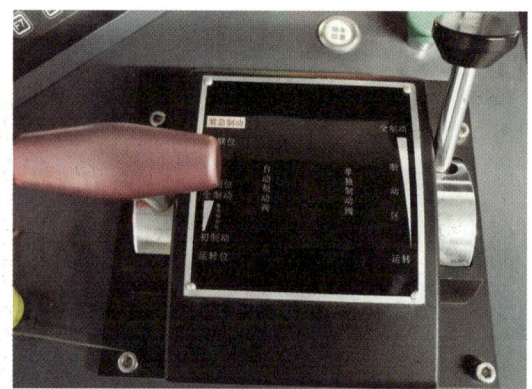

图 5-1-2

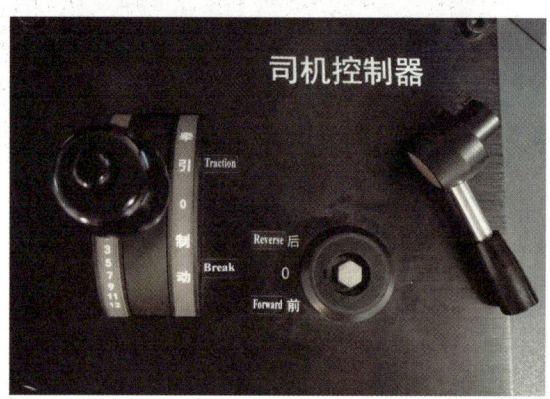

图 5-1-3

二、侧线进站停车

列车越过进站信号机前的最后一架信号机：

（1）机车信号：机车接到进站信号机显示的双黄灯灯码，LKJ 显示双黄灯；显示屏默认显示侧线号 127（见图 5-1-4）。

 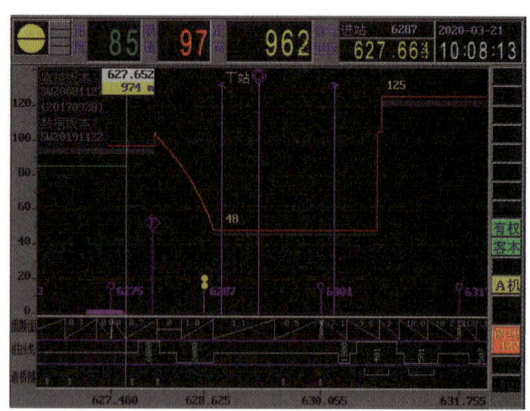

图 5-1-4

（2）LKJ设置：片刻之后，LKJ显示屏上会弹出进路号输出窗口，提示输入侧线号。直接按数字键3，输入侧线号3，之后按压【确认】键，设定3道进站。LKJ上显示的进站道岔和出站道岔的位置也随之调整为3道的位置；部分站的侧线恒速区起点也会有调整（见图5-1-5～图5-1-7）。

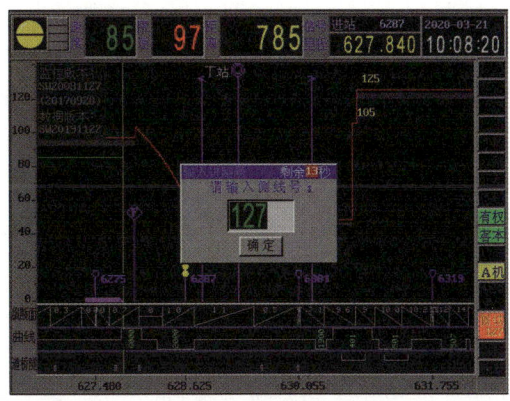

图 5-1-5

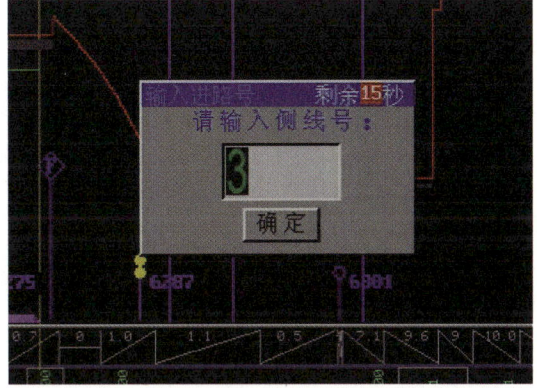

图 5-1-6

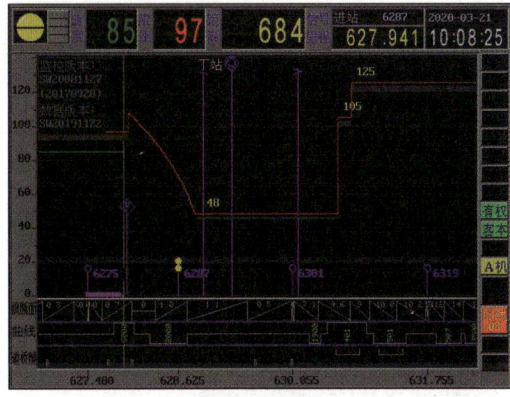

图 5-1-7

（3）司机控制器：结合线路坡度信息适当调整牵引力。

（4）制动机操作：随着列车逐渐接近限制速度变化点，司机应做好施加制动的准备。

（5）接近限制速度变化点：司机将司机控制器置于"0"位，按照规定的数值施加制动力。

（6）待列车速度下降到目标值后，缓解列车制动，列车越过进站信号机，进入车站正线股道。

（7）进入正线的限速值较高，司机应提早做好列车制动的准备。

（8）列车进入站内后，司机在列车运行到规定地点后再次施加制动，控制列车一次平稳停妥。

（9）如列车制动过早或制动力施加过大，列车停车后距机车停车位置标还有距离，则在获得车站值班员允许前严禁再次动车。

（10）如列车制动过晚或制动力施加过小，列车停车后越过机车停车位置标，则就地停车。

（11）停车后，司机应将自动制动阀置于"全制动"位，单独制动阀置于"全制动"位（见图5-1-8）。

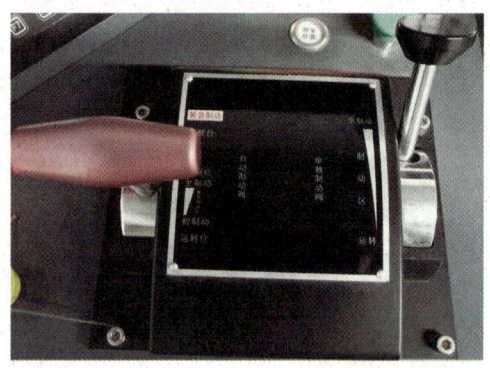

图 5-1-8

（12）司机控制器置于"0"位，拔出换向手柄（见图5-1-9）。

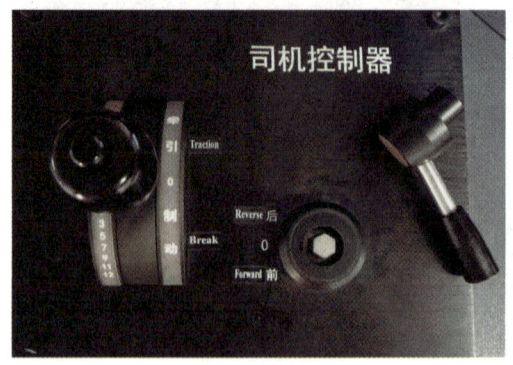

图 5-1-9

（13）司机在司机手账上记录到站时间。

任务实施

序号	任务实施步骤	任务要点
1	进站前 LKJ 操作	
2	进站调速	
3	停车对标	
4	停车后操作	
	工作内容记录	

任务评价

非常符合（90分以上）；比较符合（80~89分）；符合（70~79分）；基本符合（60~69分）；不符合（60以下或存在失格项）

考核要素	知识评价	技能评价	权重	扣分标准	得分
进站前LKJ操作	知道进正线和进侧线时LKJ不同的显示和操作	根据车站要求完成进站前的LKJ操作	20%	列车进侧线司机未能及时输入侧线号扣20分	
进站调速	熟知各关键位置调速操作要领	司机操纵列车调速进站，速度曲线平滑，无异常起伏和剧烈波动	20%	司机操纵机车进站调速曲线不够平滑，剧烈波动一次扣10分，满分20分扣完为止	
停车对标	知道机列车停车对标的标准	司机操纵列车停车对标，误差在合理范围内	20%	司机控制列车停车对标，正负误差每超过1m扣1分，满分20分扣完为止	
停车后操作	知道停车后的防溜操作步骤	司机将自阀和单阀置"全制动"位，司控器置"0"位，拔出换向手柄	20%	1. 司机停车后没有将自阀立即置于"全制动"位扣5分； 2. 司机停车后没有将单阀立即置于"全制动"位扣5分； 3. 司机停车后没有立即将司控器至于"0"位扣5分； 4. 司机停车后没有立即取出换向手柄扣5分	
工作内容记录	知道司机手账正确的记录位置	列车停妥后，司机在司机手账上记录终到时分	10%	1. 停车后司机没有记录司机手账扣5分； 2. 记录错信息，错一处扣2分，满分5分扣完为止	
思政评价	任务完成后，能够依据任务实施过程，阐述作业过程体现出的职业素养或思政元素，或者可以根据自身实训结果，反思自己在任务实施过程中有哪些违反职业素养的行为		10%	学员的阐述可以体现对职业素养的正确认识，或对该任务蕴含的思政元素有自己合理的见解	
合计			100%		

检查与评价	
一、学生自我评估	年　月　日
二、小组评价	年　月　日
三、指导教师评价	年　月　日

> **知识要点**

一、进站色灯信号机

1．作用

进站信号机的作用：防护车站；指示进站列车的运行条件；完成联锁任务，保证进路安全可靠。所以车站在列车的入口处，都必须装设进站信号。

2．位置

为满足调车作业的需要，即一台机车挂一节或两节车辆由一股道转向另一股道不致越出进站信号机，规定进站信号机应设于距进站道岔尖轨尖端（顺向为警冲标）不少于 50 m 的地点。经常利用正线进行调车作业的车站，可适当延长进站信号机与进站道岔岔尖或进站道岔警冲标之间的距离，以便进行调车作业时，车列不致越出进站信号机，减少办理越出站界调车的手续。

3．三显示自动闭塞、半自动闭塞、自动站间闭塞区段进站色灯信号机

（1）一个绿色灯光——准许列车按规定速度经正线通过车站，表示出站及进路信号机在开放状态，进路上的道岔均开通直向位置（见图 5-1-10）。

（2）一个绿色灯光和一个黄色灯光——准许列车经道岔直向位置，进入站内越过次一架已经开放的信号机准备停车（见图 5-1-11）。

（3）一个黄色灯光——准许列车经道岔直向位置，进入站内正线准备停车（见图 5-1-12）。

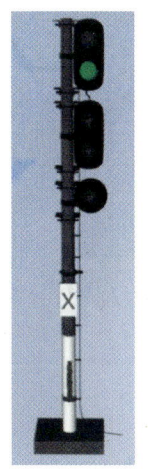 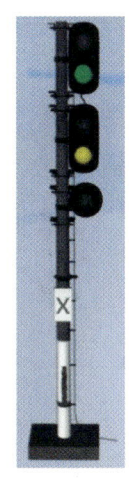 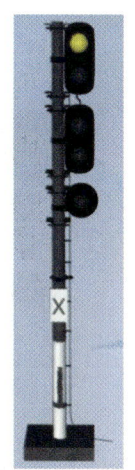

图 5-1-10　　　　　图 5-1-11　　　　　图 5-1-12

（4）一个黄色闪光和一个黄色灯光——准许列车经 18 号及以上道岔侧向位置，进入站内越过次一架已经开放的信号机且该信号机防护的进路经道岔直向位置或 18 号及以上道岔侧向位置（见图 5-1-13）。

（5）两个黄色灯光——准许列车经道岔侧向位置［但不满足上述第（4）项条件］进入站内准备停车（见图 5-1-14）。

（6）一个红色灯光——不准列车越过该信号机（见图 5-1-15）。

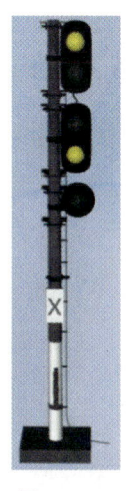 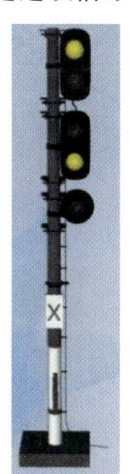 

图 5-1-13　　　　　图 5-1-14　　　　　图 5-1-15

4．四显示自动闭塞区段进站色灯信号机

（1）一个绿色灯光——准许列车按规定速度经道岔直向位置进入或通过车站，表示运行前方至少有三个闭塞分区空闲（见图 5-1-16）。

（2）一个绿色灯光和一个黄色灯光——准许列车按规定速度经道岔直向位置进入站内，表示次一架信号机经道岔直向位置开放一个黄灯（见图 5-1-17）。

（3）一个黄色灯光——准许列车按限速要求经道岔直向位置进入站内正线准备停车（见图5-1-18）。

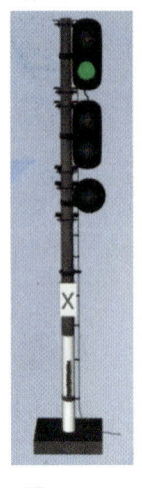 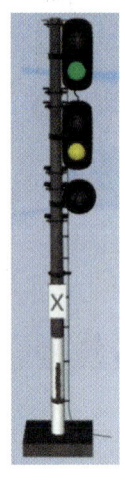 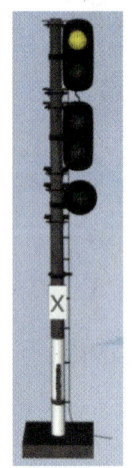

　　图 5-1-16　　　　图 5-1-17　　　　图 5-1-18

（4）一个黄色闪光和一个黄色灯光——准许列车经18号及以上道岔侧向位置，进入站内越过次一架已经开放的信号机且该信号机防护的进路经道岔直向位置或18号及以上道岔侧向位置（见图5-1-19）。

（5）两个黄色灯光——准许列车按限速要求越过该信号机，经道岔侧向位置〔但不满足上述第（4）项条件〕进入站内准备停车（见图5-1-20）。

（6）一个红色灯光——不准列车越过该信号机（见图5-1-21）。

 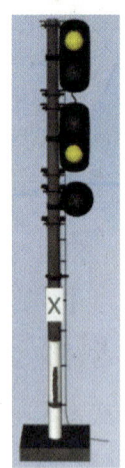 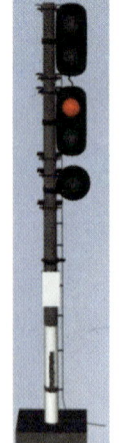

　　图 5-1-19　　　　图 5-1-20　　　　图 5-1-21

二、手信号

通过手信号：准许列车由车站（场）通过。

昼间——展开的绿色信号旗［见图 5-1-22（a）］；
夜间——绿色灯光［见图 5-1-22（b）］。

（a） （b）

图 5-1-22

三、列车进正线 LKJ 显示

列车进正线停车时，进站信号机显示单黄灯。正线进站限速 80 km/h（见图 5-1-23）。

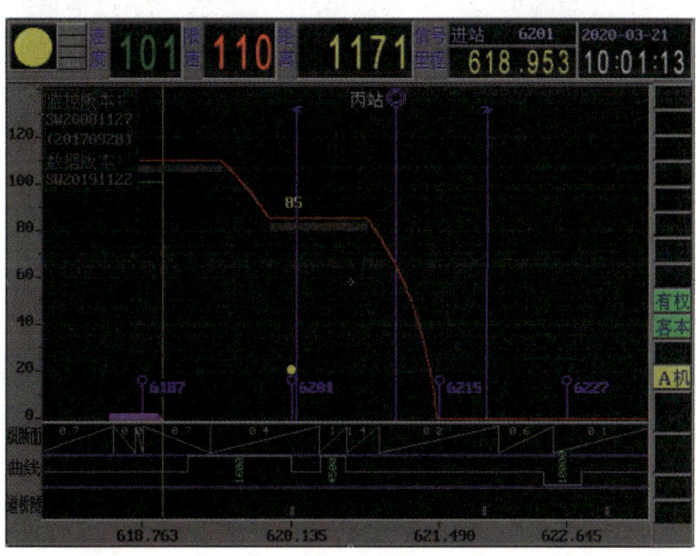

图 5-1-23

四、列车进侧线 LKJ 显示

列车进侧线停车时，进站信号机显示双黄灯。侧线限速值由车站股道道岔号允许侧向通过速度值决定。

注意：机车刚接到进站信号机发的双黄灯码时，LKJ 上显示默认侧线号为 127，此时 LKJ 上显示的进站道岔和出站道岔为默认股道的道岔位置。当输入要进的侧线号后，LKJ 上显示的进站道岔和出站道岔位置自动切换为输入的股道位置（见图 5-1-24、图 5-1-25）。

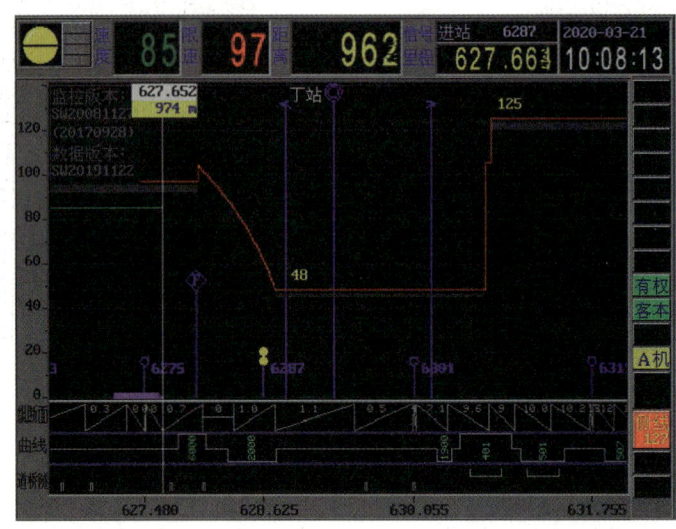

图 5-1-24

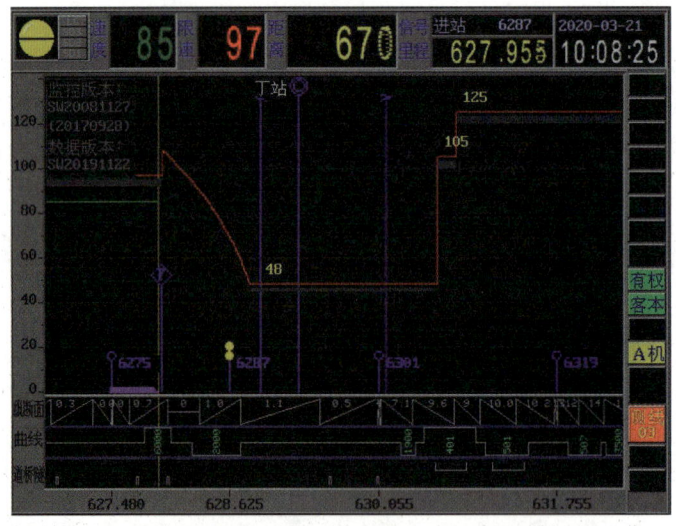

图 5-1-25

五、车站助理值班员立岗接车

助理值班员接车时"三个面向"，即列车刚进来时先面向来车、列车到跟前时转身面向列车、列车最后一节车厢通过后转身面向远去的列车直至列车驶出出站信号机（见图 5-1-26）。

图 5-1-26

六、机车停车位置标

机车停止位置标用于指示列车进入站内停车时机车应停靠的位置,具体设置地点由车站决定。

超长列车可不按照机车停止位置标的指示停靠。

列车到站停车时,机车对准机车停车位置标,后续列车各车厢车门正好对准站台车厢指示牌。可最大程度优化旅客乘车体验(见图 5-1-27)。

图 5-1-27

任务二 列车摘解

任务描述

列车到站后,待旅客下车完毕后,需进行摘挂作业。牵引不同的列车,如直供电客车、非直供电客车、货物列车等,有不同的作业流程。

执行列车摘挂作业时,主要部分由客列检或车辆乘务员完成,如断开机车与车列的列车管连接、提拉车钩。不同之处在于,直供电客车和部分客车,还需要断开供电电缆和总风管的连接。在断开供电电缆之前,司机应终止列供电并拔出列供电钥匙,降下受电弓,断开主断路器,司机在 CIR 上断开与列尾的连接。与车辆乘务员办理终止列供电手续并交接供电钥匙。

客列检或车辆乘务员提拉车钩给出稍行移动信号后,司机根据指示操纵机车向远离地勤人员的方向稍行移动,与车列断开。司机下车检查确认连挂端列车管(总风管)绑扎牢固,车钩手柄位置摆放正确,列供电插座合盖状态良好,列车摘挂完成。

学习活动建议

学习活动	内容	建议学时
自学资讯及相关知识点	1. 掌握直供电列车机车摘解作业——有客列检; 2. 掌握直供电列车机车摘解作业——无客列检	课前
计划	根据任务单上的任务情境,每位同学独立归纳总结列车摘解作业流程及注意事项,并正确完成列车摘解	课中 (2学时)
决策	通过小组讨论和组间交流,针对指导教师指定的任务情景,做出列车摘解的任务决策	
实施	根据指导教师提供的资讯,针对指导教师指定情景,完成具体的列车摘解作业情景模拟任务	
	正确填写(执行过程检查)评估工作页。小组成员互检工作页的正确性,提交指导教师评估	
检查与评价	完成自我评估、小组评价以及教师评价	
完善与拓展	根据学习掌握深度要求,拓展完善列车摘解作业相关资讯	课后

任务引导

1. 简述直供电列车机车摘解作业——有客列检的操作。

_____

_____

_____

2. 简述直供电列车机车摘解作业——无客列检的操作。

_____

_____

_____

任务分析

列车摘挂前，司机需明确当次值乘列车的类型，是否是直供电、是否连挂有总风管。司机需知道直供电列车摘挂的操作步骤与普通列车摘挂的操作步骤的不同之处。

司机需知道客列检或车辆乘务员给出的远端稍行移动的手信号的含义。

司机应知道机车头部的各风管固定牢固的标准、车钩手柄的正确位置，确认列供电插座合盖状态良好。

任务分工

班级		组号		指导教师	
小组成员	任务分工				

任务步骤

一、直供电列车机车摘解作业——有客列检

1. 防护设置

车辆乘务员、客列检作业人员摘解作业前到达机车与客车连接处，由客列检作业人员设置防护信号。

2. 机车乘务员与客列检合作

客列检作业人员确认电力机车受电弓已经降弓，从机车乘务员处接供电钥匙，双方在《DC 600 V供电列车供（断）电交接记录签认表（机车摘解作业）》（见图5-2-1）上签认。

3. 摘解通信连接线

客列检作业人员摘解通信连接线。先摘解机车端连接线插头，将线座搭扣打开，将通信连接线插头取出，恢复线座盖及搭扣良好状态，将取出的通信线插头装在客车端空线座内并恢复线座盖及搭扣良好状态。无空线座时，将客车端通信连接线插头取下，恢复其线座盖及搭扣良好状态后，将通信连接线放置于机后1位客车通过台处。

4. 摘解电力连接线

客列检作业人员摘解电力连接线。先摘解机车端连接线插头，将线座搭扣打开，将电力连接线插头取出，恢复线座盖及搭扣良好状态，将取出的电力连接线插头装在客车端空线座内并恢复线座盖及搭扣良好状态。无空线座时，将客车端电力连接线插头取下，恢复其线座盖及搭扣良好状态后，将电力连接线放置于机后1位客车通过台处。

5. 客列检作业人员与乘务员交接钥匙

客列检作业人员将供电钥匙（电力机车）或启动钥匙（内燃机车）交车辆乘务员，双方在《DC 600 V供电列车供（断）电交接记录签认表（机车摘解作业）》上签认。

6. 车辆乘务员复查通信线及电力连接线摘解情况

车辆乘务员确认摘解的通信连接线、电力连接线连接位置正确，线座盖和搭扣安装良好；无空线座时，确认摘解下的通信连接线、电力连接线统一放置于客车内的储藏箱内或指定地方（注意防水防潮防尘），状况良好。

7. 车辆、机车乘务员进行钥匙交接

车辆乘务员将供电钥匙交还机车乘务员，双方在《DC 600 V供电列车供（断）电交接记录签认表（机车摘解作业）》上签认。

8. 风管摘解

客列检作业人员关闭机车端总风管折角塞门后，关闭客车端总风管折角塞门，然后将机车端总风管与客车端总风管从连接器中解开，并将客车端总风管用安全链挂好；关闭机车端制动软管折角塞门后，关闭客车端制动软管折角塞门，然后将机车端制动软管与客车端制动软管从连接器中解开，并将客车端制动软管用安全链挂好。

9. 撤除防护、机车摘解

（1）客列检作业人员松开钩提杆捆绑及车钩防跳，手握钩提杆提钩，确认提钩到位。

（2）客列检作业人员撤除防护信号，示意机车乘务员可以分钩。

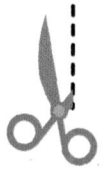

DC 600 V供电列车供（断）电交接记录签认表

序号	日期	车次	机车号	机车摘解作业											
				1		2		3		4		5		6	
				机车乘务员确认断电情况（钥匙拔出、交钥匙）		客列检作业人员确认断电情况（接钥匙）		客列检作业人员作业完毕（交钥匙）		乘务员复查连接线摘解状态（接钥匙）		乘务员复查连接线摘解状态良好（交钥匙）		机车乘务员（接钥匙）	
				签字	时间	签字	时间	签字	时间	签字	时间	签字	时间	签字	时间
1															
2															
3															
4															
5															
6															
7															
8															
9															

此表为客列检进行DC 600 V供电机车摘解作业时使用，保存于客列检待检室。

图 5-2-1　DC 600 V供电列车供（断）电交接记录签认表（机车摘解作业）

二、直供电列车机车摘解作业——无客列检

1．防护设置

车辆乘务员摘解作业前到达机车与客车连接处，设置防护信号。

2．车辆、机车乘务员交接钥匙

车辆乘务员确认电力机车受电弓已经降弓，从机车乘务员处接供电钥匙，双方在《DC 600 V供电列车供（断）电交接记录签认表（机车摘解、连接作业）》（见图 5-2-2）上签认。

3．摘解通信连接线

车辆乘务员摘解通信连接线。先摘解机车端连接线插头，将线座搭扣打开，将通信连接线插头取出，恢复线座盖及搭扣良好状态，将取出的通信线插头装在客车端空线座内并恢复线座盖及搭扣良好状态。无空线座时，将客车端通信连接线插头取下，恢复其线座盖及搭扣良好状态后，将通信连接线放置于机后1位客车通过台处。

4．摘解电力连接线

车辆乘务员摘解电力连接线。先摘解机车端连接线插头，将线座搭扣打开，将电力连接线插头取出，恢复线座盖及搭扣良好状态，将取出的电力连接线插头装在客车端空线座内并恢复线座盖及搭扣良好状态。无空线座时，将客车端电力连接线插头取下，恢复其线座盖及搭扣良好状态后，将电力连接线放置于机后 1 位客车通过台处。

5．车辆、机车乘务员交接钥匙

车辆乘务员将供电钥匙（电力机车）交机车乘务员，双方在《DC 600 V 供电列车供（断）电交接记录签认表（机车摘解、连接作业）》上签认。

6．复查通信线及电力连接线摘解情况

车辆乘务员确认摘解的通信连接线、电力连接线连接位置正确，线座盖和搭扣安装良好；无空线座时，确认摘解下的通信连接线、电力连接线统一放置于客车内的储藏箱内或指定地方（注意防水防潮防尘），状况良好。

7．风管摘解

机车乘务员关闭机车端总风管折角塞门后，关闭客车端总风管折角塞门，然后将机车端总风管与客车端总风管从连接器中解开，并将客车端总风管用安全链挂好；关闭机车端制动软管折角塞门后，关闭客车端制动软管折角塞门，然后将机车端制动软管与客车端制动软管从连接器中解开，并将客车端制动软管用安全链挂好。

8．撤除防护、机车摘解

（1）机车乘务员松开钩提杆捆绑及车钩防跳，手握钩提杆提钩，确认提钩到位。

（2）车辆乘务员撤除防护信号，示意机车乘务员可以分钩。

DC 600 V 供电列车供（断）电交接记录签认表

序号	日期	车次	机车号	机车摘解、连接作业							
				1		2		3		4	
				机车乘务员确认断电情况（钥匙拔出、交钥匙）		车辆乘务员确认断电情况（接钥匙）		车辆乘务员作业完毕（交钥匙）		机车乘务员（接钥匙）	
				签字	时间	签字	时间	签字	时间	签字	时间
1											
2											
3											
4											
5											

图 5-2-2　DC 600 V 供电列车供（断）电交接记录签认表（机车摘解、连接作业）

三、解除列尾连接关系（消号）

（1）持续按下【列尾消号】键 3 s 以上或进入列尾 ID 输入界面，输入 6 个 0 后按下【确认/签收】键。

（2）列尾连接关系解除后，MMI 发出"××××××列尾装置，消号成功"语音提示。

任务实施

序号	任务实施步骤	任务要点
1	解除列尾连接	
2	摘挂前准备	
3	摘挂后检查	
4	移动机车	

任务评价

非常符合（90分以上）；比较符合（80～89分）；符合（70～79分）；基本符合（60～69分）；不符合（60以下或存在失格项）

考核要素	知识评价	技能评价	权重	扣分标准	得分
解除列尾连接	知道解除列尾连接的操作点	司机成功解除列尾操作	25%	司机未能一次成功解除列尾连接扣25分	
摘挂前准备	知道摘挂前的准备工作	司机降弓、断列供开关、拔出列供电钥匙	25%	1. 司机未能按顺序做好准备工作扣10分；2. 司机少做一步扣5分，满分15分扣完为止	
摘挂后检查	知道摘挂后检查内容及检查标准	司机检查风管固定情况、折角塞门关闭情况、列供电插座合盖情况、车钩固定情况	20%	1. 司机未能正确检查风管固定情况扣5分；2. 司机未能正确检查折角塞门关闭情况扣5分；3. 司机未能正确检查列供电插座合盖情况扣5分；4. 司机未能正确检查车钩固定情况扣5分	
移动机车	知道离去方向稍行移动手信号的表现	司机看到离去方向稍行移动手信号后，稍行移动列车，彻底断开机车与车列的连接	20%	1. 司机未能正确判断移动手信号扣10分；2. 列车稍行移动的距离过远或过近，扣10分	
思政评价	任务完成后，能够依据任务实施过程，阐述作业过程体现出的职业素养或思政元素，或者可以根据自身实训结果，反思自己在任务实施过程中有哪些违反职业素养的行为		10%	学员的阐述可以体现对职业素养的正确认识，或对该任务蕴含的思政元素有自己合理的见解	
合计			100%		

检查与评价	
一、学生自我评估	
	年　月　日
二、小组评价	
	年　月　日
三、指导教师评价	
	年　月　日

知识要点

（1）列车摘挂任务开始后，配合客列检或车辆乘务员开始操作。

（2）司机降下受电弓，断开列供电开关，拔出列供电钥匙，在CIR上解除与列尾的连接关系。司机将列供电钥匙交给客列检或车辆乘务员，双方签字确认。

（3）客列检或车辆乘务员开始进行各电缆、风管的摘挂操作。操作完成后，将列供电钥匙交还给机车乘务员，双方在列供电交接记录签认表上签认后，机车乘务员检查解挂情况。

（4）司机检查完毕后返回司机室。车辆乘务员撤除防护信号，地面给出离去方向稍行移动手信号后，司机插入换向手柄后打至前，操纵列车稍行移动后彻底断开机车与车列的连接。

（5）摘挂作业结束。

任务三　机车入段

视频：机车入段

任务描述

入段作业主要包括操纵机车从车站到段内停车和机车交接办理两部分。机车摘挂完成后，司机需主动与车站联控确认入段走行径路和开放进路，与整调室联控确认入库停留股道和开放进路。机车停妥后，司机需完成后续的检查、防护作业后方可离车。机班成员除携带自身出勤物品，还须携带工具备品，到地勤交接室办理交车手续。之后方可退勤。

入段后，如遇调车作业任务，机班成员应根据调车作业通知单的内容，协同地面调车人员完成调车作业。除列车在车站的到达、出发、通过以及在区间内运行外，凡机车、车辆进行的一切有目的的移动统称为调车。

学习活动建议

学习活动	内　容	建议学时
自学资讯及相关知识点	1. 掌握机车入段作业流程； 2. 掌握调车作业流程	课前
计划	根据任务单上的任务情景，每位同学独立归纳总结机车入段作业流程及注意事项，并正确完成本任务	课中 （4学时）
决策	通过小组讨论和组间交流，针对指导教师指定的任务情景，做出机车入段的任务决策	
实施	根据指导教师提供的资讯，针对指导教师指定情景，完成具体的机车入段作业情景模拟任务	
	正确填写（执行过程检查）评估工作页。小组成员互检工作页的正确性，提交指导教师评估	
检查与评价	完成自我评估、小组评价以及教师评价	
完善与拓展	根据学习掌握深度要求，拓展完善机车入段作业相关资讯	课后

任务引导

1. 简述入段作业流程。

_____

_____

_____

_____

2. 简述调车作业流程。

_____

_____

_____

_____

任务分析

要完成入段操作，司机需知晓出站信号机兼调车信号机时的显示方式。司机应能控制机车移动至距离出站信号机 50 m 的范围内。司机在车站联控时，应能准确报出当班车次和联控目的。司机知道 LKJ 转调车的时机及操作方法。

列车在运行至站段分界点和进整备线前需停车联控，司机应知道 LKJ 转入段的时机及操作方法。机车停妥后，司机应知道全车检查的流程和内容、值乘机车防溜铁鞋的放置规则，还应知道机车运行日志的填记要求并按要求填记完整。

如需完成调车作业，机车乘务员应熟悉担当区段的站内站场、专用线、信号设备情况。机车乘务员必须熟知《技规》《行规》《站细》的有关调车作业的规定，并在作业中认真执行。

任务分工

班级		组号		指导教师	
小组成员	任务分工					

任务步骤

一、入段作业

（1）入段前，司机向前移动机车至距出站信号机距离 50 m 的范围内（见图 5-3-1）。

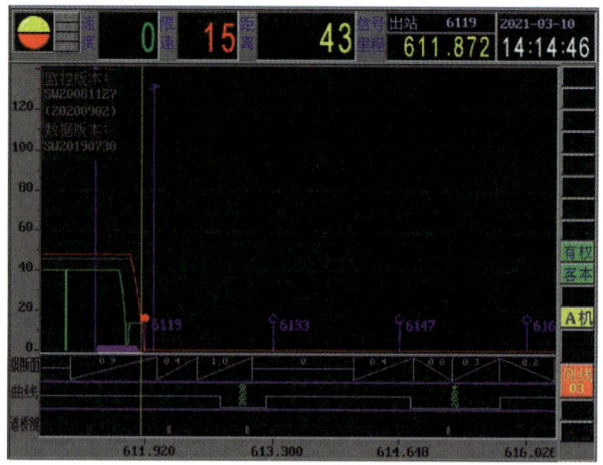

图 5-3-1

（2）司机与车站联控，请求机车入库走行径路的许可。收到入库走行径路许可后，再与车站联控确认走行径路开通。在"探头瞭望，手比呼唤"确认调车信号显示白灯后，按压 LKJ 按键【调车/2】，将 LKJ 转入调车状态，此时限速 41 km/h。

（3）司机严格按照调车限速控制机车，沿开通的径路运行到站段分界点时，控制机车一度停车（见图 5-3-2）。

图 5-3-2

（4）司机按压 LKJ 按键【出入库/9】，将 LKJ 转入"入段"模式，此时限速 16 km/h，之后司机与整备调度室联系，确认机车停留股道号，之后再请求开放入库进路。在"探头瞭望，手比呼唤"确认入段调车信号显示白灯后，方可继续操作机车入段。

（5）机车进整备线，在隔离区防护信号前停车，确认隔离区防护信号开放，安全作业区空闲后再动车（见图 5-3-3）。

图 5-3-3

（6）停车后降弓，给机车施加停放制动。之后再进行机车检查。将机车运行状态记录在"机车运行日志"上做出记录。

（7）根据段内要求的位置，给机车做好防溜措施，打铁鞋。

（8）关闭全车电源，锁闭好门窗。

（9）携带好所有物品，到地勤交接室办理交接手续。

（10）入段作业完成。

二、调车作业

（1）接到车站调车作业预告后，在停轮状态下由标准班司机电话联系本组指导司机，双方进行"安全联控"。

（2）机班两人复诵确认调车作业计划，并记录当前监控距离、机车号、工号、姓名。

（3）连接平面调装置，将控制盒开关转换至"断开+调车"位，双人确认并呼唤。

（4）机班两人确认调车信号开放，开门手比呼唤并监控定标，监控进入"调车状态"，试验平面调装置。

（5）动车前确认停留车位置，进行制动机贯通试验。如越出站界调车需进行简略试验。

（6）每一钩提手柄动车前，两人复诵平调指令及监控开口限速，即"推进，监控限速××；启动，监控限速××"。（注意：① 单机摘钩时需自阀最大减压后单缓动车；② 限速 3 km/h 时为监控尚未开口）

（7）机班两人执行"唱—钩、记—钩、调—钩、销—钩"制度，唱牵出及连挂（甩车）的辆数，在计划单上记录每钩作业前、后时间。

（8）牵出带车 4 辆及其以上时，速度 10 km/h 以下进行贯通试验。单机 3～5 km/h 进行单阀试验。注意：单机在出站前 50 m 停车确认调车信号。

（9）牵出时"由近至远"逐个信号和道岔进行双人手比呼唤确认。

（10）推进时，每 30～50 m 进行后部瞭望确认停留车位置，及时复诵平调信号并鸣笛回示，按"十车 10 km/h、五车 5 km/h、三车一度停车"的要求控速。（注意：自阀制动需考虑排风时间，应提前下闸，不能盲目单缓）。

（11）调车完毕退出调车状态，记录并确认监控距离，如存在误差或变更股道开车时，重设车站代码开车。

（12）恢复平调接线盒开关后双人确认并呼唤，开车前确认机车信号及监控装置收码正常。

任务实施

序号	任务实施步骤	任务要点
1	入段前动车	
2	联控入段	
3	联控入库	
4	检查入整备线	
5	工作内容记录	
6	机车防溜	
7	关闭电源	
8	办理机车交接手续	
9	调车作业	

216

任务评价

非常符合（90分以上）；比较符合（80~89分）；符合（70~79分）；基本符合（60~69分）；不符合（60以下或存在失格项）

考核要素	知识评价	技能评价	权重	扣分标准	得分
入段前动车	入段前动车距离	司机操纵机车移动机车至距出站信号机50 m的范围内	5%	司机未能一次成功地移动机车至出站信号机50 m的范围内，失败一次扣2分，满分5分扣完为止	
联控入段	了解联控入段的呼唤内容和操作要求	司机与车站联控入库，操纵机车进入调车模式，进入站段分界点	5%	1. 司机未与车站联控就动车扣2.5分； 2. 司机未切换LKJ模式就动车扣2.5分	
联控入库	了解机车入库的呼唤内容和操作要求	司机与整调室联控入库，操纵机车进入入段模式，进入整备线一度停车点	5%	1. 司机未与整调室联控就进入段内扣2.5分； 2. 司机未切换LKJ模式就动车扣2.5分	
检查入整备线	了解机车进整备线的注意事项	司机操纵机车，进入整备线停车	5%	司机未确认整备线信号和空闲就进入整备线停车扣5分	
工作内容记录	知道机车运行日志正确的记录标准	列车停妥后，司机在机车运行日志上记录运行情况	5%	司机未记录机车运行日志扣5分	
机车防溜	机车防溜的形式和要求	司机操纵机车停放制动防溜后，使用段内铁鞋按照规定位置给机车做铁鞋防溜	5%	1. 司机未正确施加停放制动扣2.5分； 2. 司机未按规定打铁鞋扣2.5分	
关闭电源	知道机车电源关闭流程	关闭全车电源，锁闭好门窗	5%	1. 司机未关闭全车电源扣2.5分； 2. 司机未锁闭好车窗扣2.5分	
办理机车交接手续	了解机车交接手续办理流程和需携带的物品	携带好所有物品，到地勤交接室办理交接手续	5%	司机未携带好所有物品就办理交接手续扣5分	

续表

考核要素	知识评价	技能评价	权重	扣分标准	得分
调车作业	知道调车作业要点和注意事项	1. 能正确读懂调车作业通知单的内容； 2. 能正确操纵调车控制盒； 3. 能与调车作业人员正确联控； 4. 能根据调车信号正确操纵机车； 5. 调车作业完毕后能正确销记调车作业通知单	30%	每项5分，未正确完成该项的扣该项分。	
思政评价	任务完成后，能够依据任务实施过程，阐述作业过程体现出的职业素养或思政元素，或者可以根据自身实训结果，反思自己在任务实施过程中有哪些违反职业素养的行为		10%	学员的阐述可以体现对职业素养的正确认识，或对该任务蕴含的思政元素有自己合理的见解	
		合计	100%		

检查与评价	
一、学生自我评估	年　月　日
二、小组评价	年　月　日
三、指导教师评价	年　月　日

> 知识要点

一、入段作业 LKJ 调车界面及入段界面（见图 5-3-4、图 5-3-5）

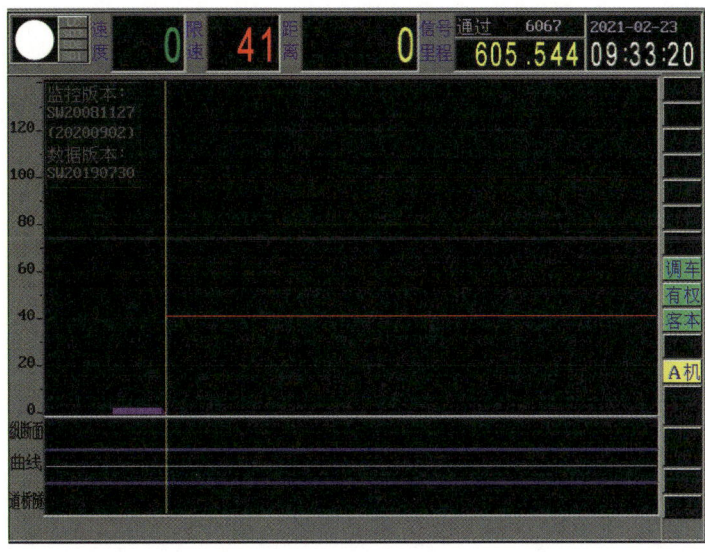

图 5-3-4

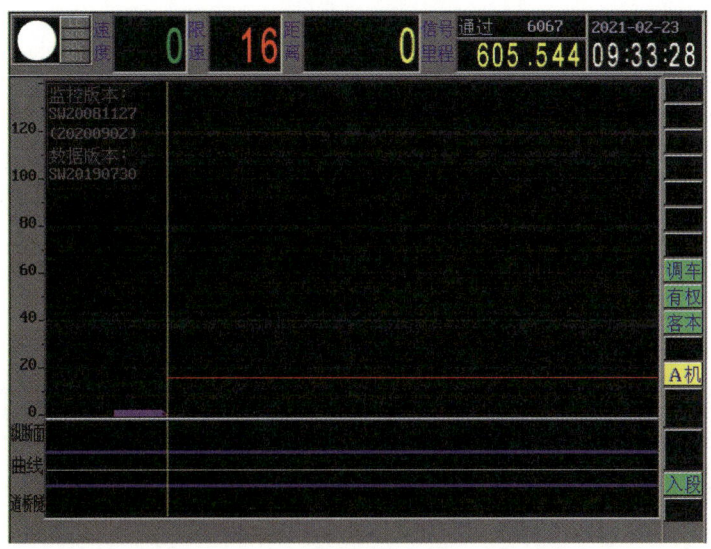

图 5-3-5

二、调车作业前的准备

做好调车作业前的准备，是安全、迅速地进行调车作业的前提。只有做好准备工作，才能顺利地执行调车作业计划，保证安全地完成任务。根据《技规》要求，作业前的准备工作应有以下内容。

1．提前做好排风、摘管工作

在车列溜放或驼峰解散前，要事先做好排风、摘管工作。"排风"系指将待解车列主管的风放去，把副风缸内余风排净，使车辆缓解，防止车辆在溜放途中因副风缸内余风泄漏进行制动或造成车辆溜放不到位，或造成车辆追尾撞车等严重后果。"摘管"是指按调车作业计划要求，在车组开口处，提前将制动软管摘开，以免在解散或溜放中停车摘管，延长作业时间。在作业中不得在车列走行中跨入钢轨内侧进入两车间摘管，以免危及人身安全。

2．布置核实调车作业计划

在作业开始前，为使有关调车人员协同一致，应核对计划，做到准确无误，防止传错、抄错、看错或误认。在填写或抄收调车作业通知单的过程中，也应认真核对。

3．确认进路，了解现场情况

确认进路是否正确，检查作业线路、停留车的位置、车组间的距离、车辆状况、防溜措施等，检查线路有无障碍等。

在货物线、段管线、岔线等地点甩挂、取送车辆时，还要派人通知装卸、检修作业等人员注意，并须确认线路两旁的货物堆放距离是否符合规定，以免发生调车事故和人员伤亡事故。

4．制动时先选好手制动机

要注意选标（准车）不选杂（型车）、选前不选后、选重不选空、选大不选小、选高不选低，坚持"一车两试"的方法，即停车试和走行试，保证溜出的车组有足够的制动力。

5．准备足够良好的铁鞋

铁鞋制动时，制动员根据溜放车组空、重及辆数的多少，事先准备好足够的质量合格的铁鞋。

6．无线调车设备试验良好

车站要按规定的频率、电台编号固定使用。交接班时要检查试验良好后方可使用。

中间站未设调车组时，应在列车到达前的规定时间叫班，作业人员应提前到岗，按要求做好准备，并应重点了解列车运行情况、停车情况及作业重点要求。不能因"作业量小"、"作业简单"或其他原因，晚叫班或只叫部分人员到岗，造成准备不足或缺员作业而发生行车事故。

三、调车作业的基本要求

车站的调车工作，应按车站的技术作业过程及调车作业计划进行。参加调车作业的人员应实现下列要求：

（1）及时编组、解体列车，保证按列车运行图的规定时刻发车，不影响接车。

（2）及时取送货物作业和检修的车辆。

（3）充分运用调车机车及一切技术设备，采用先进工作方法，用最少的时间完成调车任务。

（4）认真执行作业标准，保证调车有关人员的人身安全及行车安全。

四、调车工作的领导与指挥

调车工作是一项由多工种联合行动的复杂工作。其特点是作业地点涉及面广，调动的车辆多种多样，作业人员工种多，作业组织比较复杂，作业方法灵活多变，影响调车作业效率的因素较多等。为了有效、合理地组织调车人员，在确保安全的条件下，快速、高质量地完成列车编解和车辆的取送作业，鉴于调车工作的特点，调车工作必须实行统一领导，单一指挥。

1．统一领导

车站的调车工作，由车站调度员（未设调度员的，由车站值班员）统一领导。

（1）各场（区）的调车工作，根据车站调度员布置的任务，由该场（区）的调车区长或驼峰调车区长领导。各调车区互相关联的工作，应按车站调度员的指示进行，调车区长（驼峰调车区长）不得超越自己的职权去领导其他场、区的作业。

（2）在调车工作中，遇有占用或妨碍正线、到发线和机车走行线以及影响接发列车进路的调车工作，必须与车站值班员联系并取得同意后方准进行。

2．单一指挥

（1）调车作业由调车长单一指挥。

（2）利用本务机车进行调车作业时，可由车站值班员或助理值班员担任指挥工作。

（3）遇有特殊情况，可由有任免权限的单位鉴定、考试合格的连结员或站务员代替。

五、调车工作"九固定"制度

调车工作的"九固定"是全路广大调车工作人员在长期生产实践中的经验总结，也是安全、迅速地进行调车作业的行之有效的制度。调车工作的"九固定"是指：

（1）固定调车作业区域：在配有两台及以上调车机车的车站，为避免同时作业时相互干扰，提高调车效率和保证调车作业的安全，把每台调车机车的活动范围固定在一定的区域内。

（2）固定线路使用：是指对线路按列车编组计划、方向的要求，车流量的大小，结合线路配置情况，以及特殊用途等，合理安排车辆的集结线路，分类固定使用。这样既可以有效地使用线路，又可以减少重复作业，缩短调车行程，使作业人员心中有数。

（3）固定调车机车：因调车机车与本务机车担当的任务不同，机车装备也不相同，

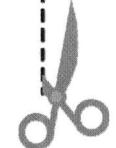

调车机车前后均有头灯、扶手把、木脚踏板，调车蒸汽机车还备有消火栓、冷水泵和水龙带。经常出入油库线、木材线的调车机车还装有双层火星网等装置。所以调车机车必须固定，不可任意调换。作固定替换用的调车机车及小运转机车，也应符合上述条件。

（4）固定人员：调车组、机车乘务组的成员必须固定，以便互相熟悉作业特点，协同动作。

（5）固定班次：调车组与机车乘务组的班次必须统一、固定，以便于互相了解，协调配合。

（6）固定交接班时间：调车组和机车乘务组的交接班时间必须统一，以免互相等待，延误作业。

（7）固定交接班地点：交接班时调车机车停放地点及有关人员交接地点均应固定，以便建立良好的作业秩序。

（8）固定工具数量：调车机车及调车组应配备的工具要固定数量，并应保证质量良好，以免由于工具数量不足或质量不好而危及作业安全。

（9）固定工具存放地点：调车工具如铁鞋、鞋叉、信号旗（灯）、无线调车电台等，要固定地点存放，以便于及时取用和保管。

六、调车作业计划

调车作业计划是实现阶段计划的具体行动计划。

1．调车作业计划的编制

调车作业计划由调车领导人（车站调度员、调车区长或车站值班员）负责编制。

2．调车作业计划的布置

调车作业计划由调车领导人布置给有关人员。其布置方式如下：

1）使用调车作业通知单

调车领导人布置调车作业计划，应使用调车作业通知单。中间站利用本务机车调车，应使用附有车站线路示意图的调车作业通知单。

2）口头方式传达

当一批作业不超过三钩或变更计划（指一张调车作业通知单）不超过三钩时，允许以口头方式布置（包括调车无线电话），但不得连续使用口头方式布置计划。由于口头布置没有书面依据，为确保作业人员之间协调一致，确保作业安全，有关人员必须复诵。

3．调车作业计划的交接

为保证在调车作业中正确执行作业计划，使调车指挥人能彻底了解计划的要求，调车领导人与调车指挥人必须亲自交接计划。因设备及劳动组织等原因，调车领导人

与调车指挥人不能亲自交接计划时，设有调车作业通知单传输装置的车站，交接办法在《站细》中规定；设有调车无线电话的车站，调车作业计划的布置方法，由集团公司规定。各站调车作业计划的具体布置方法，应在《站细》中明确规定。

4．调车作业计划的传达 调车作业计划由调车指挥人向有关人员传达

（1）为正确及时地完成调车作业计划规定的任务和要求，调车指挥人每次接受调车作业计划后，应根据内容和要求制定具体的调车作业方法，连同注意事项亲自向司机交递和传达；对其他人员，亦应亲自传达。

（2）当调车指挥人亲自传达有困难时，可指派连结员传达或在《站细》内规定。例如，由调车领导人将调车作业计划向信号员传达；驼峰作业时，调车领导人向峰顶提钩人员及峰下铁鞋制动长传达；未设调车组的中间站利用本务机作业时，由车站值班员向扳道员传达等。调车指挥人必须确认作业人员已了解后，方可开始作业。

5．调车计划的变更

变更计划主要指变更股道、辆数、作业方法及取送作业的区域或线路。随意变更计划，既不安全也影响效率。但调车作业涉及的因素较多，且多为活的因素，产生计划变更是难免的。如何正确了解和掌握情况，增强预见性，不变更或少变更计划，是对调车领导人的一项重要要求。

（1）变更计划应用书面方式重新按规定程序下达：

a. 对于一批作业（指一张调车作业通知单中所列的钩数）变更股道不超过三钩时，允许以口头方式布置，但必须停车传达，有关人员复诵。

b. 中间站利用本务机车调车时，无论变更钩数多少，都应重新填写附有示意图的调车作业通知单。

（2）变更股道超过三钩时，应重新填写调车作业通知单。

（3）仅变更作业方法或辆数时，不受口头传达三钩的限制，可不停车传达，但调车指挥人必须向有关人员传达清楚，有关人员必须复诵。

（4）驼峰解散车辆，只变更钩数、辆数、股道时，可不通知司机。但调车机车变更为下峰作业或向禁溜线送车前，须通知司机。

（5）专用线调车时，如遇实际情况与原计划不符，准许调车指挥人根据实际情况，自行制定作业计划，但在作业完成后，必须及时向调车领导人汇报计划变更情况和车辆停留情况。

任务四　退勤作业

视频：退勤作业

机车乘务退勤作业是机车乘务员一次乘务作业的终点。退勤时，应对照出乘保证

条件和本次列车运行情况，完成任务情况进行总结，并做好记录。检查司机报单填写是否正确、清晰完整，开好退勤总结小组会。

任务描述

作为机务段的客运车间的一个机班的乘务员，你与小张共同完成了K531次列车次前进站至和谐站的货物的运输任务，已将机车运行至机务段整备车间完成了入段交班作业，目前需到机务段派班室进行退勤作业。

学习活动建议

学习活动	内　　容	建议学时
自学资讯及相关知识点	1. 掌握退勤作业司机报单填写方法； 2. 握退勤作业流程	课前
计划	根据任务单上的任务情境，每位同学独立归纳总结退勤作业流程及注意事项，并正确完成退勤作业	课中（1学时）
决策	通过小组讨论和组间交流，针对指导教师指定任务情景，做出退勤作业的任务决策	课中（1学时）
实施	根据指导教师提供的资讯，针对指导教师指定情景，完成具体的退勤作业情景模拟任务	课中（1学时）
实施	正确填写（执行过程检查）评估工作页。小组成员互检工作页的正确性，提交指导教师评估	课中（1学时）
检查与评价	完成自我评估、小组评价以及教师评价	
完善与拓展	根据学习掌握深度要求，拓展完善退勤作业相关资讯	课后

任务引导

1. 简述退勤作业流程。

2. 简述司机报单填写注意事项。

任务分析

了解退勤勤作业流程，掌握行车安全装备数据转储要求，能够正确填写司机报单，对完成任务情况进行总结，并做好记录。检查司机报单填写是否正确、清晰完整，开好退勤总结小组会。在乘务一体机上完成自助办理退勤登记、酒精含量检测。

任务分工

班级		组号		指导教师	
小组成员	任务分工			

任务步骤

一、退勤总结

对照出本次列车运行情况，对完成任务及用电省费情况进行总结，并做好记录，检查司机报单（见图 5-4-1）填写是否正确、清晰完整。退勤值班员要进行把关，提醒乘务员开好退勤总结小组会。

司机报单上的机车所属局、段名，机车型号、车号，年、月、日，乘务员姓名及出勤时分应由机车调度员填记。出勤时分按机车乘务员规定出勤时分填记，如晚于规定时，填记实际出勤时分。由机车调度员填记接车及交车时分，按实际交接时分填记。

司机报单的第二、三、四、五、六项由机车乘务员填写。各项填写规定及要求如下。

（1）第二项为机车出入段时分。由站、段分界点值班员填记机车实际到达站段分界点的时分。如乘务员在车站换班时，由司机在本项内注明"站线换班"字样。机车在设有机务段的地点未入段折返时，由司机在本项内注明"未入段"字样。

司 机 报 单

顺序号 1666232
机统 3
统计日期 _____

测试铁路局			接点	测试机务段		日	D** 型号	时	5** 号	交车	年	日	月	时	日

一、机车乘务员　　　　　　　　　　　　　　　　六、列车运行及编组情况

职名	姓名	出勤时分	接车时分	交车时分	车次	站名	到达时分	出发时分	停车时分包括调车	调车时分	机外停车时分	早点	晚点	原因	工作代码	区段代码	区域公里	牵引重量		客车数量			货车量数					列车换长	车长所属段及姓名	担当局(客)	记事
																		总量	载重	合计	其中加挂	加挂	重车	空车	非运动车	其中代客	其他	合计				
司机	熊**	18:25																													
副司机	宋**				1	2	3	4	5	6	7	8	9	10	11	12	13	14	15	16	17	18	19	20	21	22	23	24	25	26	27	28
司炉						咸**	00:00																									
司机																																
副司机																																
司炉																																

二、机车出入段时分

出本段时分	入外段时分
出外段时分	入本段时分

三、机车领取油脂

地点	往路	复路	交接	往路	复路														
领取名称及数量	日期																		
	运转使用燃料																		
	段内埋火时间																		
	埋火用煤量																		
	接收量																		
	交出量																		
	下一班接收司机姓名																		

四、机车领取油脂

领取	往路	复路												
油库名称														
领取日期														
油														
油														
油														
油														
油														
破布、棉丝														

五、补机重连和有动力附挂机车

机车型号	区间公里	机车所属段	工作	区段	略号	区段	燃料	总重吨公里	全周转	纯运转	中间站停留	本段停留	本段停留	外段停留	外站停留	总停留	总调车	燃料消耗		
																		实际	标准	省费

图 5-4-1 司机报单

（2）第三项为机车领取燃料。机车乘务员在领取燃料时（因检修或有动力段备用机车用除外），必须持司机报单领取，由燃料值班员按柴油的数量，分别填记往路和复路所用燃料量。领取数量以千克为单位。领取的数量必须与机车燃料请领单一致。燃料交接量按实际数量填记；段内埋火时间按实际埋火小时计算；埋火用煤量按实际使用煤量填记。

226

（3）第四项为机车领取油脂。由油库发油人员填写，油脂数量以 kg 为单位。保留两位小数，第三位四舍五入。

（4）第五项为补机重联和有动力附挂机车。挂有重联及补机机车时，由车长或司机填写重联及补机机车型号及自某站至某站和机车所属段。重联或补机的机车司机不需填写报单第五项。双机牵引时亦比照上述办法在第一台机车司机报单第五项内，填记第二台机车型号及起止站名、机车所属段，并注明"双机"字样。列车附挂有火回送机车，在本务机车司机报单第五项内填记附挂机车型号及起止站名，并注明"有动力附挂"字样。

（5）第六项为列车运行及编组情况。由司机或车长根据列车实际运行情况及车站交给的列车编组通知单或列车编组顺序表填记：

a. 第 1 栏"车次"填记机车所牵引的列车车次。

b. 第 2 栏"站名"应逐站填记列车由始发站至终到站的沿途各站（线路所）名称；在区间内因装卸而停车时，则填记停车地点的公里数。

c. 第 3 栏"到达时分"填记列车进入车站，停于指定到达线警冲标内方的时刻。列车长度超过实际到达线有效长度时，填记第一次停车时分。列车在区间分部运行时，则填记全部车辆到达车站的时分。

d. 第 4 栏"出发时分"填记列车向前进方向起动，列车在站界内（场界内）不再停车的时分。列车发出站界后，因故退回发车站再次出发时，则仍填记第一次出发时分。通过列车填记列车机车通过车站运转室的时分。

e. 第 5 栏"停车时分"由机务段统计室填记。

f. 第 6 栏"调车时分"由车长及车站值班员填记列车机车在车站进行调车作业时的实际调车时分。

g. 第 7 栏"信号机外停车时分"填记列车在车站进站信号机外的停车时分。

h. 第 8、9、10 栏"区间早点、晚点及原因"填记列车区间运行时分超过或少于区间规定运行时分，在原因栏内注明发生早点或晚点的原因（如运缓、烧气、慢行、退行等）。

i. 第 11 栏"区间公里"由机务段统计室根据集团公司公布的《运营公里表》里程填写。

j. 第 12、13 栏"牵引重量"填记列车总重及载重（以吨为单位，吨以下四舍五入取整）。

二、退勤转储

退勤前，需用 IC 卡转储 LKJ 运行记录文件，正确填写司机报单，对本次列车的安全正点情况进行分析作出记录，利用 IC 卡转储装置记录的运行数据文件时，可分为选择转储、全部转储、转储所有未转储文件三种方式，操作方法如下：

1. 选择转储

（1）机车速度为"0"时，按压【转储】键，显示屏显示"文件转储"窗口，光标首先在"选择文件"位置，按压【确认】键后，装置进入选择转储状态；运行数据文件列表如图 5-4-2 所示。

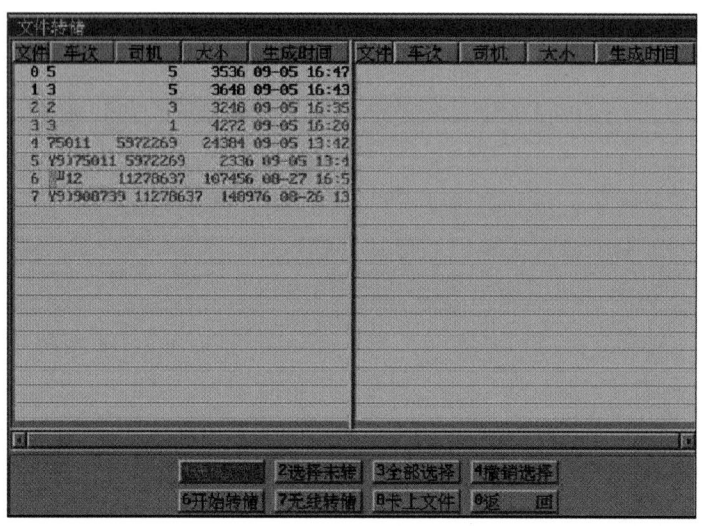

图 5-4-2

（2）用【↑】【↓】键移动光标至需要转储的文件，按压【确认】键选中此文件，该文件名背景变为蓝色，重复上述操作，可选择多个文件。若取消已经选中的文件，只需将光标移至该文件名，按压【确认】键，使文件名背景变为白色，即取消对该文件的选择。

（3）文件选择完毕，按压【←】方向键，光标自动移至"开始转储"按钮，按压【确认】键，即开始将所选文件从装置转储到 IC 卡，同时显示屏弹出"正在转储"窗口；运行文件转储界面如图 5-4-3 所示。

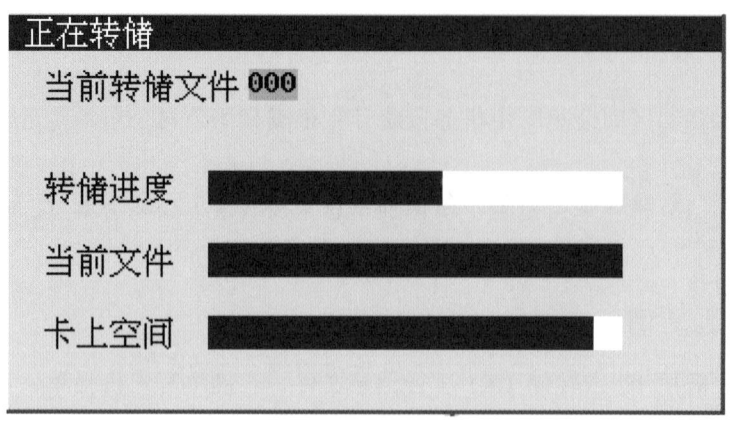

图 5-4-3

(4)"正在转储"窗口显示当前转储文件名、转储进度、IC卡空间。转储完毕后显示屏提示"转储成功",按压【确认】键,光标移至"卡上文件",按压【确认】键,显示屏显示IC卡已转储的文件列表信息,内容包括"文件序号、车次、司机、文件大小、生成日期",光标移至"返回"位置,按压【确认】键,退出"文件转储"窗口。

2. 全部转储

(1)机车速度为"0"时,按压【转储】键,进入"文件转储"窗口,用【↑】【↓】方向键将光标移至"选择全部"位置,按压【确认】键,所有文件名背景均变成蓝色。

(2)选择文件后,光标自动移至"开始转储"位置,按压【确认】键,文件开始从装置转储到IC卡,同时显示屏弹出"正在转储"窗口,显示文件转储过程信息。转储完毕后显示屏显示"转储成功"信息,按压【确认】键,光标自动移至"卡上文件",按压【确认】键,显示IC卡上已转储文件的列表信息。移动光标至"返回"位置,按压【确认】键,退出"文件转储"窗口。

3. 转储"未转文件"

机车速度为"0"时,按压【转储】键,进入"文件转储"窗口后,再次按压【转储】键,装置将直接转储没有被转储过的文件,也可以按照下面的方法分步转储:

(1)机车速度为"0"时,按压【转储】键进入"文件转储"窗口。

(2)将光标移至"选择未转"位置,按压【确认】键,所有未转储文件被选中,背景变为蓝色。

(3)选择文件后,光标自动移至"开始转储"位置,按压【确认】键,文件开始从装置转储到IC卡,弹出"正在转储"窗口,并显示文件转储进度,转储完毕后提示"转储成功",按压【确认】键,光标自动移至"卡上文件"位置,按压【确认】键,显示IC卡上已转储的文件列表,移动光标至"返回"位置,按压【确认】键,退出"文件转储"窗口。

文件选中后,将光标移至"撤销选择"位置,按压【确认】键,所有已选中的文件被撤销,将光标移至"选择文件"位置,可重新选择。

转储操作结束后,如果转储不成功,显示屏提示"写卡失败",按压【确认】键,可重新进行转储操作。若显示屏提示"卡已满",可另换一张IC卡重新进行转储操作。

三、退勤登记

机班到达退勤窗口前应按规定着装,使用乘务一体机进行退勤登记,点击【退勤登记】按钮,靠近虹膜测酒仪,两眼注视虹膜检测装置内的小红点,进行退勤身份登记确认,记录退勤时间(见图5-4-4)。

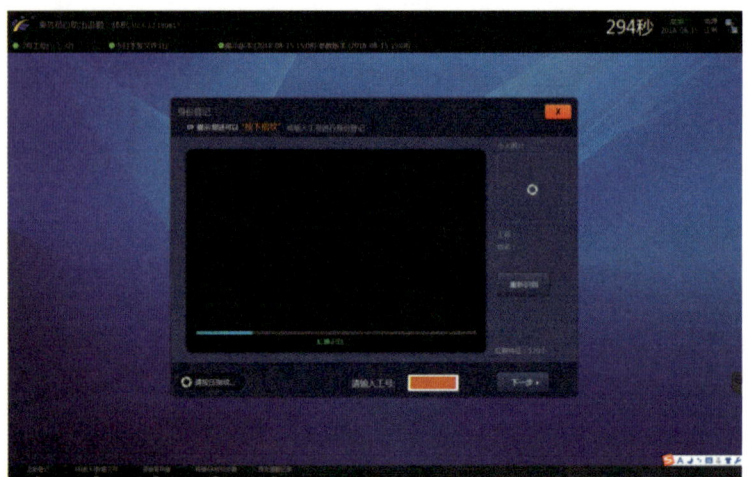

图 5-4-4

四、酒精检测

身份识别成功后系统语音提示"请测酒",听到语音提示后开始吹气完成测酒。吹气过程系统实时监测虹膜,应避免闭眼或向下看引起测酒失败(见图 5-4-5)。

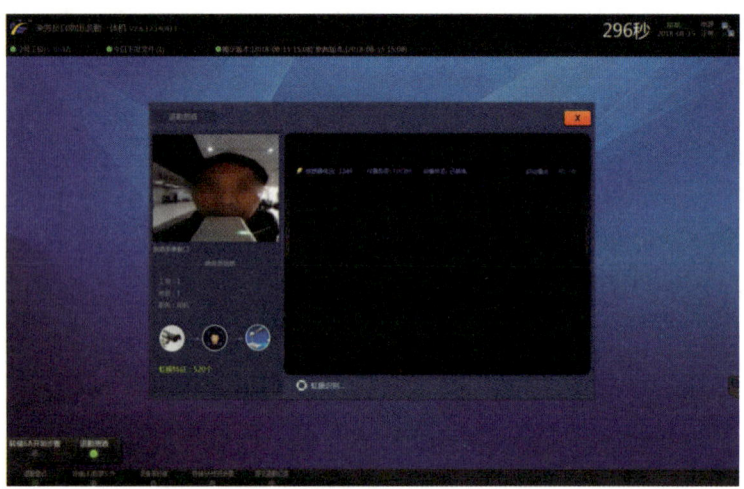

图 5-4-5

有多个乘务员办理出勤,需要点击【继续登记】按钮进行第二个人的饮酒检测,等机组所有乘务员测酒完成后,点击【下一步】按钮。

五、IC 卡数据上传

完成酒精检测之后,提示插入 IC 卡,确认插入 IC 卡之后,将 IC 卡中转储的运行记录文件上传至服务器(见图 5-4-6)。

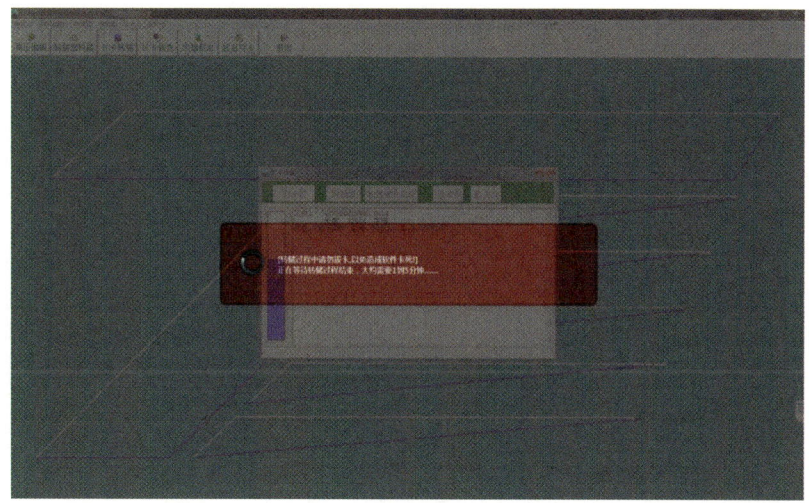

图 5-4-6

六、退勤作业单上传及退勤确认

对需上交的调度命令、调车通知单进行高清拍照,形成电子查询文档,并进行电子签名(见图 5-4-7)。

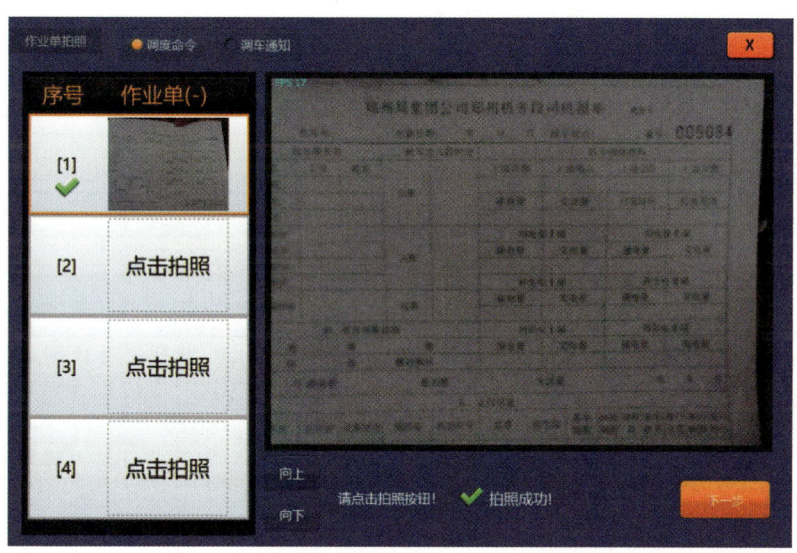

图 5-4-7

七、退勤请求确认

确认所有作业单据上传完成后,点击【提交派班室审核】按钮,提交值班员审核,审核同意后,将 IC 卡、司机报单、司机手账、"车机联控信息单"交给退勤值班员,班员向乘务员呼唤"同志们辛苦,退勤",退勤工作完成(见图 5-4-8)。

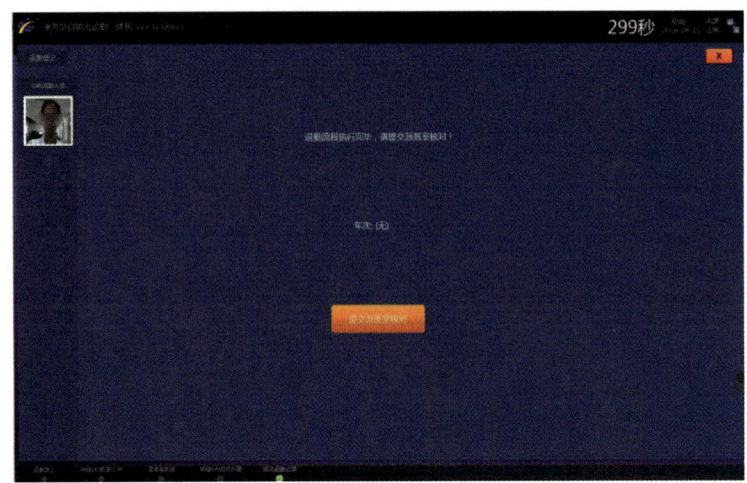

图 5-4-8

任务实施

序号	任务实施步骤	任务要点
1	退勤数据转储	
2	司机报单填写	
3	退勤登记	
4	退勤审核	

任务评价

非常符合（90 分以上）；比较符合（80～89 分）；符合（70～79 分）；基本符合（60～69 分）；不符合（60 以下或存在失格项）

考核要素	知识评价	技能评价	权重	扣分标准	得分
退勤数据转储	掌握退勤数据转储的方法	掌握 LKJ 监控装置多种数据转储方法	20%	未能使用 IC 卡转储本次列车的运行记录文件扣 20 分	
司机报单填写	掌握司机报单填写方法	司机报单内容填写正确	20%	司机报单内容填写错误一处扣 2 分，扣完为止	
退勤登记	掌握退勤登记流程、规范。	能够使用乘务一体机进行退勤登记饮酒检测操作；能够使用乘务一体机进行作业单据和 IC 卡数据上传操作	30%	1. 未能成功使用乘务一体机进行退勤登记饮酒检测扣 20 分；2. 未能使用乘务一体机进行作业单据上传扣 5 分；3. 未能使用乘务一体机进行 IC 卡数据上传扣 5 分	

续表

考核要素	知识评价	技能评价	权重	扣分标准	得分
退勤审核	掌握退勤审核作业流程	能够汇报本班作业情况，能够对 LKJ 使用存在的问题及其他情况做出说明	20%	未能完整汇报本班作业情况，少一项内容扣 5 分，满分 20 分扣完为止	
思政评价	任务完成后，能够依据任务实施过程，阐述作业过程体现出的职业素养或思政元素，或者可以根据自身实训结果，反思自己在任务实施过程中有哪些违反职业素养的行为		10%	学员的阐述可以体现对职业素养的正确认识，或对该任务蕴含的思政元素有自己合理的见解	
	合计		100%		

检查与评价
一、学生自我评估   年　月　日
二、小组评价   年　月　日
三、指导教师评价   年　月　日

> 知识要点

一、司机报单

司机报单（机统 3）是统计机车、车辆运用成绩和机车电量消耗情况，考核机车乘务员工作的原始单据；是编制各种机车统计报表的主要依据。

司机报单由集团公司统一编号分发各机务段使用，机务段应建立保管、交接和检查核对制度，并指定专人负责保管。

机车乘务员必须按规定认真、如实地填写司机报单，做到字迹清楚、内容完整、数字准确。如有更改数字时,更改人应盖章证明,严禁错填虚报,确保司机报单的正确、洁净、完整,防止滥用和丢失。

机车调度员负责司机报单的日常发放、收回和登记工作,对司机乘务完毕交回的司机报单,认真审核无误后,在右上角签字及时移交给统计室,对未能及时交回的司机报单,要及时追回。机务折返段应建立交接制度,确保司机报单及时向所属机务段统计室寄送。

二、一次乘务作业工作时间标准

(1)机车司机、副司机配班值乘:客运列车不超过 8 h,货运列车不超过 10 h。

(2)机车单班单司机值乘时间标准由集团公司制定。

(3)机车双班单司机值乘:客运列车按旅行时间加出退勤工作时间不超过 15 h,货运列车旅行时间加出退勤工作时间不超过 16 h。

附录一　机车乘务员确认呼唤（应答）标准

一、确认呼唤（应答）基本要求

（1）一次乘务作业全过程必须认真执行确认呼唤（应答）制度。

（2）确认呼唤（应答）必须执行"彻底瞭望、确认信号、手比眼看、准确呼唤"，并掌握"清晰短促、提示确认、全呼全比、手势正确"的作业要领。

（3）列车运行中必须对所有地面主体信号显示全部进行确认呼唤（应答），自动闭塞区段分区通过信号显示绿灯，值乘速度 120 km/h 及以上客运列车时，只手比不呼唤（带有三斜杠标志预告功能的分区通过信号机除外）。

（4）遇有显示须经侧向径路运行的信号时，在呼唤信号显示的同时，必须呼唤侧向限速值。

二、信号确认呼唤时机和手比姿势

1. 信号确认呼唤时机

应遵循"信号好了不早呼、信号未好提前呼"的原则，瞭望条件良好时，进站（进路）信号不少于 800 m；出站、通过、接近、预告信号不少于 600 m；信号表示器不少于 100 m。

2. 手比规范

（1）信号显示要求通过（显示绿灯、绿黄灯）时：右手伸出食指和中指并拢，拳心向左，指向确认对象。

（2）信号显示要求正向径路准备停车（显示黄灯）时：右手拢拳伸拇指直立，拳心向左。

（3）信号显示要求侧向径路运行（显示双黄灯、黄闪黄）时：右手拢拳伸拇指和小指，拳心向左。

（4）信号显示要求停车（显示红灯，包括固定和临时）时：右臂拢拳，举拳与眉齐，拳心向左，小臂上下摇动 3 次；

（5）注意警惕运行时：右臂拢拳，大小臂成 90°，举拳与眉齐，拳心向左。

（6）确认仪表显示时：右手伸出食指和中指并拢，拳心向左，指向相关确认设备时。

（7）确认非集中操纵道岔、各类手信号、防护信号（脱轨器）时：右手伸出食指和中指并拢，拳心向左，指向确认的非集中操纵道岔、各类手信号、防护信号（脱轨器）。

（8）列车运行中，LKJ 提示前方列车运行限制速度有变化时，司机必须在变速点前，对变化的速度值及时进行确认呼唤，确认呼唤时，右手伸出食指和中指并拢，拳心向左，指向 LKJ 显示部位。

（9）手比以注意警惕姿势开始和收回，手比动作稍作停顿。

三、机车乘务员确认呼唤（应答）标准用语

机车乘务员双岗值乘确认呼唤（应答）标准用语如下。

1．出段至发车

序号	呼唤时机	呼唤		应答		复诵	
		呼唤者	标准用语	应答者	标准用语	复诵者	标准用语
1	电力机车升弓	操纵司机	升弓	学习司机非操纵司机	升弓注意	操纵司机	升弓好了
2	整备完毕，人员就岗	学习司机非操纵司机	出段准备	操纵司机	准备好了		
3	出段前	学习司机非操纵司机	还道信号出段信号（非集中操纵道岔呼唤内容）	操纵司机	××道出段手信号好了	学习司机非操纵司机	××道出段手信号好了
4		学习司机非操纵司机	出段信号	操纵司机	白（绿）灯蓝（红）灯停车	学习司机非操纵司机	白（绿）灯蓝（红）灯停车
5	经过非集中操纵道岔前	学习司机非操纵司机	道岔注意	操纵司机	道岔开通正确	学习司机非操纵司机	道岔开通正确
6	经过其他要道还道地点前	学习司机非操纵司机	一度停车还道信号道岔开通信号	操纵司机	一度停车××道手信号好了	学习司机非操纵司机	××道手信号好了
7	行至站段分界点（或一度停车牌）	学习司机非操纵司机	一度停车	操纵司机	一度停车		
8	调车信号前	学习司机非操纵司机	调车信号	操纵司机	白灯、蓝（红）灯停车	学习司机非操纵司机	白灯、蓝（红）灯停车
9	调车复示信号前	学习司机非操纵司机	复示信号	操纵司机	白灯注意信号	学习司机非操纵司机	白灯注意信号

续表

序号	呼唤时机	呼唤		应答		复诵	
		呼唤者	标准用语	应答者	标准用语	复诵者	标准用语
10	换端作业时	学习司机非操纵司机	注意防溜	操纵司机	注意防溜		
11	进入挂车线	学习司机非操纵司机	脱轨器注意	操纵司机	撤除好了（红灯、红牌）停车	学习司机非操纵司机	撤除好了（红灯、红牌）停车
12	连挂车时	学习司机非操纵司机	十辆、五辆、三辆、停车	操纵司机	十辆、五辆、三辆、停车		
13		学习司机非操纵司机	防护信号	操纵司机	撤除好了注意信号	学习司机非操纵司机	好了注意
14	列车制动机试验时	学习司机非操纵司机	制动、缓解试风好了	操纵司机	制动、缓解试风好了		
15		学习司机非操纵司机	确认行车安全装备	操纵司机	LKJ设置好了 CIR（或通信装置）设置好了 列尾装置设置好了 机车信号确认好了	学习司机非操纵司机	LKJ设置好了 CIR（或通信装置）设置好了 列尾装置设置好了 机车信号确认好了
16	发车前	学习司机非操纵司机	出站（发车进路）信号	操纵司机	绿灯，出站（发车进路）好了 双绿灯，××（线、站）方向出站好了 绿黄灯，出站（发车进路）好了。黄灯，出站（发车进路）好了	学习司机非操纵司机	绿灯，出站（发车进路）好了 双绿灯，××（线、站）方向出站好了 绿黄灯，出站（发车进路）好了 黄灯，出站（发车进路）好了
17		学习司机非操纵司机	确认路票 确认绿色许可证 确认红色许可证 确认调度命令	操纵司机	路票正确 绿色许可证正确 红色许可证正确 调度命令正确	学习司机非操纵司机	路票正确 绿色许可证正确 红色许可证正确 调度命令正确

续表

序号	呼唤时机	呼唤		应答		复诵	
		呼唤者	标准用语	应答者	标准用语	复诵者	标准用语
18	发车前	学习司机非操纵司机	进路表示器	操纵司机	××（线、站）方向好了正、反方向好了	学习司机非操纵司机	××（线、站）方向好了正、反方向好了
19		学习司机非操纵司机	发车信号	操纵司机	一圈、两圈、三圈，发车信号好了联控发车好了	学习司机非操纵司机	一圈、两圈、三圈，发车信号好了联控发车好了
20		学习司机非操纵司机	发车表示器	操纵司机	发车表示器白灯	学习司机非操纵司机	发车表示器白灯
21	起动列车后	学习司机非操纵司机	确认开车时刻	操纵司机	正点（或晚点××分）开车	学习司机非操纵司机	好了
22	起动列车后	学习司机非操纵司机	注意对标	操纵司机	对标好了道岔限速××公里	学习司机非操纵司机	好了道岔限速××公里
23		学习司机非操纵司机	后部注意	操纵司机	后部好了	学习司机非操纵司机	后部好了
24	出站后	学习司机非操纵司机	仪表注意	操纵司机	各仪表（网压）显示正常		

2．途中运行

序号	呼唤时机	呼唤		应答		复诵	
		呼唤者	标准用语	应答者	标准用语	复诵者	标准用语
1	机械间巡视及巡视后	学习司机非操纵司机	机械间检查各部正常	操纵司机	注意安全好了	学习司机非操纵司机	加强瞭望
2	贯通试验或试闸点	学习司机非操纵司机	贯通试验或试闸	操纵司机	贯通试验好了或试闸好了	学习司机非操纵司机	好了
3	查询列尾时	学习司机非操纵司机	列尾查询	操纵司机	尾部风压××千帕	学习司机非操纵司机	好了
4	接近慢行地段限速标	学习司机非操纵司机	慢行注意	操纵司机	限速××公里	学习司机非操纵司机	限速××公里

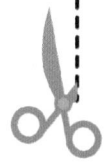

续表

序号	呼唤时机	呼唤		应答		复诵	
		呼唤者	标准用语	应答者	标准用语	复诵者	标准用语
5	慢行减速地点（始端）标	学习司机非操纵司机	慢行开始	操纵司机	慢行开始		
6	慢行减速地点（终端）标	学习司机非操纵司机	严守速度	操纵司机	严守速度		
7	越过减速防护地段终端信号标	学习司机非操纵司机	慢行结束	操纵司机	慢行结束		
8	乘降所	学习司机非操纵司机	××乘降所	操纵司机	停车	学习司机非操纵司机	停车
9	接近分相前	学习司机非操纵司机	过分相注意	操纵司机	注意	学习司机非操纵司机	注意
10	禁止双弓标前	学习司机非操纵司机	禁止双弓	操纵司机	单弓好了	学习司机非操纵司机	好了
11	断电标（T断标）前	学习司机非操纵司机	断电	操纵司机	断电好了	学习司机非操纵司机	好了
12	越过合电标后	学习司机非操纵司机	闭合	操纵司机	闭合好了	学习司机非操纵司机	好了
13	准备降弓标前	学习司机非操纵司机	准备降弓	操纵司机	准备降弓		
14	降弓标前	学习司机非操纵司机	降弓	操纵司机	降弓好了	学习司机非操纵司机	好了
15	越过升弓标后	学习司机非操纵司机	升弓	操纵司机	升弓好了	学习司机非操纵司机	好了
16	遮断信号前	学习司机非操纵司机	遮断信号	操纵司机	红灯停车无显示	学习司机非操纵司机	红灯停车，无显示
17	半自动闭塞区段进站（进路）信号机处；自动闭塞区段进站信号前一架通过信号机、进站（进路）信号机处	学习司机非操纵司机	确认车位	操纵司机	车位正确校正好了	学习司机非操纵司机	车位正确好了

续表

序号	呼唤时机	呼唤		应答		复诵	
		呼唤者	标准用语	应答者	标准用语	复诵者	标准用语
18	进站、接车进路复示信号前	学习司机非操纵司机	复示信号	操纵司机	直向、侧向或注意信号	学习司机非操纵司机	直向、侧向或注意信号
19	出站、发车进路复示信号前	学习司机非操纵司机	复示信号	操纵司机	复示好了、注意信号	学习司机非操纵司机	复示好了、注意信号
20	通过手信号	学习司机非操纵司机	通过手信号	操纵司机	手信号好了站内停车	学习司机非操纵司机	手信号好了站内停车
21	防护信号前	学习司机非操纵司机	防护信号	操纵司机	红灯（红旗）停车 火炬停车 撤除好了	学习司机非操纵司机	红灯（红旗）停车 火炬停车 撤除好了
22	预告信号前	学习司机非操纵司机	预告信号	操纵司机	预告好了注意信号	学习司机非操纵司机	预告好了注意信号
23	CIR接收接车进路预告信息时	学习司机非操纵司机	确认进路预告信息	操纵司机	××站（线路所）××道通过（停车）、机外停车	学习司机非操纵司机	××站（线路所）××道通过（停车）、机外停车
24	接收临时调度命令时	学习司机非操纵司机	确认调度命令	操纵司机	调度命令确认好了	学习司机非操纵司机	调度命令确认好了
25	通信模式转换时	学习司机非操纵司机	通信转换注意	操纵司机	转换好了	学习司机非操纵司机	好了
26	转换机车信号时	学习司机非操纵司机	机车信号转换注意	操纵司机	转换好了	学习司机非操纵司机	好了
27	接近信号前	学习司机非操纵司机	接近信号	操纵司机	绿灯 绿黄灯 黄灯减速	学习司机非操纵司机	绿灯 绿黄灯 黄灯减速
28	进站（接车进路）信号前	学习司机非操纵司机	进站（进路）信号	操纵司机	绿灯，正线通过 绿黄灯，正线通过，注意运行 黄灯，正线 双黄灯，侧线，限速××公里 黄闪黄，侧线，限速××公里 红灯，机外停车	学习司机非操纵司机	绿灯，正线通过 绿黄灯，正线通过，注意运行 黄灯，正线 双黄灯，侧线，限速××公里 黄闪黄，侧线，限速××公里 红灯，机外停车

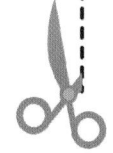

续表

序号	呼唤时机	呼唤		应答		复诵	
		呼唤者	标准用语	应答者	标准用语	复诵者	标准用语
29	进站（接车进路）信号前	学习司机非操纵司机	引导信号引导手信号特定引导手信号机外停车	操纵司机	一红一白，引号信号好了黄旗、黄灯，引导手信号好了绿旗、绿灯，特定引导手信号好了机外停车	学习司机非操纵司机	一红一白，引号信号好了黄旗、黄灯，引导手信号好了绿旗、绿灯，特定引导手信号好了机外停车
	出站（发车进路）信号前	学习司机非操纵司机	出站（发车进路）信号	操纵司机	绿灯，出站（发车进路）好了双绿灯，××（线、站）方向出站好了绿黄灯，出站（发车进路）好了黄灯，出站（发车进路）好了红灯，停车	学习司机非操纵司机	绿灯，出站（发车进路）好了双绿灯，××（线、站）方向出站好了绿黄灯，出站（发车进路）好了黄灯，出站（发车进路）好了红灯，停车
30		学习司机非操纵司机	确认路票确认绿色许可证确认红色许可证确认调度命令	操纵司机	路票正确绿色许可证正确红色许可证正确调度命令正确	学习司机非操纵司机	路票正确绿色许可证正确红色许可证正确调度命令正确
31	进路表示器前	学习司机非操纵司机	进路表示器	操纵司机	××（线、站）方向好了正、反方向好了	学习司机非操纵司机	××（线、站）方向好了正、反方向好了
32	确认仪表时	学习司机非操纵司机	仪表注意	操纵司机	各仪表（网压）显示正常		

241

续表

序号	呼唤时机	呼唤		应答		复诵	
		呼唤者	标准用语	应答者	标准用语	复诵者	标准用语
33	自动闭塞区段闭塞分区通过信号前	学习司机非操纵司机	通过信号	操纵司机	绿灯 绿黄灯 黄灯减速 红灯停车	学习司机非操纵司机	绿灯 绿黄灯 黄灯减速 红灯停车
34	线路所通过信号机前	学习司机非操纵司机	通过信号 确认行车凭证	操纵司机	绿灯,(××方向好了) 绿黄灯,(××方向好了) 黄灯减速,(××方向好了) 侧线限速××公里、××方向好了 机外停车线路所凭证正确	学习司机非操纵司机	绿灯,(××方向好了) 绿黄灯,(××方向好了) 黄灯减速,(××方向好了) 侧线限速××公里、××方向好了 机外停车线路所凭证正确
35	列车运行限制速度变速点前（由高速变低速）	操纵司机	前方限速××公里	学习司机非操纵司机	注意控速	操纵司机	注意控速
36	交会列车时	学习司机非操纵司机	会车注意	操纵司机	注意		
37	输入侧线股道号	学习司机非操纵司机	输入侧线股道号	操纵司机	××道输入好了		
38	输入支线号	学习司机非操纵司机	输入支线号	操纵司机	支线号输入好了		
39	接近限制鸣笛标前	学习司机非操纵司机	进入限鸣区段	操纵司机	限制鸣笛	学习司机非操纵司机	限制鸣笛
40	接近防洪地点标	学习司机非操纵司机	进入防洪地点	操纵司机	注意运行	学习司机非操纵司机	注意运行
41	接近道口前	学习司机非操纵司机	道口注意	操纵司机	注意		
42	途中换班时	接班司机	换班注意	交班司机	加强瞭望；(前方有限速)；注意安全	接班司机	明白

3. 到达至入段

序号	呼唤时机	呼唤		应答		复诵	
		呼唤者	标准用语	应答者	标准用语	复诵者	标准用语
1	列车终到后	学习司机非操纵司机	确认行车安全装备	操纵司机	LKJ设置好了 CIR（或通信装置）设置好了 列尾装置设置好了	学习司机非操纵司机	LKJ设置好了 CIR（或通信装置）设置好了 列尾装置设置好了
2	调车转线作业	学习司机非操纵司机	调车信号	操纵司机	白灯、蓝（红）灯停车	学习司机非操纵司机	白灯、蓝（红）灯停车
3	调车复示信号前	学习司机非操纵司机	复示信号	操纵司机	白灯注意信号	学习司机非操纵司机	白灯注意信号
4	行至站段分界点（或一度停车牌）	学习司机非操纵司机	一度停车	操纵司机	一度停车		
5	入段前	学习司机非操纵司机	还道信号入段信号（非集中操纵道岔呼唤内容）	操纵司机	××道入段手信号好了	学习司机非操纵司机	××道入段手信号好了
6		学习司机非操纵司机	入段信号	操纵司机	白（绿）灯蓝（红）灯停车	学习司机非操纵司机	白（绿）灯蓝（红）灯停车
7	经过非集中操纵道岔前	学习司机非操纵司机	道岔注意	操纵司机	道岔开通正确	学习司机非操纵司机	道岔开通正确
8	经过其他要道还道地点前	学习司机非操纵司机	一度停车还道信号道岔开通信号	操纵司机	一度停车××道手信号好了	学习司机非操纵司机	××道手信号好了
9	换端作业时	学习司机非操纵司机	注意防溜	操纵司机	注意防溜		
10	进入段内尽头线或有车线	学习司机非操纵司机	十辆、五辆、三辆、停车	操纵司机	十辆、五辆、三辆、停车		
11	整备线防护信号前	学习司机非操纵司机	防护信号	操纵司机	撤除好了（红灯、蓝灯、红旗、红牌）停车	学习司机非操纵司机	撤除好了（红灯、蓝灯、红旗、红牌）停车

说明：

（1）同时具有接车进路和发车进路的进路信号机，列车在该信号机前停车及发车时，按照发车进路信号机进行呼唤，信号指示列车在该信号机前不停车通过该信号时，按照接车进路信号机进行呼唤。

（2）设有出站信号机的线路所，线路所通过信号比照进站信号机呼唤内容进行呼唤。

（3）双线自动闭塞区段2灯位进路表示器显示，根据灯位显示确认呼唤"正、反方向好了"；双线自动闭塞区段1灯位进路表示器显示，反方向行车着灯时确认呼唤"反方向好了"，正方向行车不着灯时不呼唤；除上述之外的进路表示器，在确认进路表示器显示灯位后，呼唤"××（线、站）方向好了"。

（4）慢行地点限速标未标明限速值时，按限速25 km/h进行呼唤。

（5）机车监控装置正线开车对标，无侧向道岔限速时，不呼唤道岔限速。

（6）对发车信号的呼唤，含使用手信号及无线通信设备发车。

（7）防洪地点标仅在防洪期间进行呼唤。

（8）上述表中"其他要道还道地点"，是指办理出段或入段作业走行进路上，显示出段或入段手信号之外的扳道房前的停车要道地点。

（9）双岗值乘时，首、末次机械间巡视需对巡视主要内容进行汇报。

（10）双岗值乘途中换班作业，运行当前区间或前方第一区间有临时限速时需进行呼唤。

（11）单岗值乘时，操纵司机按照《单岗值乘确认呼唤标准》执行，添乘指导司机对操纵司机确认呼唤内容进行复诵。

# 附录二 部分型号制动机检查和试验项目

一、JZ-7 制动机"五步闸"检查方法

步骤	自动制动阀							单独制动阀			检查内容
	过充位	运转位	最小减压	制动区	最大减压	过量减压	手柄取出	紧急制动	单独缓解	运转位	制动区	全制动位	

步骤	图示位置	检查内容
1	1, 2, 3, 6 (自动制动阀); 4, 5 (单独制动阀)	1.确认压力表指示规定压力:总风缸在750~900 kPa,工作风缸、均衡风缸及列车管为500 kPa(或600 kPa),制动缸为0; 2.列车管减压50 kPa,制动缸压力为125 kPa(装有切控阀的为30~50 kPa);检查列车管漏泄量每分钟不超过20 kPa; 3.由2到3在制动区移动3~4次,观察阶段制动是否稳定,减压量与制动缸压力的比例是否正确。至最大减压位,列车管减压量为140 kPa(或170 kPa),制动缸压力应为350 kPa (或420 kPa),装有切控阀的机车为120~140 kPa(或140~170 kPa); 4.单阀缓解良否,应能缓至50 kPa以下; 5.复原弹簧是否良好; 6.自阀缓解良否,工作风缸、均衡风缸及列车管是否恢复定压
2	7, 8, 9	7.均衡风缸及列车管减压240 kPa(或260 kPa),制动缸压力为350 kPa(或420 kPa),不应发生紧急制动; 8.均衡风缸压力上升,而列车管压力保持不变,检查总风遮断阀作用良否(客货转换阀在货车位时); 9.缓解良否
3	10, 11, 12	10.均衡风缸减压量为240 kPa(或260 kPa),列车管不减压; 11.过充作用良否,列车管比规定压力高30~40 kPa。过充风缸排风孔排风; 12.过充压力120 s自动消除,机车不应自然制动
4	13, 14, 15, 16	13.列车管压力3 s内降至0,制动缸压力在5~7 s升到450 kPa,均衡风缸减压量为240 kPa(或260 kPa),并自动撒砂; 14.间隔10-15 s,制动缸并逐渐到0; 15.复原良否; 16.缓解良否
5	17, 18, 19	17.单阀制动良否; 18.阶段制动作用是否稳定,制动缸压力应达到300 kPa; 19.阶段缓解作用良否

注:五步闸试验完毕后。单阀制动300 kPa,下车检查制动缸活塞行程,是否符合《技规》规定。

二、DK-1 型电空制动机"五步闸"检查方法

步骤	设置	自动制动阀							单独制动阀			检查内容
		运转	初制	制动	全制	抑制	重联	紧急	侧缓	运转	制动	全制	
1	本机/不补风	1						2	3				1.总风压力750~900 kPa,制动缸压力0,均衡风缸压力500 kPa; 2.列车管压力在3s内降为0,制动缸在3~5s内升至200 kPa,并继续增压至450 kPa,均衡风缸压力降为0,紧急制动倒计时60 s开始; 3.制动缸压力下降为0,手柄复位后制动缸压力恢复; 4.60 s倒计时结束后操作,列车管、均衡风缸、制动缸压力不变; 5.均衡风缸增压至500 kPa,列车管增压至480 kPa不大于9s,制动缸压力下降为0;
2	本机/不补风	5 6 10		7 8	9		4						6.等60 s使系统各风缸充满风; 7.均衡风缸在5~7 s减压到360 kPa,列车管减压到均衡风缸压力±10 kPa,制动缸6~8 s增压到360 kPa; 8.保压1 min,均衡风缸压力泄漏不大于7 kPa,列车管压力泄漏不大于10 kPa,制动缸压力变化不大于25 kPa; 9.各压力无变化; 10.均衡风缸增压至500 kPa,列车管压力500 kPa,制动缸压力下降为0;
3	本机/不补风	14	11				13		12				11.充满风后,均衡风缸减压50 kPa,列车管减压到均衡风缸压力的±10 kPa,制动缸增压到70~110 kPa; 12.制动缸压力下降为0,手柄复位后制动缸压力不恢复; 13.均衡风缸以常用制动速率降为0,列车管减压至55~85 kPa后保持,制动缸增压至450 kPa; 14.均衡风缸增压至500 kPa,列车管压力500 kPa,制动缸压力下降为0;
4	本机/不补风				19					16	17 18	15	15.阶段制动,制动缸压力阶段上升,全制动制动缸压力300 kPa; 16.阶段缓解,制动缸压力阶段下降,运转位制动缸压力下降为0; 17.制动缸在2~3 s上升到280 kPa,最终为300±15 kPa; 18.制动缸压力在3~5 s降到35 kPa以下; 19.均衡风缸减压100 kPa,列车管减压到均衡风缸压力的±10 kPa,制动缸增压到230~250 kPa;
5	单机	22		20					21	24		23	20.均衡风缸减压140 kPa,列车管压力保持不变,制动缸压力保持不变; 21.制动缸压力下降为0,手柄复位后制动缸压力不恢复; 22.均衡风缸增压至500 kPa,列车管压力保持不变,制动缸压力保持不变; 23.制动缸压力在2~3 s上升到280 kPa,最终为300 kPa; 24.制动缸压力在3~5 s降到35 kPa以下

注:试验完毕,机车恢复本机/不补风状态设置

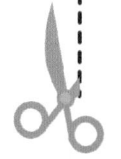

三、CCB II 制动机"五步闸"检查方法

步骤	电空控制器						空气制动位				检查内容
	过充位	运转位	中立位	制动位	重联位	紧急位	缓解位	运转位	中立位	制动位	
1		1→ 5←				→2 ←4	3→				1.确认列车管、均衡风缸和总风缸皆为规定压力，制动缸压力为0； 2.列车管压力在3 s内下降至0，制动缸压力在5 s内升至400 kPa，最高压力为450 kPa，并自动撒砂(有级位时切除主断路器)； 3.空气制动阀手柄移至缓解位，同时下压手柄,制动缸压力应缓解到0； 4.制动缸压力不得回升； 5.列车管定压500 kPa(或600 kPa)时，压力升至480 kPa(或580 kPa)的时间不大于9 s(或11 s);手柄停留50 s以上；
2			7←	→6							6.列车管定压500 kPa或(600 kPa)时，均衡风缸减压140 kPa(或170 kPa)的时间为5~7 s或(6~8 s)，制动缸压力6~8 s升至360 kPa(或7~10 s升至420 kPa)，装有切控阀的机车为140 kPa(或170 kPa)； 7.均衡风缸、列车管因漏泄每分钟的压力下降分别不大于5 kPa和10 kPa;
3	8→ ←9										8.均衡风缸定压，列车管超过规定压力30~40 kPa。制动缸压力不变； 9.120 s左右过充压力消除，列车管恢复定压，制动缸压力缓解为0；
4								12←	11←	→10	10.制动缸压力在4 s内升至280 kPa，最高为300 kPa； 11.制动缸压力不变； 12.制动缸压力在5 s内下降至40 kPa以下；
5							←16	13→ 15←		→14	13.均衡风缸、列车管为规定压力； 14.同6； 15.同7； 16.均衡风缸、列车管恢复规定的压力，制动缸压力为0。 注：13~16系空气位操作，应按有关规定进行电空位与空气位的转换。检查试验完毕后，恢复至电空位，将空气制动阀手柄移至运转位